[改訂版] インコタームズ2020対応

知識ゼロでも大丈夫!!

貿易実務が

ぜんぶ自分でできる本

小さな会社でも対応!!

木村雅晴 著

ソシム

- 本書の内容は 2020 年 4 月末現在の情報を元に解説しています。本書で取り上げている制度や法律、税率・料率等の情報は変更されることがあります。実際に業務を行う際には、必ず最新の情報を確認するようにしてください。

- 本書の内容の運用によって、いかなる損害や障害が生じても、ソシム株式会社、著者のいずれも責任を負いかねますのであらかじめご了承ください。

- 本書の一部または全部について、個人で使用するほかは、著作権上、著者およびソシム株式会社の承諾を得ずに無断で複写／複製することは禁じられております。

- 本書内の一部の画像は、Shutterstock.com のライセンス許諾により使用しています。

- 本書に記載されている社名、商品名、製品名、ブランド名、システム名などは、一般に商標または登録商標で、それぞれ帰属者の所有物です。

- 本文中には、®、©、TM は明記していません。

はじめに

　時間が経つのはとても早いものです。私が初めて貿易実務の書籍を執筆したのは、毎日の輸出入業務に日々追われていた30年も前のことでした。

　当時と現在の貿易実務、貿易取引を比べてみると、大きく変化・進歩していることを実感します。その代表が「コンピュータ化」と「スピード化」です。NACCS（ナックス）をはじめとしたコンピュータ化の進歩には目を見張るものがあります。これらの進歩により、昔では考えられない種類と量の業務が短時間で処理できるようになりました。

　しかし、貿易実務に携わる上での基本的な姿勢は、それほど変わらないような気もしています。あくまでも基本が大切なのです。

　本書は、今までの集大成の意味も含めて執筆してみました。私一人では無理な部分もあったため、先輩の専門家にお願いし、多くの方からご協力をいただくことができました。また、実際の貿易実務の世界の息吹を知っていただきたいとの思いから、友人知人に書いてもらったコラムを章末に掲載しています。おかげさまで長年の貴重な経験をもとにした感想や意見を頂戴することができました。

　さらに、本書には取り外し可能な別冊の付録として、「実務で使える！　英文e-mailの書き方のキホン」を付けています。毎日の貿易実務の仕事に役立つカンタンな英文e-mailの表現の方法をまとめたものです。なお、別冊の執筆にあたっては英語教育の専門家である清泉女子大学の阿川敏恵先生にご協力をいただきました。

　今回の改訂では、10年ぶりに改訂が行われたインコタームズ2020に対応するなど最新の情報を取り入れたほか、別冊に新たに貿易用語事典を追加するなどして、より便利な書籍となっています。

　本書が貿易実務の世界で働く人々にとって少しでもお役に立つことができれば幸いです。

2020年春　著者

CONTENTS

CHAPTER
3
市場調査から契約までの流れ

CHAPTER

6 海上輸送 …… 127

CHAPTER 9 取引の決済 ····· 187

本書の使い方

本書の構成

　本書は次の12の章から構成されています。取引先の調査から、契約、取引条件、法律、通関、海上輸送、航空輸送、決済、保険など貿易実務を行う上で必須となる知識を一通り得ることができるようになっています。

章	概要	概要
1	貿易実務のポイント	貿易実務の概観を、参加するプレイヤー、仕事の流れ、貨物の流れ、書類の流れの多方面から解説します。
2	貿易実務の関係企業	貿易にはさまざまな専門分野を持つ企業が参加しています。これらの企業の業務と役割を解説します。
3	市場調査から契約までの流れ	貿易をはじめるにあたっては情報の収集が第一です。情報収集のやり方から取引先との交渉、契約までの流れを解説します。
4	貿易に関する取引条件と関連する法律	貿易では商習慣が異なる相手と取引を行うことになります。取引をスムーズに行うためにインコタームズをはじめとする国際的なルールが決められており、これに沿って取引を行う必要があります。これらのルールと貿易に関係する法律について解説します。
5	通関手続き	海外との取引を行う上で避けては通れないのが通関の手続きです。通関や関税に関する基礎を解説します。
6	海上輸送	我が国の貿易取引では、海上輸送が大きな役割を果たします。海上コンテナ輸送を中心に海上輸送に関する基礎を解説します。
7	航空輸送と国際複合輸送	近年、航空機による航空輸送のウェイトが大きくなっています。航空輸送に関する基礎と、航空輸送・海上輸送・陸上輸送を組み合わせた国際複合輸送について解説します。
8	船積みと輸入荷役	実際に貨物を海上輸送する際には貨物の船への積み降ろしをスムーズに行う必要があります。船積と輸入荷役に関する基礎を解説します。
9	取引の決済	取り引きの代金をいかにスムーズに回収できるかは非常に重要なポイントです。信用状取引の流れと注意点の解説を中心に、その他の送金方法や外国為替の基礎を解説します。
10	貨物海上保険と貿易保険	貿易において損害保険の付保は必須ともいえます。保険に関する基礎を解説します。
11	貿易書類の作り方と見方	貿易では書類のやり取りがキーポイントになることが少なくありません。主要な書類の書き方とチェックの方法を解説します。
12	国際物流戦略を考える	信頼できる物流の仕組みをいかに構築するかについて解説します。

本書の紙面構成

本書では、原則として1テーマを見開き2ページ単位で解説していきます。また、貿易の関係者（企業）や関係するものをアイコン化して、わかりやすく図解しています。また、セクションごとに、このセクションに関係する企業や物をアイコンで表示しています。

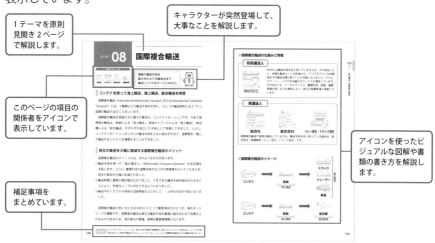

1テーマを原則
見開き2ページ
で解説します。

キャラクターが突然登場して、
大事なことを解説します。

このページの項目の
関係者をアイコンで
表示しています。

補足事項を
まとめています。

アイコンを使ったビジュアルな図解や書類の書き方を解説します。

別冊付録について

本書の巻末には取り外して使用可能な「実務で使える！英文e-mailの書き方のキホン」と「キホンの貿易用語事典」がついています。前者は貿易実務に欠かせない英文e-mailの書き方の基礎を、後者は貿易実務でよく利用される用語の解説をコンパクトにまとめています。本書とは別に、別冊付録だけをパソコンの脇において、いつでも見ることができるようにできます。

●本書の水先案内人

本書のいろいろなところで左のキャラクターが登場します。貿易実務に精通していて、「業務のポイント」「作業上注意したいところ」「ちょっとした効率化のアイディア」「無駄話」などをつぶやいています。たまに乱暴な言葉遣いもあるかもしれませんが、耳を傾けてみてください。

貿易実務のポイント

SECTION 01 貿易取引の全体像と かかわるプレイヤー

> まずは貿易実務を全体的に
> 大きく見てみよう!

輸出も輸入も日本にとって大事なビジネス

さて、まずはそもそも論として「貿易実務とはなんなのか?」を考えておきましょう。筆者は、貿易実務を「貿易取引をスムーズに行うための専門知識を要する事務系の仕事や業務」と捉えています。

貿易は、日本の産業を支える輸出、日本の生活を支える輸入、いずれも我が国にとって非常に需要なビジネスです。その実務に携わると、日々の仕事の中で貿易取引を支えているという強い使命感や高揚感を伴います。

貿易にかかわるプレイヤーをざっくり把握

本書ではそんな貿易実務に関するさまざまなポイントを解説していきますが、まずは全体像を把握しておきましょう。多くの企業や公的機関とのかかわりが必要となる貿易取引では、それぞれの詳細や業務内容を理解することはもちろん大切です。しかしその前に、各企業や公的機関の立ち位置はどうなっているのかという大きな枠組みを掴んでおかなければなりません。

貿易取引にまつわる代表的企業である商社や船会社、通関業者、さらに税関に代表される公的機関がお互いにどう関わりあっているかを右ページの図で確認してください。

> 企業や公的機関それぞれの詳細
> はChapter 2で解説しているぞ!

●貿易取引の全体像とかかわるプレイヤー

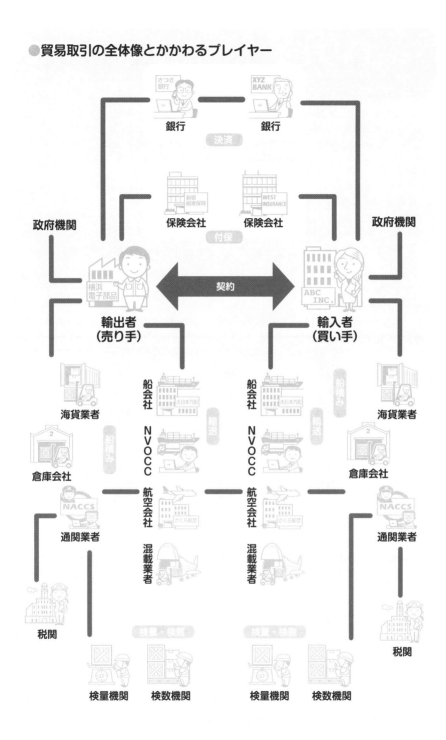

輸出の仕事の流れ

海外に向けて商品を売る
のも一苦労なのだ。

多くの手順を経て初めて輸出が可能になる

　貿易取引の全体像を把握したら、続いて輸出の仕事の流れ（JOB FLOW）を理解
しましょう。日本の製品を海外で売ろうとする輸出者が行う仕事は、下記の通りで
す。

❶売買契約を結ぶ
　輸出者は輸入者との間で、さまざまな条件などを提示します。何回かの交渉を経て
輸出取引の契約を結びます。

❷貨物の輸送を依頼する
　輸出商品に適した輸送方法を検討し、適した船会社や航空会社などの輸送会社を決
定し輸送を依頼します。

❸通関手続きを依頼する
　輸出者は通関手続きに必要な書類を提出し、通関業者に対して輸出申告手続きを依
頼します。

❹船積手続きを依頼する
　輸出者は船積手続きを海貨業者に依頼します。通常、通関業者と海貨業者はフォワー
ダーと呼ばれ、多くの場合ひとつの会社で両方の業務を引き受けます。

❺決済に関する業務を依頼する
　輸出者は銀行に対して、買取手続きや送金手続きを依頼します。

❻貨物海上保険の手続きをする
　輸出者側で貨物海上保険を負担する条件の場合は、保険会社に対して保険の手続き
をします。

❼必要に応じた手続きを行う
　輸出する商品によっては、事前に政府機関への必要な手続きを求められる場合があ
ります。また、必要に応じて商工会議所に対して、原産地証明書の申請手続きを行い
ます。

特定の貨物を輸出する場合は、
経済産業大臣の「許可」や「承認」が必要。

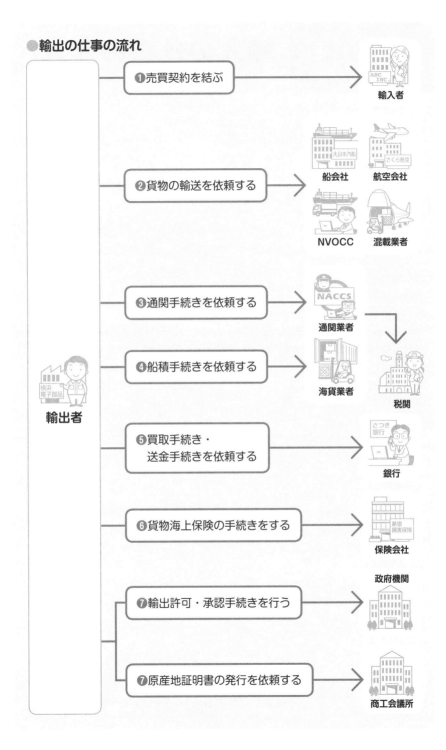

●輸出の仕事の流れ

輸出者

❶売買契約を結ぶ → **輸入者**

❷貨物の輸送を依頼する → **船会社** **航空会社** **NVOCC** **混載業者**

❸通関手続きを依頼する → **通関業者** NACCS

❹船積手続きを依頼する → **海貨業者**

→ **税関**

❺買取手続き・送金手続きを依頼する → **銀行**

❻貨物海上保険の手続きをする → **保険会社**

❼輸出許可・承認手続きを行う → **政府機関**

❼原産地証明書の発行を依頼する → **商工会議所**

輸入の仕事の流れ

輸入も輸出に負けじと
さまざまな業務があるぞ。

関係者や必要業務の種類は輸出同様

次に輸入の仕事の流れ（JOB FLOW）を確認しましょう。視点こそ異なりますが、必要になる業務の種類は輸出と似通っています。

❶売買契約を結ぶ
　輸入者は輸出者と交渉を行い、輸入取引の契約を結びます。

❷貨物（商品）の輸送を依頼する
　貿易条件により、輸入者側で輸送方法を決定し、適した船会社や航空会社などの輸送会社を選定します。輸送会社に対して輸入商品の輸送を依頼します。

❸通関手続きを依頼する
　輸入者は通関手続きに必要な書類を提出し、通関業者に対して輸入申告手続きを依頼します。

❹輸入貨物の取り扱いを依頼する
　輸入者は本船から降ろされた輸入貨物の取り扱いを海貨業者に依頼します。通関業者と海貨業者がフォワーダーと呼ばれ、多くの場合、ひとつの会社で一連の業務を担当するのは輸出と同様です。

❺決済に関する仕事を依頼する
　輸入者は銀行に対して、信用状の開設手続きや送金手続きを依頼します。

❻貨物海上保険の手続きをする
　輸入者側で貨物海上保険を負担する条件の場合は、保険会社に対して保険手続きを依頼します。

❼必要に応じた手続きを行う
　輸入する商品によっては、事前に政府機関に対して必要な手続きを行う場合があります。

特定の貨物を輸入する場合は、
経済産業大臣の「許可」や「承認」が必要。

●輸入の仕事の流れ

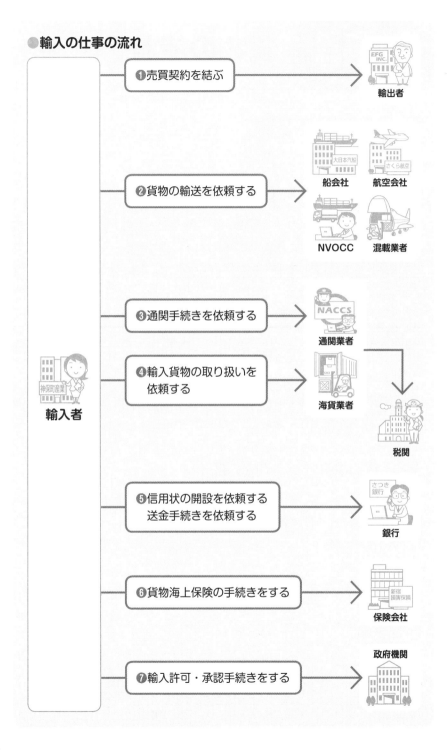

❶売買契約を結ぶ		輸出者
❷貨物の輸送を依頼する		船会社　航空会社 NVOCC　混載業者
❸通関手続きを依頼する		通関業者
❹輸入貨物の取り扱いを 依頼する		海貨業者 税関
❺信用状の開設を依頼する 送金手続きを依頼する		銀行
❻貨物海上保険の手続きをする		保険会社
❼輸入許可・承認手続きをする		政府機関

輸入者

貨物の流れ

貿易で行き来をするのは
主に "貨物" なのだ。

輸出でも輸入でも商品は貨物となって運ばれる

　貿易では輸入にせよ輸出にせよ、実にさまざまな商材が取引の対象になります。それらは貨物として船便または航空便で運ばれていくわけです。

　日本製品がどのようにして海外に送られていくのか、また海外の製品や商品がどのようにして日本までやってくるのかを覚えておきましょう。なお輸入者は、貨物が輸入地に到着したあと、消費者の元に届けられるまでのプロセスを確認しておくことも大切です。

　貿易取引の理解をより深めるためには、こうした貨物の流れ（Cargo Flow）をしっかりと把握することが求められます。

　輸出商品の流れ、輸入商品の流れを確実につかまなければなりません。貨物の流れを理解するには、もちろん輸送手段や輸送会社に関する知識も必要です。

基本となるのはコンテナ船での輸出入

　右ページには、海上輸送の代表的な輸送手段である、コンテナ船（Container Vessel）を利用した、輸出と輸入の貨物の流れを掲載しています。なお、ここではFCL（Full Container Load）と呼ばれる大口貨物の輸送方法で図示しました。

　フローにより輸出の貨物の流れ、輸入の貨物の流れのイメージをつかんでください。もちろん、海上輸送のほかにも航空機による航空貨物輸送も盛んに利用されています。

コンテナ船の輸送手段にはFCLのほかにも
LCLという手段もあるのだ。

MEMO　コンテナ船（Container Vessel）とは、貨物を積んだ海上コンテナを専門に輸送する船。コンテナ船の就航により輸送効率が飛躍的にアップした。

●コンテナ船を使ったFCLの基本的な流れ

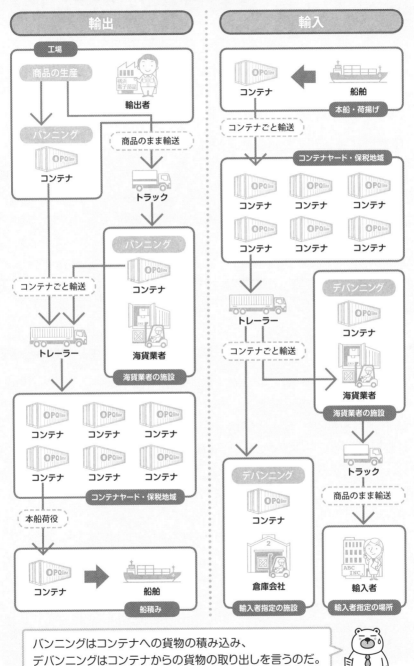

バンニングはコンテナへの貨物の積み込み、
デバンニングはコンテナからの貨物の取り出しを言うのだ。

SECTION **05** 貿易書類の役割と流れ

貿易取引では紙の書類の
役割は大きいのだ。

作成者と提出先・発行先を理解することが大切

　昨今、さまざまな業界で電子化およびペーパーレス化が進んでいます。しかし貿易取引においては、まだまだ書類（Documents）の出番がなくなることはありません。特に英語で表記された貿易書類の役割は非常に重要です。

　業務ごとに独自の書類が登場するので、それぞれの書類について「どの企業が作成」するのか、「誰が発行」するのか、「どこへ提出」するのかといった書類の流れ（Documents Flow）を押さえておきましょう。ここをしっかり学んでおくと、輸出入取引の流れとポイントもより理解が深まります。

貿易実務がスムーズに進むかどうかは書類作成のスキルがカギを握る

　さらに、書類の流れに加えて、正確に貿易書類を作成するスキルや知識も求められます。輸出入取引や貿易実務では、日々のあわただしい業務の中でも、主に英語で書かれた貿易書類を正確に作成する必要があります。

　貿易実務者は、どのようなツールを利用したとしても、正確に書類を作成し、業務をスムーズに進めなければなりません。そのためには、どのような種類の書類が登場するのかを確認し、それぞれの書類の記載内容を正確に理解することが第一歩になります。そして、各書類を作成できるスキルを身につけましょう。Chapter 11では、多くの貿易書類を掲載しているので、そちらを参照してください。

●貿易書類の略語表

略語	正式英語表記	日本語訳	概要
B/L	Bill of Lading	船荷証券	船会社が作成する有価証券
I/P	Insurance Policy	保険証券	保険会社が作成する書類
I/V	Invoice	送り状	輸出者が作成する商品の明細書
P/L	Packing List	包装明細書	輸出者が作成する貨物情報の書類
B/E	Bill of Exchange	為替手形	輸出者が作成する買い取りに必要な書類

多くの書類は略語で
呼ばれることが多いのだ。

●買取手続きの書類の流れ（信用状取引の場合）

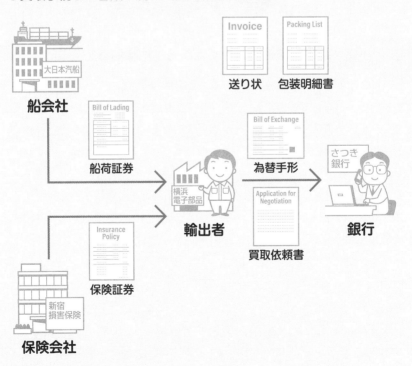

CHAPTER
1
貿易実務のポイント

025

国内取引との違い

日本国内の常識に
とらわれていてはダメなのだ。

▌ 言語と時間の違いは海外ビジネスの基礎の基礎

貿易取引は海外の企業とのビジネスなので、国内取引とは異なる点が多くあります。ここでは貿易ならではの注意点を紹介しておきましょう。

まずは言葉です。貿易取引では交渉や連絡において主に英語を使用します。前のセクションで解説した、貿易書類と言われるものの多くも英語で作成しなくてはなりません。ここは必須スキルと言えるでしょう。

続いて時間。ビジネスにおいて時間管理は大切なのは言うまでもありませんが、海外の企業を相手にする貿易取引では常に時差を念頭に置く必要があります。

▌ 文化が違えば商習慣もまったく異なることがある

最後に文化の問題。取引するのは海外の企業なので、私たち日本人とは異なる文化を持つ相手とビジネスをするわけです。文化が違えばそもそもの考え方が違うことも少なくありませんし、文化圏それぞれ独自の商習慣が存在することも多々あります。ここを理解せずに日本のやり方で進めようとすると、思わぬトラブルに見舞われかねません。

これ以外にも海外企業との取引には、国内取引では考えられないようなトラブルに遭遇する可能性があります。代表的なリスクは事前に確認し、その対策を講じておきましょう。

●貿易取引に潜むリスク

リスク		対策
回収リスク（信用リスク） ・商品を送ったのに代金を回収できない ・お金を払ったのに商品が届かない		・信用状の活用 ・契約書の作成 ・代金の前受け・代金の後払いの検討
カントリーリスク ・相手国の急激な変化による損害		・対象国の専門的な調査 ・取引相手国の分散化
為替リスク ・為替相場の変動による損害		・為替予約をする ・円建て契約を増やす
輸送リスク ・輸送や保管による商品の損害		・輸送方法の研究 ・ダメージ保護のための梱包 ・貨物海上保険の活用

実例：商習慣の違いから起こりがちなトラブル

　日本人は律儀で几帳面といわれます。メールに対する返信もすぐに行いますが、海外は返信のタイミングが遅いこともあります。たとえば、輸送方法を確認したメールを送ったのに返信が来なかったので船便で輸送。ところが本船が出発してから間もなく、航空便で送ってほしいとの無理なリクエストがきて戸惑ってしまったことがあります。

　時間に対する感覚もそれぞれです。日本人の「すぐに」は短時間という意味です。それこそ当日に処理するように努力します。または、翌日の午前中に処理します。こちらはそれを当然と考えますが、海外の企業の中には、「すぐに」は今週中、またはそれ以上と考えてしまうこともあるようです。

海外営業マンのこぼれ話

70代　男性　元ジェトロ貿易投資アドバイザー

　私は一貫して海外営業に携わり色々な国に出張したが、特に発展途上国では思わぬトラブルに遭遇する事がある。海外に出ると私は「お人好しな日本人」とわかるらしく、日本の話が聞きたいと言われ食事しながら質問に答え、食事が済むと、話し相手はあっという間に逃げてしまい、食事代を払わされる事が何度かあった。

　アフリカの空港のカウンターでは鞄を足の間に挟んでいないと置引きにあうし、車のトランクを安易に開けると中に置いてあったものを子供に取られるので注意が必要だ。事故や疫病で死んだ場合に、火葬にするか日本に送還するかと聞かれた時には腰が引けた。空港の役人に「封筒?」を渡して入国通関時のトラブルを防ぐ場合もある。

　私が就職した1970年代は海外顧客との通信手段は手紙や電報だったので一つの注文が決まるのに数か月かかることが多かった。テレックスの時代に移ると自分で操作できないと海外営業マンとは言えなかった。アフリカではテレックスも電話も繋がらない地域があり、本社から追跡されないので何日か浜辺で寝そべっていた役得もあった。

　ナミビアではサバンナ地帯でタイヤがパンクし、スペアタイアも空気が抜けていたので気が動転したが数時間後、後続の車にスペアタイアを借りて命拾いをした。イスラムでは木曜日と金曜日が休みだと知らずに旅程を組んでしまい、後の訪問日程が狂って大失敗したこともある。現地商社から役人には土産をあげないと面談できないと言われ、仕方なく自分用に買ったブランドのネクタイやベルトなどをお土産にしたが結局成約できず、本社にも請求できず大いに損をした。

CHAPTER

2

貿易実務の関係企業

船会社
～貨物を海上輸送する

関連する人・物

船会社

輸送のためのいろいろな
船を持っているのだ。

商品や製品、エネルギーなどを海上輸送する会社

船会社とは船舶を所有し、世界航路のネットワークを構築して、さまざまな商品や製品、エネルギー資源などを安全に海上輸送する企業のことです。

我が国は、エネルギー資源のほぼ全量を海外に依存しています。つまり膨大な資源を輸入に頼っているのが現状です。資源だけではなく、日常品や食料、機械類や電気製品なども、それぞれに適した船舶で海上輸送しています。

世界の海上貿易量のおおよそ8分の1は、日本の船会社が輸送していると言われています。船会社は日本経済ばかりではなく、世界中の人々の生活を支えている重要な役割も果たしています。

船会社の業務と所有する専用船

船会社は積載した商品を安全、迅速に輸送することを使命としています。そして、輸送サービスの対価として海上運賃を収受します。また、貨物の受取証であり、有価証券である重要なBill of Lading（B/L：船荷証券）の作成、発行を行います。

船会社は顧客の要望に応えるために、多くの専用船を用意しています。家電製品や雑貨を輸送するコンテナ船（Container Vessel）や在来型貨物船（Conventional Vessel）、我が国の生命線である資源エネルギーを専門に輸送する油槽船（Oil Tanker）、LNG船（Liquefied Natural Gas Ship）、LPG船（Liquefied Petroleum Gas Ship）、石炭船（Ore Carrier）などです。さらに日本の代表的な輸出品である自動車を輸送する自動車専用船（Pure Car Carrier）などがあります。

取引内容・取引条件に従い、船会社を選ぼう。船の種類・航海
日数・海上運賃などを考慮して、慎重に船会社を選定するのだ。

MEMO　貿易実務でよく使われる「本船」という言葉は、「貨物を運ぶ船」程度の意味。

船会社の概要

大日本汽船

船会社

［業務内容］	商品や製品、エネルギーなどの海上輸送
［輸出入者からの業務依頼］	海上輸送
［業界団体など］	一般社団法人　日本船主協会
［英語表記］	Shipping Company/Shipping Line

●船会社の代表的な仕事

本船スケジュールの作成、発信

航路ごとに本船の動静を確認し、本船スケジュールを作成、ホームページにアップします。ホームページ上に絶えず最新の情報を発信することが大切です。

ブッキングの受付

本船ごとにブッキング（Booking、船腹予約）を受けます。受付はホームページや電話、ファックスなど。ブッキングリストを作成し、顧客にブッキングナンバーを配信します。

書類の作成

船積みが完了すると有価証券であり、運送契約書でもあるBill of Lading（B/L：船荷証券）を作成し、輸出者に発行します。また、輸入貨物に関連するArrival Notice（A/N：貨物到着案内）やDelivery Order（D/O：荷渡指図書）を作成し発行します。

海上運賃の収受

海上運賃（Ocean Freight）や各種の諸チャージ（Surcharge）を徴収します。フレイトメモ（Freight Memo）の作成や領収書の発行も行います。

ターミナルとの打ち合わせ

本船の入出港に伴いコンテナターミナルと打ち合わせを行います。また、コンテナの搬入時期やフリータイムの相談を受けます。

顧客対応

船会社は輸出者または輸入者に対して、必要で有益な情報を発信します。海上運賃の見積もりの依頼にも対応します。最適な輸送方法に関するアドバイスも行います。

MEMO　コンテナターミナル（Container Terminal）は海上輸送と陸上輸送の接点であり、ガントリークレーンやエプロンなどのさまざまな設備・施設がある。

SECTION **02**

通関業者～輸出申告手続き と輸入申告手続きを代行

関連する人・物

通関業者

輸出者・輸入者に代って税関の
手続きをしてくれる業者なのだ。

輸入者や輸出者に代わって通関業務を行う会社

　商品や貨物を輸出したり、輸入したりする場合は、必ず税関に輸出申告手続き、輸入申告手続きを行い、税関から許可を得る必要があります。この手続きを通関業務と言います。税関に対する輸出入申告手続きは輸出者または輸入者が自ら行うこともできますが、専門知識が必要となるので、一般的には通関業を専門に行う通関業者にこの手続きを委託します。

　通関業者は輸出者または輸入者からの依頼を受けて、税関官署に対し、輸出入貨物の申告手続き、関税の納付、不服申し立てなどのさまざまな手続きを行います。通関業を営む通関業者は原則としてその業務を行うとする地を管轄する税関長の許可を受けなければなりません。

業務処理のシステムはNACCSが主流に

　現在、通関手続きはNACCS（通称「ナックス」：Nippon Automated Cargo and Port Consolidated System）というコンピューター業務処理システムを利用します。通関業者は事務所の端末からこのNACCSにアクセスして通関手続きを行います。NACCSを活用することにより、迅速な通関手続きが可能となっています。

　なお、通関業者はよく「フォワーダー」と呼ばれますが、他にも海貨業者（34ページ参照）、NVOCC（36ページ参照）、混載業者（40ページ参照）も「フォワーダー」と呼ばれ、需要な役割を担っています。

通関業者と良好な関係を築くことが重要。また通関士などの
専門家に相談し、適切なアドバイスをもらうことが大切なのだ。

MEMO 　通関士とは、通関業者の通関業務に従事する国家試験に合格した専門家。関税三法や他法令などの専門知識を有して申告内容を審査する。

通関業者の概要

通関業者

[業務内容]	輸出入の通関手続きの代行
[輸出入者からの業務依頼]	輸出入通関手続き
[業界団体など]	社団法人　日本通関業連合会
[英語表記]	Customs Broker/Forwarder

●通関業者の代表的な仕事

輸出申告手続き

輸出者から入手した書類を確認します。必要に応じて、他法令で求められている手続きが行われているかも確認します。Invoice（I/V：送り状）、Packing List（P/L：包装明細書）、商品カタログなどを参考にNACCSを使用して税関に対して輸出申告手続きを行います。

輸入申告手続き

輸入者から入手した書類を確認します。必要に応じて、他法令で求められている手続きが行われているかも確認します。Invoice、Packing List、B/L（船荷証券）のコピー、商品カタログなどを参考にNACCSを使用して輸入申告手続きを行います。

NACCSへの入力・出力・照会

通関業者の多くが、通関手続きをNACCSで処理しています。NACCSへの必要な情報を入力します。また、税関から送られてくる情報を出力します。

貨物の保税地域への搬入確認

輸出入の申告手続きの前提として、原則、該当する貨物が保税地域に搬入されていることが求められるため、貨物が保税地域に搬入されていることを確認します。

税関検査への対応

輸出申告後、または輸入申告後、税関から貨物の現品検査を求めれられることがあります。この場合、該当する貨物を用意し、現品検査への対応を速やかに行います。

不服申し立ての代理

通関手続きの内容に関して、税関長から何らかの処分を受ける場合があります。輸出入者がそれに対して不当と感じた場合、輸出入者の代理として、異議申し立て、審査請求を行うことができます。

MEMO 保税地域とは、外国貨物の関税を一時的に留保できる場所のこと。輸出する・輸入する貨物は原則、保税地域に搬入した後に申告手続きを行う。保税地域は税関の監視下にある。

SECTION 03

関連する人・物

海貨業者

海貨業者～貨物の船積み／荷卸しを行う

商品を船に積む／卸すための手続きをしてくれるのだ。

商品の船積み／荷卸しに必要な手続きを代行する業者

商品を本船に積んで輸出したり、または輸入したりする場合、複雑な手続きが必要となります。そこで輸出者または輸入者は、専門的な企業である海貨業者（海運貨物取扱業者）に、その業務を依頼します。海貨業者が行う海運貨物取扱業務とは、港湾運送事業法により規定されています。

海貨業者は、輸出入者から依頼を受け、船会社と打ち合わせを行い、船積手続きに必要な書類作成や輸入貨物の取り扱いを代行する企業です。海貨業者も通関業者（32ページ参照）と同様に「フォワーダー」と呼ばれます。

大規模な海貨業者は陸上輸送や貨物保管、梱包業務などもサポート

海貨業者は輸出入者と船会社との間に位置します。船積みや港湾関係の専門的な法律や手続きに関する知識を有しています。大規模な海貨業者は、港湾運送事業法に規定している事業以外にも、所有するトラックやトレーラーでの陸上輸送を行い、倉庫では保管業務、商品をダメージから保護するための梱包業務も兼務して行います。

このように大手の海貨業者は総合物流業者としての顔を持ちます。輸出入者にとっては、大手の海貨業者に依頼することにより、輸出入取引に必要とされるさまざまな業務を行ってもらえるメリットがあります。また、海貨業者は通関業の免許も有している企業が多くあります。

輸出者は船積手続きをスムーズに行うために事前に海貨業者より必要な情報を入手することが大切。輸入者は輸入貨物の取り扱いから国内配送・流通加工までを依頼することが多いのだ。

MEMO カット日（Cut Date）とは、コンテナ船の輸送において、コンテナヤードまたはコンテナ・フレイト・ステーションへのコンテナ、貨物、書類を搬入または提出する締切日のこと。

海貨業者の概要

海貨業者

［業務内容］	船積手続き、荷揚げ貨物の取り扱い
［輸出入者からの業務依頼］	船積手続き、輸入貨物の取り扱い
［業界団体など］	大阪海運貨物取扱業会など各地にある
［英語表記］	Forwarding Agent/Forwarder

CHAPTER

2

貿易実務の関係企業

●海貨業者の代表的な仕事

本船スケジュールの確認

本船スケジュールの確認を行います。スケジュールの確認が取れると、該当する本船の船積のカット日（Cut Date）や保税地域でのフリータイム（Free Time）の確認を行います。

書類作成

船積手続きに必要な書類を作成します。コンテナ船の場合はDock Receipt（D/R：ドックレシート）、Container Load Plan（CLP：コンテナ明細書）を作成し、コンテナヤード（CY：Container Yard）、コンテナ・フレイト・ステーション（CFS：Container Freight Station)へ提出します。

NACCSへの入力・照会

船積手続きや船から降ろされた貨物に関する情報などは、NACCSを活用します。必要な情報の入力を行います。また、NACCS により、さまざまな情報を照会できます。

トラックやトレーラーなどの手配

輸出貨物または輸入貨物を指定された場所まで輸送するための、トラックやトレーラーなどの輸送手段を確保、手配します。

輸出貨物の梱包・マーキング作業

輸出者からの依頼により、輸出商品を必要に応じて、木箱（Case）、木枠（Crate）、パレット（Pallet）などに梱包します。また、荷印（Shipping Mark）、注意マーク（Caution Mark）の刷り込みなどを行います。

書類の確認

輸出者・輸入者から入手した書類、つまり依頼書、Invoice、Packing List などを慎重に確認します。また、不備があった場合は速やかに連絡し、必要な書類を要求します。

MEMO フリータイム（Free Time）とは、輸入した貨物をコンテナヤードやコンテナ・フレイト・ステーションから引き取るときに、保管料の支払いが免除される期間。

SECTION 04

NVOCC ～自社で船を持たずに輸送を行う

関連する人・物

NVOCC

> いろいろな輸送手段を組み合わせて最終目的地まで輸送を行うのだ。

自分では船舶を持たずに複数の輸送手段を使って荷物を運ぶ業者

NVOCCとは（Non Vessel Operating Common Carrier）の略で、「非船舶運航業者」と言われます。荷主の要求に応じて有償で海上の利用運送を行う事業者です（「利用運送」とは、自社以外の輸送業者を利用して貨物の運送を行う事業のこと）。NVOCCは、自らは輸送手段を所有しませんが、利用運送として国際複合輸送の最適輸送手段を「選択」し、「組み合わせ」て輸送サービスを提供します。

NVOCCは輸送契約の主役となって荷主（輸出入者）と契約を締結します。またNVOCCは船会社、陸運業者などの実運送業者（運送手段を所有する業者）と契約を結び、それらが提供するサービスを活用する利用運送業者です。

複数の輸送手段をまとめて依頼できるメリットが大きい

NVOCCは輸出者から収受した海上運賃と実運送業者である船会社に支払う海上運賃の差額を利益としています。NVOCCは貨物利用運送事業法の規制を受ける企業です。今では多くの企業がこの業態に参入しています。NVOCCは主に複数の輸送手段（海上輸送、航空輸送、陸上輸送）を組み合わせた国際複合輸送（International Multimodal Transport）行い、ドア・ツー・ドアのサービスを提供します。

輸出入者はNVOCCに業務を依頼することにより、複数の運送手配の利便性やトラブル処理の一元化のメリットを受けることができます。また、国際複合輸送のトータルコストの削減が可能となりました。

> 国際複合輸送の専門企業であるNVOCCに最適な輸送方法・輸送経路を相談し、国際複合輸送を依頼。ドア・ツー・ドアのサービス内容を事前に理解しておくことも大切。

NVOCCの概要

［業務内容］	複数の輸送手段を活用した国際複合輸送
［輸出入者からの業務依頼］	国際複合輸送
［業界団体など］	一般社団法人 国際フレイトフォワーダーズ協会
［英語表記］	Non Vessel Operating Common Carrier

NVOCC

●NVOCCの代表的な仕事

本船スケジュールの作成・発信

航路ごとに本船の動静を確認し、本船スケジュールを作成し、ホームページにアップします。

船会社と打ち合わせ

使用する本船を確定し、船会社に対してブッキングを行います。本船の選定や海上運賃の交渉は重要です。

コンテナプランの作成

ブッキングの内容を集計し、本船ごとのボリュームを確認したのち、コンテナプランを作成します。コンテナの本数・種類に注意を払います。

書類作成

輸出者には、House Bill of Ladingを作成し発行します。輸入者にはHouse Arrival Notice、House Delivery Orderを作成し発行します。

ブッキングの受け付け

顧客に対してセールスを行い、ブッキングを受け付けます。ブッキングを受け付けた後、それぞれの顧客に対してブッキング・ナンバーを配信します。

海上運賃の収受

海上運賃（Ocean Freight）や各種の緒チャージ（Surcharge）を徴収します。フレイトメモ（Freight Memo）の作成や領収書の発行も行います。本船が出港すると、輸出者に請求書を作成し発行します。

海外代理店との連絡・打ち合わせ

本船が出港すると、海外代理店に対して情報の提供と必要書類の送付を行います。

顧客対応

顧客からの最適な輸送方法の問い合わせに対し、輸送方法の提示やアドバイスを行います。

航空会社
～貨物を航空輸送する

航空機による輸送も
最近増えてきているのだ。

年々輸送量が増えている航空貨物輸送

　企業活動のグローバル化やスピード化が激しく進むなか、航空機による貨物輸送の重要性が高まっています。年々、航空貨物輸送の需要は増大しています。

　今では、貨物専用機（Freighter、フレイター）により大量の貨物を短時間に輸送することも日常的に行われています。資源エネルギーや大型貨物や特殊貨物を除いた輸出入商品の大部分を航空機で輸送することができるようになりました。

　多くの企業が航空貨物輸送のメリットであるスピードや定時制に魅力を強く感じています。今後、ますます航空貨物輸送の需要が高まっていきます。

航空会社が航空機で輸送し、航空貨物代理店が業務を請け負う

　航空貨物輸送を担う企業として、まず航空会社が登場します。航空会社は航空機を所有し、多くの旅客を輸送する一方、航空機により、輸出入商品を輸送する重要な役割も担っています。

　航空輸送においては、航空貨物代理店という企業が登場します。航空貨物代理店とは航空会社の業務を代行する企業です。航空会社の運送約款、タリフ（運賃表）、規則、スケジュールに基づき航空貨物輸送に関する業務を行います。Air Waybill（AWB：航空貨物運送状、302ページ参照）を発行し、航空会社から所定の手数料を受け取ります。

商品の特性を考慮し、航空会社に航空貨物輸送を依頼するのだ。
実際の手続き等は航空貨物代理店が行うケースが多い。

MEMO　フレイター（Freighter）とは、貨物を輸送するために製造された貨物専用機。1回のフライトで大量の航空貨物輸送を可能とする。

航空会社の概要

[業務内容]	航空機による航空貨物輸送
[輸出入者からの業務依頼]	航空貨物輸送
[業界団体など]	一般財団法人　日本航空協会
	一般社団法人　航空貨物運送協会
[英語表記]	Airline/Air Carrier

航空会社

●航空会社の代表的な仕事

スケジュールの配信

サービスできる航空貨物輸送のスケジュールを確定します。確定したスケジュールをホームページなどで配信します。

ブッキングの受け付け

顧客からブッキングを受け付け、貨物内容や個数、ボリュームなどを確認します。特に危険品の輸送に関しては注意が必要になります。

書類の作成・発行

Air Waybill（AWB：航空貨物運送状）を作成し発行します。混載業者に対しては、Master Air Waybillを作成し、発行します。

ラベル貼り・マーキング

輸送する貨物に対して、ラベル貼りやマーキングを行います。ULDなどに貨物を詰め込んだり、取り出したりする作業も行います。貨物の取り扱いには注意が必要です。

顧客対応

顧客からの問い合わせ、相談に対応します。航空貨物輸送では、独特の問題もありますので、親切にアドバイスします。また、混載業者からの相談や見積もり依頼が多くあるため、それぞれに対応します。

航空代理店との連絡・打ち合わせ

ブッキングの受け付けや書類の作成は、実質的には航空貨物代理店が行うことが多いので、航空貨物代理店とは頻繁に連絡や打ち合わせを行います。また、海外の代理店との連絡も頻繁に行います。航空貨物に関する必要な情報を迅速に連絡することが大切です。

MEMO　ULDとは、航空輸送で使われるパレット（Pallet）やコンテナ（Container）のような単一化された搭載用具のこと（154ページ参照）。

混載業者〜自社で航空機を持たずに航空輸送を手配する

混載業者

> 航空会社以外に航空輸送を専門に行う企業なのだ。

自社では航空機を持たずに航空輸送を行う企業

　混載業者は貨物利用運送事業法の規制を受ける企業で、航空輸送において、自社としては航空機を所有せず、航空会社などの実運送業者の運送サービスを利用して航空貨物輸送を行います。混載業者は、利用航空運送事業者またはエアー・フレイト・フォワーダーとも呼ばれます。

　混載業者は航空会社とは異なった、自社が作成した独自の運送約款、タリフ（運賃表）を所有しています。これをもとに、混載業者はそれぞれの荷送人（荷主）と運送契約を結び航空貨物輸送の業務を行います。

適切なサービスを提供する混載業者を選択する

　混載業者は複数の荷主から、主に小口の軽量貨物を集荷し、料率の高い運賃をもらいます。一方、実運送業者である航空会社には、料率の低い大口割引運賃を支払います。このことにより、混載利益と言われる利益を手に入れることができるのです。

　多くの混載業者は得意とする地域でのサービスに工夫を凝らし激しい競争を行っています。輸出入者としては、最適な混載業者を選択することが大切です。

> 航空貨物輸送では、航空会社と直接に輸送契約を結ぶ直送貨物（Direct Cargo）と混載業者に航空貨物輸送を依頼する混載貨物（Consolidation Cargo）の2通りの方法があるのだ。

MEMO　貨物利用運送事業法とは、貨物の運送サービスの円滑な提供を確保し、利用者の利益や保護を目的とした法律。「実運送」と「利用運送」を規定している。

混載業者の概要

混載業者

[業務内容]	航空機による航空貨物輸送
[輸出入者からの業務依頼]	航空貨物輸送
[業界団体など]	一般社団法人　航空貨物運送協会
[英語表記]	Air Freight Forwarder

●混載業者の代表的な仕事

スケジュールの発信

サービスできる航空貨物輸送のスケジュールを確定します。確定したスケジュールとサービス内容をホームページなどで配信します。

航空会社と打ち合わせ

航空会社とスペース確保のための打ち合わせを行い、ブッキングをします。また航空運賃の交渉を行います。

ブッキングの受け付け

顧客からブッキングを受け付けます。仕向地ごとにブッキングの集計と内容の確認を行います。特殊な貨物の輸送を依頼された場合は、注意が必要です。

書類の作成・発行

顧客に対して、House Air Waybillを作成し、発行します。また、航空会社からはMaster Air Waybillを入手します。

NACCSへ入力・照会

航空貨物輸送に関するさまざまな手続きをNACCSで処理します。必要な情報の入力を行い、また照会することができます。

ラベル貼り・マーキング

該当する航空貨物にラベル貼りやマーキングの作業を行います。航空機への搭載準備を細心の注意で行います。

海外代理店との連絡

搭載された航空貨物に関する情報を速やかに海外代理店に連絡します。

顧客対応

顧客からの問い合わせなどに対しては適切なアドバイスを提供します。

SECTION 07 銀行～信用状の開設や代金決済を行う

関連する人・物

銀行

銀行は代金決済を行うだけでなく、重要な役割を担うのだ。

代金決済など重要な役割を果たす銀行

銀行はお金のやり取りを中心に輸出者と輸入者を結ぶ重要な役割を果たします。なかでも決済はとても重要な問題です。輸出者にとっては、いかに確実に代金を回収するかが大問題です。一方、輸入者にとっても、商品代金の支払いを確実に行うことが求められます。決済方法を充分に研究し、最適な方法を選択します。

海外の取引企業から確実な代金回収が行えるかどうか、不安を抱いている企業が多くあります。そんなときに、銀行は心強いアドバイザーにもなりえるのです。

貿易取引における身近で力強いパートナーになることも

銀行は決済以外でも、貿易取引に関するさまざまなビジネスをサポートします。特に最近では中小企業の多くが中国をはじめとするアジア諸国との貿易取引への新規参入や海外進出を計画しています。貿易取引の経験が少ない中小企業にとって、銀行は力強いパートナーとなります。

これから、新たに貿易取引に参入する企業にとって、取引相手国の概要や法律、進出手続きの方法、金融事情や外国為替に関する詳細な知識や情報は、どうしても必要になります。また、中小企業の多くは取引企業の信用調査や決済方法に関して、気軽に銀行に相談したり、アドバイスをもらえたりする良好な関係を構築することが大切です。

銀行は決済の専門家。為替変動リスクの回避策や最良の決済方法の選択などで相談を行い、適切なアドバイスをもらおう。

MEMO 信用状（L/C：Letter Of Credit）とは、貿易取引における独自の決済方法。輸入者の取引銀行である輸入地の銀行が輸入者に代わって代金の支払いを保証した書類。

銀行の概要

銀行

[業務内容]	代金の決済、信用状の開設
[輸出入者からの業務依頼]	決済に関する業務
[業界団体など]	一般社団法人　全国銀行協会
[英語表記]	Bank/Banking Corporation

CHAPTER

2

貿易実務の関係企業

●銀行の代表的な仕事

信用状の開設手続き

輸入者から信用状の開設（「発行」とも言う）依頼を受けます。輸入者の信用状態などを確認の上、信用状を開設します。開設した信用状は、輸出地にある通知銀行に送付します。信用状の開設には手数料が必要になります。

荷為替手形の買い取り

決済条件が信用状の場合、輸出者から荷為替手形（memo参照）の買取手続きを行います。書類の不一致（ディスクレ）がないかを慎重に確認します。万一、ディスクレがある場合は、速やかに輸出者に通知し、処理方法を確認します。

送金手続き

依頼者から送金の依頼を受けます。送金依頼書の記載内容を確認し、問題がない場合は送金手続きを行います。送金手続きには手数料が必要です。また、送金未着の問い合わせにも答えます。

Bank L/Gの発行

輸入者からB/L（船荷証券）未着時での対処方法として、銀行保証状（Bank L/G、298ページ参照）の発行を依頼されます。必要書類を確認しBank L/Gを発行します。Bank L/Gの取り扱いには注意が必要です。

為替予約の手続き

為替相場の変動リスクを避けるために輸出者または輸入者から為替予約を受け、手続きをします。

顧客対応

銀行は輸出者または輸入者からいろいろの相談を受けます。決済に関する専門家ですので、外国為替などの問い合わせに対しては的確なアドバイスを行います。また、海外支店などを活用して輸出入取引に必要な情報を提供します。

MEMO 荷為替手形とは、輸出者が作成する為替手形に船荷証券などの船積書類を添付したものを指す。為替手形とは、輸出者（振出人）が輸入者（受取人）からの代金回収を銀行（支払人）に委託した有価証券のこと。

保険会社

保険会社
～貨物海上保険を取り扱う

もしものときの損害を補てんする
ための保険は重要なのだ。

輸送時のさまざまなリスクは保険でカバーする

　海外の企業との貿易取引において、貨物（商品）が安全に輸送されることはとても重要なことです。安全な輸送は貿易取引の大前提です。しかし、実はさまざまな危険にさらされているのも事実です。保険会社はこれらの危険や損害から、輸出者・輸入者を保護し、円滑な貿易取引を進める大切な役割を担っています。

　船舶、航空機、鉄道、トラック、トレーラーなどのさまざまな輸送手段を用いて大切な貨物（商品）が輸送されます。その途上では、本船の沈没、座礁、衝突、火災、悪天候、また、貨物の盗難、破損、雨濡れなどの危険が潜んでいます。さらに、輸送途上での積み替え、倉庫での荷役、保管中における危険も見逃せません。

一見無駄にも見えるが実際には付保は必須

　もし、このような不測の事態が発生した場合、保険が付保されていれば、輸出者または輸入者は保険の条件に従い、損害の填補を受けることができます。また、実際に貨物に損害が発生した場合は、輸出者または輸入者は保険により損害を回収することができます。このように危険を安心にかえてくれる大きな役割を果たすのが保険会社です。

　保険会社は専門知識をもとに輸出者・輸入者に的確なアドバイスを提供します。輸出者・輸入者は保険の内容を充分に理解した上で、最適な保険を選択することが大切です。

貨物海上保険の負担は、貿易条件により輸出者・輸入者のどちらかになるかが決まる。こちらで掛けるときは保険の対象となる商品の特性や輸送方法を充分に考慮して適した貨物海上保険を選択することが大切。

MEMO　貨物海上保険とは、国際間を輸送する輸出入貨物を対象とした保険。輸送中におけるリスクや危険をカバーする。

保険会社の概要

[業務内容]	各種保険の受付、保険金の支払い
[輸出入者からの業務依頼]	各種保険手続き
[業界団体など]	一般社団法人　日本損害保険協会
[英語表記]	Insurance Company

新宿
損害保険

保険会社

●保険会社の代表的な仕事

保険の申し込みの受付

申請者から貨物海上保険の申し込みを受け付けます。さらに海上保険申込書、Invoice、L/C（信用状）のコピーなどを入手し、内容を確認します。

保険の種類や特色を説明

包括保険や個別保険に関して説明します。さらに各種保険の特色や保険料に関して解説します。

保険証券の作成・発行

Insurance Policy（I/P：保険証券）の作成を行います。海上保険申込書などの提出された書類を参考にして保険証券を作成し、申請者に対して郵送します。

事故通知の受付

事故が発生した場合は、輸出者または輸入者から事故の連絡通知を受けます。素早く関係各所に連絡して対処します。事故通知の内容を確認し、関係各所に速やかに連絡します。

保険金請求に必要な書類の受理

保険金請求に必要な提出書類の説明を行い、迅速な書類の提出を依頼します。提出された書類の記載内容を確認します。必要に応じて保険金を支払います。

顧客対応

貨物海上保険を輸出者・輸入者のどちら側で負担するかは、貿易条件により異なりますが、輸出者・輸入者から保険条件などの相談に適切なアドバイスも行います。

海外代理店との打ち合わせ・連絡

海外代理店との連絡や打ち合わせを頻繁に行います。

保険料請求書の発行

書類の発行と同時に、保険料請求書（Debit Note）を作成・発行します。

SECTION 09

ドレー会社～トレーラーで
コンテナを陸上輸送する

関連する人・物

ドレー会社

コンテナごと陸上を
輸送してくれるのだ。

フォワーダーの依頼に基づきトレーラーでコンテナを陸送する

コンテナ船（Container Vessel）での輸送が主役である完成品の輸出入取引において、海上コンテナを安全に陸上輸送することが強く求められます。

専用トラックを使用し、コンテナの陸上輸送を行う専門業者を業界ではドレー会社と呼んでいます。専用トラックとは、牽引する車両をヘッドと言い、コンテナを載せる部分をシャーシと言います。これらを合わせて、一般的にはトレーラーと呼ばれます。つまりドレー会社とは、トレーラーを所有し、フォワーダーからの依頼に基づき、海上コンテナを決められた日時に決められた配送先に陸上輸送する企業です。

ほとんどの大手物流会社や日本の船会社は傘下にドレー会社を所有

ドレー会社はトレーラーを活用してコンテナを輸送します。道路交通法による高さ制限は3.8メートル（指定道路は4.1メートル）のため、コンテナの種類によっては、低床シャーシを使用する場合もあります。ほとんどの大手物流会社や日本の船会社は傘下にドレー会社を所有しています。

海外から送られてきた商品を積んだコンテナは、このようにドレー会社の手を経て、日本各地に届けられます。輸出者・輸入者が直接的にドレー会社に連絡や交渉することは少なく、一般的にはフォワーダーを介してドレー会社に海上コンテナの輸送を依頼します。コンテナを安全に最適経路で輸送するには、やはり専門企業であるドレー会社のアドバイスを必要とする場合も多くあります。

輸出者・輸入者がドレー会社に対して直接的に交渉や依頼を行うことは少なく、通常はフォワーダーに依頼する。フォワーダーからドレー会社に指示がでるので、適切にコンテナが陸上輸送されるための情報を事前に提供することが重要なのだ。

ドレー会社の概要

［業務内容］	海上コンテナの陸上輸送
［輸出入者からの業務依頼］	海上コンテナの陸上輸送
［業界団体など］	全日本トラック協会
［英語表記］	Dray Company/Haulier

ドレー会社

●ドレー会社の代表的な仕事

輸送依頼の受付

フォワーダーから海上コンテナの陸上輸送の注文を受け付けます。配送日ごとの受注本数を確認し依頼を受けます。

コンテナでの輸送

海上コンテナをトレーラーにより陸上輸送します。指定された輸送先に安全に時間厳守で輸送することが求められます。

該当コンテナの位置確認・連絡

フォワーダーや荷主からの、該当コンテナの位置確認や配送状況の問い合わせに対応します。GPSや無線を利用して最新状況を的確に連絡することが大切です。

配車表の作成

配車表を作成します。最適な輸送経路と配車を組み合わせることが最も大切です。効果的にな配車を試みます。

運行前点呼の実施

ドライバーのチェックを行います。アルコールが残ってないかアルコールチェッカーで確認します。

顧客対応

陸送時にコンテナの種類や輸送先のロケーションによりさまざまな問題が発生するため、事前に相談される場合があります。経験に基づいた的確なアドバイスを行います。

請求書の作成

各輸送ごとの請求書を作成します。請求書の内容をしっかりとチェックします。

安全会議の開催

定期的に安全運転などに関する会議を開催し、議事録を残します。

倉庫会社
〜貨物を保管する

関連する人・物

倉庫会社

商品を安全に保管するためには、倉庫の利用は不可欠なのだ。

商品や貨物を倉庫で安全に保管してくれる会社

　一般に貨物を保管する施設を倉庫といい、倉庫業を営む会社を倉庫会社と呼びます。日常生活に欠くことのできない商品や製品、輸出入取引で扱う商品や貨物を安全に保管することはとても大切なことです。この重要な役割を担っているのが倉庫会社です。

　倉庫会社は委託を受けた商品や貨物を倉庫で保管します。今や倉庫は、我が国の物流全体において大変重要な役割を担っています。そのため、倉庫業の適正な運営を図るために、倉庫業法が制定されています。

倉庫といっても扱う商品によってさまざまな倉庫が存在する

　倉庫は貨物を保管する場所ですが、目的や用途によりさまざまな倉庫が必要になります。たとえば、工場で生産された製品を一時的に保管する製品倉庫。危険物を取り扱い、保管する危険品倉庫。生鮮食料品などを決められた温度で適正に保管・管理する冷蔵倉庫などがあります。輸出者または輸入者は商品の特性や性質などを充分に考慮して最適な倉庫の選定も重要な問題になります。

　経済活動のグローバル化が進み、輸出入取引にはスピードが強く求められています。倉庫会社では、貨物の保管や荷役作業に加えて、最新情報の提供や適正在庫の提案などのきめ細かなサービスの提供を行います。

通常はフォワーダーが倉庫も所有しているが、状況によって輸出入商品の保管などを倉庫会社に直接依頼する場合がでてくる。どちらの場合も保管貨物に関する情報を適宜、入手することが大切。

MEMO　倉庫業法は、倉庫業の適正な運営を確保し、倉庫の利用者の利益を保護することを目的として制定された法律。

倉庫会社の概要

倉庫会社

［業務内容］	貨物（商品）の保管、取り扱い
［輸出入者からの業務依頼］	貨物の保管、入出庫の作業
［業界団体など］	一般社団法人　日本倉庫協会
［英語表記］	Warehouse Company

CHAPTER

2

貿易実務の関係企業

●倉庫会社の代表的な仕事

貨物の保管・受付

顧客から貨物の保管を依頼されます。貨物の種類や特性を考慮し、安全な保管を心がけます。保管方法や保管期間などを説明し、見積書などの作成も行います。

貨物の入庫作業と出庫作業

顧客からの貨物の搬出依頼や搬入依頼の指示に従い、貨物の出庫作業や入庫作業を行います。入出庫作業は貨物の安全性を考慮し、丁寧に行います。貨物の不具合を発見した場合は迅速に連絡します。

在庫表の作成

顧客から依頼を受け、該当する貨物や該当する日時の在庫表を作成します。特に月末、年度末の在庫表は大切な書類となります。

貨物情報の管理・連絡

顧客からの貨物に関する問い合わせに対して、的確に貨物情報を知らせます。コンピューターによる、迅速で的確な貨物情報の提供が行われます。特に輸出入取引では、最新で高度な貨物情報が重要になります。

倉庫内作業

顧客から貨物の内容点検、梱包、マーキング、仕分けなどの作業の依頼を受けます。それぞれの作業を正確に実施することが大切であるほか、写真撮影などによる的確な報告も必要です。

フォワーダーとの連絡・打ち合わせ

輸出入貨物を取り扱う場合は、フォワーダーと頻繁に連絡や打ち合わせを行います。特に輸出の場合は、カット日の問題もあるので、作業の迅速性が問われます。

検量機関・検数機関
～貨物の検量や個数を数える

検量機関　検数機関

輸出入貨物を第三者の専門家として
確認・計測するのだ。

貨物の検量を行い、重量容積証明書を発行する検量機関

　輸出入貨物は、本船への積み込みまたは本船からの貨物の陸揚げに際し、必要に
応じて、貨物の検量が行われます。この検量業務を行うのが港湾運送事業法により
許可を受けた検量機関です。代表的な検量機関として、一般社団法人日本海事検定
協会、一般社団法人新日本検定協会などがあります。

　検量機関は第三者の立場で、貨物の容積、重量の測定業務を行い、その結果を詳
細に記載した証明書を発行します。この証明書を重量容積証明書と呼び、必要に応
じて輸出者は検量機関により発行された重量容積証明書を輸入者に送付します。こ
れらの書類は、輸入地で税関への申告手続きや決済の際に必要とされます。

貨物の検数を行い、検数票を発行する検数機関

　検量業務と同様に、本船への積み込みまたは本船からの貨物の陸揚げに際し、ま
たは貨物の受け渡し場所などで貨物の検数が行われます。この検数業務を行うのが
港湾運送事業法により許可を受けた検数機関です。代表的な検数機関として、一般
社団法人日本貨物検数協会、一般社団法人全日検があります。

　検数機関は第三者の立場で、貨物の個数をチェックします、確認作業の結果は、
証明書として検数票（Tally Sheet）が発行されます。

　なお、検量機関や検数機関への依頼や打ち合わせは輸出入者が直接行うことは
少なく、フォワーダー（海貨業者）を経由して行うことが一般的です。

通常はフォワーダーを経由して依頼するので、直接接触するこ
とはほぼない。検量機関・検数機関から発行された証明書は貿
易取引では大切な書類なのだ。

MEMO　港湾運送事業法とは、港湾運送に関する秩序を確立し、港湾運送の健全な発展を図ることを目的として制
定された法律。港湾運送事業の内容を規定している。

検量機関・検数機関の概要

検量機関

検数機関

［業務内容］	［検量機関］貨物の検量、重量容積証明書の発行
	［検数機関］貨物の検数、検数票の発行
［輸出入者からの業務依頼］	貨物の検量や検数
［業界団体など］	特になし
［英語表記］	Sworn Measurer/Tally Corporation

● 検量機関・検数機関の代表的な仕事

検量業務の受付

荷主やフォワーダーから貨物の検量の依頼を受けます。検量とは貨物の重量や容積を測定して証明することです。検量機関は依頼された貨物の検量場所や検量方法を確認します。

検数業務の受付

荷主やフォワーダーから貨物の検数の依頼を受けます。検数とは貨物の個数の確認と受け渡しの証明を行うことです。検数機関は依頼された貨物の検数場所や検数方法を確認します。

検量業務の実施

該当する貨物の検量作業を実施します。貨物の大きさや種類などに注意し、正確に作業を行います。

検数業務の実施

該当する貨物の検数作業を実施します。貨物の大きさや種類などに注意し、正確に作業を行います。

検量結果の証明書の作成・発行

検量結果を証明する重量容積証明書（Certificate and List of Measurement and/or Weight）と呼ばれる書類を作成します。書類には貨物の大きさや重さの詳細が記載されています。この証明書は貿易取引において重要な書類となります。

検数結果の証明書の作成・発行

検数結果を証明する、検数票（Tally Sheet）と呼ばれる書類を作成します。書類には貨物の個数が明記されています。貨物の受け渡しを証明したもので貿易取引において重要な書類となります。

SECTION **12**

関連する人・物

税関

税関〜貨物の通関手続きを行う

輸出入を行うために通らなければならない関所のようなものなのだ。

■ 輸出入貨物の通関手続き、関税の徴収などを行う役所

税関は財務省管轄の役所です。海外との窓口となる港や空港に施設があり、北から函館税関、東京税関、横浜税関、名古屋税関、大阪税関、神戸税関、長崎税関、沖縄地区税関となります。

税関の主な仕事は、輸出入貨物の通関手続き、関税の徴収、密輸の取り締まり、保税地域の管理、各種統計資料の作成などです。税関は通関業者が申告する内容を慎重に審査し、税率が正しいかをチェックし、関税や消費税がきちんと納付されているかも確認します。

■ 不正な輸出入商品の取引などを監視するのも役割のひとつ

一般の方が最もなじみの深い税関の仕事として思い浮かぶのは、海外旅行から帰国した際に空港や港で行われる荷物検査ではないでしょうか。また、麻薬探知犬と力を合わせて薬物の摘発業務や不審船の監視業務などを行っています。

税関は国と国との貿易を縁の下からサポートする仕事を行っています。つまり、税関は秩序ある貿易取引を守り、社会を混乱させる不正な輸出入商品の取引に目を凝らし、適正な貿易取引が遂行されていることを目指し、最前線で日夜、活動しています。

わからないことがあったら、税関の相談窓口を積極的に活用しよう。実際に取引を始める前に、適切なアドバイスをもらうことが重要。また、輸出取引、輸入取引終了後に税関の事後調査があるので日頃の書類の管理・整備が問われることになる。

税関の概要

[業務内容]	通関手続き、関税の徴収
[輸出入者からの業務依頼]	輸出入通関手続きなど
[業界団体など]	特になし
[英語表記]	Customs/Custom House

税関

●税関の代表的な仕事

通関手続き

通関業者から行われた輸出申告手続き・輸入申告手続きの申告内容を充分に審査します。また、必要に応じて現品の検査も実施します。書類審査や現品検査を経て問題がなければ輸出許可、輸入許可を通知します。現在、通関手続きではNACCSが主に使われていて、大幅に時間の短縮が図られています。

関税の徴収

課税品の輸入申告手続きでは、税関は輸入者より関税と消費税を徴収します。関税の納付は、延納手続きなどがあります。なお、無税品の輸入に関しては輸入者からは、消費税を徴収します。

税関検査の実施

書類審査で、申告内容が不充分と判断された場合は現品の検査を行います。これは申告内容と現品の同一性を確認するために実施されるものです。税関職員は該当する貨物を開梱し内容を確認します。なお、検査方法には、検査場検査のほかに現場検査や指定地外検査があります。

密輸の取り締まり

税関は、不正物品などの我が国への持ち込みに関して厳しい監視体制をとっています。港や空港などの最前線では、麻薬犬などを活用し、密輸の取り締まりに力を入れています。

統計資料の作成・公表

税関は輸出入の品別国別表や統計品別表、航空貨物品別表、海上コンテナ貨物品別表、税関別品別国別表などの資料を作成し、公表しています。これらの資料は輸出入取引を行う上では貴重な資料となります。

相談窓口の開設

税関は通関手続きに関して、電子メールによる相談を受け付けています。さらに相談受付官署では、電話相談も受け付けます。輸出入取引を開始する前に、事前に不明点を税関に相談しておきましょう。

商社〜輸入・輸出を専門に取り扱う

商社は貿易ビジネスの主役なのだ。

輸出者・輸入者としての商社

商社は海外取引・貿易ビジネスの中心的な存在です。さまざまな商品や資源エネルギーなどの輸出入取引において、世界規模のビジネスを主導しています。

輸出取引は我が国の経済を飛躍的に発展させた重要なビジネスです。商社は輸出者として、匠の技を駆使した日本製品を世界中に輸出しています。高品質、高付加価値があり、価格競争力を有している日本製品が世界中の消費者、需要者に喜ばれています。その主導的役割を商社が担っているのも事実です。

一方、商社は輸入者として、原油、鉄鉱石、石炭、液化天然ガスなどの資源エネルギーを安定的に我が国に供給できるように開発し、安全な輸送力の確保にも力を注いでいます。最近では衣料品や日常品、家電製品、雑貨などの完成品の輸入も多く見られます。また、我が国は食料の輸入大国であり、商社は食品や食料品の輸入ビジネスの主導的な役割を担っています。

世界中の国々の企業を相手にグルーバルなビジネスを展開

さらに三国間貿易と呼ばれるビジネスでも商社は重要な役割を演じています。三国間貿易は日本を経由せずに海外の企業から海外の企業へ商品が送られます。商社はこの取引に関する業務を行います。このように世界中の国々の企業を相手にグローバルにビジネスを展開しているのが商社です。また、商社は扱う商材により総合商社と専門商社に分けることができます。

商社に依頼すると商社の持つさまざまな機能を効果的に活用でき、輸出入取引をスムーズにスタートできる。だから輸出者・輸入者は商社を利用する間接貿易のメリットとデメリットを事前に確認しておこう。

商社の概要

［業務内容］	輸出入ビジネス一般
［輸出入者からの業務依頼］	商社を介した輸出入ビジネス
［業界団体など］	一般社団法人　日本貿易会
［英語表記］	Trading Company/Trading House

商社

●商社の代表的な仕事

輸出取引

海外の会社と輸出取引を希望している企業から日本製品の輸出取引を依頼されます。つまり間接貿易です。商社は輸出商品や取引相手国などの希望を充分に確認し、輸出取引を開始する準備を始めます。また、商社を利用するメリットと費用などを説明します。

輸入取引

海外の会社と輸入取引を希望している企業から商品の輸入取引を依頼されます。輸入商品の特色や取引相手国、国内での市場を確認し、輸入取引を開始する準備を始めます。また、商社を利用するメリットと費用などを説明します。

海外の輸入先と交渉・契約

海外の市場調査や相手企業の信用調査を行い輸出先の企業を選定します。取引相手にさまざまな条件を提示して交渉を行います。無事に交渉が成立すると、契約書を作成します。

海外の輸出先と交渉・契約

日本国内の市場調査や相手企業の信用調査を行い輸入先の企業を選定します。取引相手にさまざまな条件を提示して交渉を行い、交渉が成立すると、契約書を作成します。

国内の輸出先と打ち合わせ・手続き

輸出取引をスムーズに進めるには、国内企業との関係が重要になります。商品の輸送では、船会社や航空会社と、通関手続きや船積み手続きなどはフォワーダーと、決済に関しては銀行と保険に関しては保険会社と打ち合わせを行います。決められた日時や費用の確認が大切です。

国内の輸入先と打ち合わせ・手続き

輸入取引をスムーズに進めるには、国内企業との関係が需要になります。商品の輸送に関しては、船会社や航空会社と、通関手続きや輸入貨物の取り扱いなどはフォワーダーと、決済に関しては銀行と保険に関しては保険会社と打ち合わせを行います。輸入商品が安全に確実に最終消費者へ届けられるように注意します。

プロジェクトはまるで大きな文化祭のように楽しい

40代　編集ライター

仕事柄、さまざまな職業の方を日々インタビューします。

ご縁あってある時、約15名のフォワーダーの方を取材する機会に恵まれました。その時に聞いた忘れられないエピソードをご紹介します。ある人が目をキラキラさせながら、こんなことを話してくれました。

「フォワーダーの仕事をルーティンでこなしてしまうと単なる作業で終わってしまいます。でも私が手配したパイプが輸送先のプラントで火を灯され、発展途上国の人々の生活を豊かにする。私の仕事が誰かの役に立てたのだと知れば、それまでの苦労など一瞬で吹き飛ぶんです」。その人はプロジェクトを大きな文化祭に喩えました。資材を調達する人、設計する人、最適な物流の方法を考える人、みんなでバトンをつないで、大きなお祭りをみんなで成し遂げる。プロジェクトによっては5年かかることもあり、時が経つのがあっと言う間だ、とも。そのスケール感に圧倒され、羨ましく感じました。

その方は一児のママであり、時短勤務で働いていました。子どもができても、キャリアが中断することもなく、スペシャリストとして長く仕事を続けられることも大きな魅力だと語り、ご自身のキャリアに誇りを持っていました。私も、もっと早くフォワーダーという仕事を知っていたら「転職したかった」。思わず、そう思ったくらいです。

CHAPTER

3

市場調査から
契約までの流れ

市場調査

関連する人・物

輸出者　輸入者

市場調査は多くの項目、さまざま角度、異なった機関を利用して行うのだ。

まずは相手のさまざまな情報を集める

貿易取引に参入する際には、市場調査の必要性を認識することが重要です。例えば輸出取引を考えた場合、海外の市場の調査を徹底的に行うことにより、市場が自社商品に対して適しているかを判断します。

調査には地理、文化、経済、法律、為替制度、物流、通関制度、道路、港湾などの一般的な情報と、商品特有の情報である製品、価格、消費者数、品質、競争力、宣伝広告、サイズなどがあります。

調査項目は多岐にわたりますが、たとえば、人口について考えます。人口は商品の売上や雇用、企業活動に大きな影響を与えます。その国の人口規模はどのくらいか。出生率や死亡率、男女別の人口構成比なども解析します。

人口以外にも右ページに記載したような多くの項目に対して、慎重な調査を行います。

JETRO や日本アセアンセンターを活用しよう

海外の市場の動向を正確に調査して的確な情報をしっかりと把握することがビジネス成功へのポイントでもあります。

JETRO（日本貿易振興会）、日本アセアン センター（東南アジア諸国連合貿易投資観光促進センター）などで積極的に情報収集を行います。また、現地での調査や専門家であるコンサルタントの起用なども考えます。

カントリーリスクへの対策として、まず対象となる国の正確な情報を入手すること。次にリスクがある場合は、リスクの内容をしっかりと理解し、必要に応じて保険を掛けたり、リスクの分散を事前に図ったりすることが大切。

●市場調査で集める情報

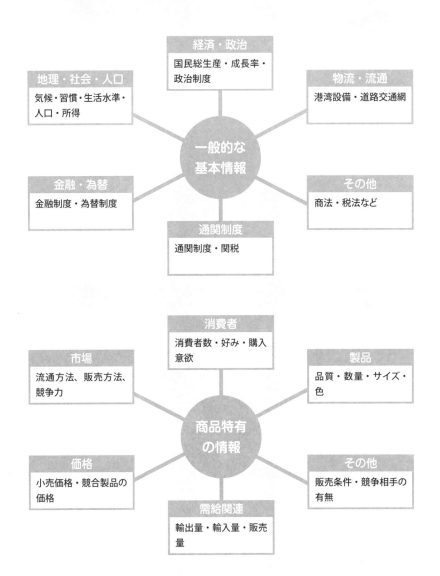

経済・政治
国民総生産・成長率・政治制度

地理・社会・人口
気候・習慣・生活水準・人口・所得

物流・流通
港湾設備・道路交通網

金融・為替
金融制度・為替制度

その他
商法・税法など

一般的な基本情報

通関制度
通関制度・関税

消費者
消費者数・好み・購入意欲

市場
流通方法、販売方法、競争力

製品
品質・数量・サイズ・色

価格
小売価格・競合製品の価格

その他
販売条件・競争相手の有無

商品特有の情報

需給関連
輸出量・輸入量・販売量

SECTION **02**

関連する人・物

輸出者　　　輸入者

取引相手の選定

ベストパートナーとなりえる
取引相手を見つけよう。

取引相手の選定のための情報収集

　市場調査などのさまざまな情報収集の結果、輸出入取引の可能性が高いと判断すると、次に具体的な取引先の選定を行います。多くの企業の中から優秀な取引相手となりうる企業を絞っていきます。末永くビジネスを継続できるベストパートナーを見つけることができれば、これから始める輸出入ビジネスが成功へと一歩近づきます。

　方法としては、「インターネットを利用する」「在日の大使館や海外の商業会議所などを利用する」「見本市や博覧会を利用する」「現地に出向いて情報収集を図る」といった方法があります。

インターネットに頼り切ることなく情報収集を行うことが重要

　取引相手を見つける方法はいくつかありますが、現在では、インターネットによる情報収集が多いのではないでしょうか。世界中の多くの企業が自社のホームページを開設し、ビジネスに関する情報を発信しています。これらの情報を参考にすることはもちろんですが、最新の情報を絶えず入手する努力も重要です。

　また、一方的な判断ではなく、経験豊富な専門家である貿易アドバイザーなどによる意見は参考になります。そして、やはり、直接相手企業を訪問し、その会社の雰囲気、社員の人柄や仕事ぶりを見ておきたいものです。

取引相手の見つけ方はいろいろとあるが、
複数の方法を有効に活用することが重要なのだ。

●取引相手の見つけ方

インターネットを利用する

インターネットの環境がこれだけ整備されている現在では、インターネットを活用した方法が一般的です。ジェトロや全国各地の商工会議所、経済産業省や貿易に関わる企業や業界団体のホームページから企業情報をはじめとした多岐にわたる情報を入手することができます。

在日の大使館や海外の商業会議所などを利用する

各国が日本に置く大使館、領事館や公的機関において、それぞれの国の企業に関する情報を手に入れることができます。また、取引相手になりそうな企業などを紹介してもらうこともできます。

見本市や博覧会を利用する

規模の大小はありますが、各種の見本市や博覧会が世界各地で定期的に開催されています。これらを積極的に活用することにより、有望な企業に関する情報に触れることができます。
我が国においても、見本市や博覧会は各地で開催されています。見本市などへの積極的に出店・参加は、自社商品のPRができる大きなチャンスでもあります。

現地に出向いて情報収集を図る

直接海外に出張し、現地で情報収集を図り、積極的なアプローチも可能です。

●ジェトロ（JETRO）のホームページ

URL：https://www.jetro.go.jp/

信用調査の意義と方法

信用調査は慎重に、そして
客観的に行う事が大事なのだ。

まずは信用調査で相手のことを詳しく知る

貿易取引を開始するにあたり、まず最初に行わなければならないことは相手企業の信用調査です。貿易取引は言語、商習慣、文化が異なる企業との取引なので、事前の確認が重要になります。いったんトラブルが発生すると、解決には膨大な時間と費用を覚悟しなければなりません。

また、信用調査は取引開始後も継続的に行うことが大切です。企業活動を取り巻く経済環境は絶えず変化しています。信用調査の重要性を認識しましょう。

調査レポートも有用だが、相手との接点を増やして総合的に判断

信用調査の重要性を理解したうえで、いくつかの調査方法の中から自社に適した調査方法を選択し、信用調査を実施します。信用調査の専門家、あるいは信用調査機関に有料で依頼し、詳細のレポートを入手することができます。しかし、このようなレポートでも、自社が知りたいことがすべて網羅されているわけではありません。相手企業のことを充分に理解することもなかなか難しいものがあります。

そこで、最終的にはこのような報告書にプラスして、自社が相手企業との接点を持つ機会を増やし、多角的な視点で総合的な判断をすることが重要となります。そして信用調査は定期的に行い、取引条件の見直しなども考慮する必要があります。

まずは、東京商工リサーチや帝国データバンクの
ホームページを見てみよう。

●信用調査の方法

ホームページで調べる

多くの企業が自社のホームページを持っています。そこから、相手企業の概略が容易につかめます。さらに、上場企業なら決算書を確認することも可能です。

輸出者　　輸入者

関係先から情報を入手する

調査を依頼する方法には、取引銀行に問い合わせる銀行信用照会先（Bank Reference）や相手企業の関連会社に相手先のことを問い合わせる同業者照会先（Trade Reference）があります。

銀行など

専門機関に依頼する

専門の調査会社を利用して、企業の信用情報が入手できます。有償ですが正確な情報を短時間に把握ができる長所があります。世界的な調査機関としては、アメリカのニューヨークに本社を置く、ダン・アンド・ブラッドストリート社が有名です。同社の調査報告書は「ダン・レポート」と呼ばれ世界の企業から信頼されています。また、我が国では株式会社東京商工リサーチ・株式会社帝国データバンクなどがあります。

専門調査機関

自社で調べる

相手企業との接点を増やし、さまざまな角度から検討する。

●信用調査の内容

調査項目はいくつかありますが、主に頭文字が「C」で始まる次のような項目を重点的に調査します。

Capacity（能力）
相手企業の営業能力、営業状態、営業品目などを中心に調査する

Character（特徴）
相手企業の経営陣の能力など中心に調査する

Capital（資本力）
相手企業の資本力、財政基盤などを中心に調査する

Conditions(状況)
相手企業の客観的な経済情勢や政治情勢を調査する

SECTION 04

契約締結までの流れ

関連する人・物

輸出者　輸入者

相手に興味を抱かせる強烈な
メッセージも時には必要なのだ。

契約締結までの3段階

　売り手は買い手の企業に対して、取り引きの申し込みをいくつかの手法を用いて行います。

　一般的には、取り引き申し込み段階のスタートである勧誘（Proposal）から始まり、商品について詳細な情報を要求する引き合い（Inquiry）、そして、契約締結に向けて具体的な取引条件を提示する申し込み（Offer）の3つのステップがあります。

誇張しすぎない程度に相手が興味を持つ点のアピールも重要

　契約の締結に向けて動き出します。まずは取り引きの勧誘を始めます。ここで大切なことは、相手企業に強い興味や好奇心を抱かせることです。以前は手紙を送付していましたが、現在ではe-mail（電子メール）が主流になりました。そこでは、魅力的でインパクトのある英文メールが求められます。

　あまり誇張しすぎずに、自社製品や会社内容を正しく伝えることが必要です。カタログやパンフレットなどは有効に活用しましょう。さらに写真や動画の利用も効果的です。

Offer（申し込み）の提示を売り手側から行うことを「Selling Offer」と言い、買い手側から行うことを「Buying Offer」と言うのだ。

Proposal
勧誘

カタログなどの送付

売り手 ⟶ **買い手**

売り手は取引相手になりそうな企業や海外の商業会議所へ自社の紹介文とともにカタログ（Catalog）などを送付し、自社商品の売り込みを図ります。このときに、相手企業に強い興味を抱かせるようなアプローチが大切になります。

Inquiry
引き合い

価格・数量・納期など
詳細な問い合わせ

売り手 ⟵ **買い手**

売り込みや勧誘を受けた買い手の企業は、その内容を確認します。自社が興味を抱いた商品に対して、価格、数量、納期などの詳細を問い合わせます。見積もりの依頼なども行います。

Offer
申し込み

商品の価格や数量、
品質などを提示

売り手 ⟶ **買い手**

具体的な条件を相手側に提示し契約の締結に向けて活動します。価格、品質、数量、納期、決済条件、貿易条件などを相手側に具体的に示し、売り申し込みを行います。

契約の締結

オファーの流れ

オファーの際の条件提示は慎重に。
時には大胆に行うのだ。

契約までのやり取りはほとんどe-mailで行う

オファー（Offer）は、相手企業に対する取り引きの申し込みの事です。貿易ビジネスを開始するにあたっては、まず良きビジネスパートナーになりえる優良企業を見つけオファーをします。具体的には、数量、価格、納期、商品の品質のほか、決済条件や貿易条件などの取引条件を提示し、申し込みを行います。

契約が締結されるまでには、Offer（オファー）、Counter Offer（反対申し込み）、Acceptance（承諾）の3つのプロセスがあります。

現在では、これらのやり取りをほとんどe-mailで行っています。売買契約は売り手（輸出者）と買い手（輸入者）の双方が承諾した時点で成立します。

Offer→Counter Offer→Acceptanceの流れで契約はまとまる

Offerとは、主に売り手が買い手に対して希望する条件を具体的に提示し、売り申し込みを行うことです。

Counter Offer（反対申し込み）とは、買い手が提示された条件に対して、自社の都合の良いように条件の変更を申し入れたり、あるいは自社が希望する新たな条件を提示したりすることです。実際問題として、最初の申し込みの条件を相手側がすべて受け入れることはあまりありません。反対申し込みが提示された時点で、元の申し込みは無効となります。

上記のようなやり取りを何回か繰り返したのち、双方が合意に達すれば、売買契約が成立します。これをAcceptance（承諾）といいます。

●一般的なオファーの流れ

相手に商品、数量、価格、納期など具体的な条件を提示して売り込みを行います。

売り手　　　　　　　　　　　　　　　　　　　　　　　**買い手**

輸出者

Step 1
Offer（取引の申し込み）

商品の数量や価格などの希
望条件を明示して、相手企
業に取引を申し入れる

Step 2
Counter Offer（反対申し込み）

提示された条件に対して、
その内容の変更や追加など
を申し入れる

Step 3
Acceptance（取引の受諾）

条件内容をすり合わせて、
お互いに合意のうえ、取引
を受諾する

輸入者

実際のビジネスでは、Counter Offerは1回ではなく、両者の間を何回
も往復します。自社が求める条件などを提示し、相手方の意思を確認
します。Counter Offerを注意深く何回もお互いにやり取りして、条件
などを固めていきます。

相互のCounter Offerのやり取りの作業はとても重要。
最終的にお互いが納得できるCounter Offerを発信
することができて契約となるのだ。

SECTION **06**

関連する人・物

輸出者　輸入者

オファーの種類

それぞれのオファーの特色や
ポイントを理解しよう。

よく使われるオファーの種類は3種類

　オファーにはいくつかの種類があります。それぞれのオファーの特色を理解することが求められます。

　よく使われるのが、Firm Offer（確定申し込み）、Offer Subject to Seller's Final Confirmation（確認条件付き申し込み）、Offer Subject to Prior Sale（先売り御免申し込み）の3種類のオファーです。

条件に応じたオファーを正しく選択することが必要

　上記3つのオファーほかにも、次のようなオファーがあります。

オファーの種類	概要
Offer Subject to Market Fluctuations（市場変動条件付き申し込み）	市況の変動があれば、いつでも自由に条件を変更できるオファー。
Offer without Engagement（不確定申し込み）	上記と同じで、市況の変動があれば、いつでも自由に条件を変更できるオファー。
Offer on Approval（買い承諾申し込み）	買い手に商品を送り、期限後、不要の商品を引き取ることを条件とするオファー
Selling Offer（売り申し込み）	売り手が買い手に対して、価格・数量・品質・納期・支払条件を提示するオファー
Buying Offer（買い申し込み）	買い手が売り手に対して、特定の価格で商品の購入を希望することを提示するオファー。

オファーを受けた後の迅速で
丁寧な対応が相手に喜ばれるのだ。

●よく使われるオファーの種類

Firm Offer （確定申し込み）

相手側に回答期限を限定するオファーです。回答期限を設けることにより、市場の動向による価格の変動のリスクを減らすことができます。Firm Offerを出すと、回答期限内は内容の変更や撤回はできません。Firm Offerの期限内に相手が承諾したら、自動的に契約は成立します。しかし、期限内に相手から返事が来なければ、当初のFirm Offerは失効します。

○月○日までに返事をください。

Offer

契約成立 ← OK

売り手　買い手

期限内の承諾であれば、その時点で契約成立

Offer Subject to Seller's Final Confirmation （確認条件付き申し込み）

売り申し込みをする際に、買い手が受け入れても、直ちに契約が成立するものではなく、売り手の確認があって初めて契約が成立するという条件をつけたオファーです。

Offer →

← OK

確認 → 契約成立 ←

売り手　買い手

Offer Subject to Prior Sale （先売り御免申し込み）

複数の買い手に同時にオファーして、早い者勝ちで成約を促すオファーです。供給する商品の数に限りがある場合などに使われます。相手の承諾前に商品が売り切れた場合はオファーの効力が消滅します。つまり、買い手から承諾があったときに、商品がまだ残っている場合に限って、売ることを認めるものです。Offer Subject to Being Unsoldとも言います。

Offer →

複数の買い手に同時にオファー

Offer →

買い手1

契約成立 ← OK

売り手

早い者勝ちで契約が成立

買い手2

SECTION 07

契約の締結

関連する人・物

輸出者　輸入者

口頭で契約を締結しても安心
してはいけない。正確な契約
書の作成が重要だ。

契約は口頭でも成立するがトラブル防止のために書面にする

　売り手（輸出者）と買い手（輸入者）との間で売買契約が成立すると、次に書面
で契約書を作成します。貿易取引における契約は口頭で成立する諾成契約ですが、
商習慣や法制度が異なる企業の間では後日に紛争が発生することも多いため、契約
書を作成し、合意の内容を明確にして契約を円滑に履行できるようにします。

　契約書はOriginal（正）とDuplicate（副）の２通を作成し、当事者がそれぞれ
署名して１部ずつ保管します。契約書は慎重に作成し、正確な記載内容が求められ
ます。不安な場合は、英文契約書の専門家でもある弁護士に相談しましょう。

注文書と注文確認書のやり取りで契約の内容を双方が確認する

　契約でやり取りされる書類には、契約書のほかに注文書と注文確認書があります。

　契約書には表裏の両面を使い、表面には取り引きの契約内容を記載します。裏面
には契約書を作成した企業がトラブルを回避するために自社独自の詳細な取引条件
を定める一般取引条件（General Terms and Conditions of Business）を記載します。
表面は取り引きごとにタイプで作成するので「タイプ条項」と呼ばれます。裏面は
すでに印刷されていることが多いので「印刷条項」と呼ばれます。

　注文書（Order Sheet）は、買い手が売り手に対して、成立した売買契約の内容
を確認するために契約書の作成後に送付する確認書のことです。通常、注文書には、
注文番号、商品の明細、価格、数量、支払条件、船積時期などが記載されます。

　注文確認書（Confirmation of Order）は、買い手からの注文書の内容をチェック
し、その内容に間違いがないことを確認して売り手が作成する書類です。

一般取引条件は書かれている条件が作成者側に有利に
なっていることが多いので受け取るほうは要注意なのだ。

●契約書に記載される主な項目

表面 タイプ条項（取引の契約内容を記載）

取引の契約内容を明記する

- ●売り手の社名・所在地
- ●契約書番号
- ●品質
- ●船積港・仕向地
- ●保険の負担者
- ●買い手の社名・所在地
- ●数量
- ●価格
- ●貿易条件
- ●検査
- ●作成日
- ●商品明細
- ●船積時期
- ●支払方法
- ●包装方法

```
                    Sales Contract
                        original

Contract No KBA-0607          Date    Feruary 6, 20XX

Buyer
  PACIFIC TRADING/LOGISTICS INC.
  123 NORTH SPRING STREET,LOS ANGELES,CA 90012 USA

Trade Terms  CIF  LOS ANGELES    Payment Terms    L/C

Time of Shipment
  NOT LATER THAN JUNE 15, 20XX    Packing    by CARTON BOX

Insurance  by SELLER             Partial Shipment    PERMIT

From    JAPAN              To      LOS ANGELES

Products                    Quantity  Unit Price    Amount
  HIGH-GRADE STEREO POWER AMPLIFIER

  MODLE: AN-331      400pcs    US$400.00      US$160,000.00
  MODLE: AN-118      300pcs    US$700.00      US$210,000.00
  MODLE: AN-130      100pcs    US$1,120.00    US$112,000.00

  AUDIO PARTS

  MODLE: SX-390      500pcs    US$8.00        US$4,000.00

Other Terms and Conditions


Special Terms of Conditions

We as Seller are pleased to confirm this day our safe to you as Buyer,subject to
all of the TERMS AND CONDITIONS ON THE FACE AND REVERESE SIDE HEREOF.
If you find herein anything not in order, please let us know immediately. Otherwise,
these terms and conditions shall be considered as expressly accepted by you,
and constitute the entire agreement between the parties hereto.

(Buyer)                    (Seller)

by                         by

Please sign and return immediately the duplicate to us.
```

裏面 印刷条項（一般取引条件を記載）

企業独自の詳細な取引条件を明記する

- ●不可抗力／天災などによる損害の免責条件など
- ●紛争の解決／紛争の解決方法を指定
- ●支払い条件／支払い不履行への対処など
- ●秘密の保持／契約で知りえた技術・事業計画などの秘密の保持
- ●知的所有権／承認のない特許の使用などの禁止
- ●契約不履行／契約不履行への対抗手段

GENERAL TERMS AND CONDITIONS

```
1. NO ADJUSTMENT          6. PRODUCT LIABILITY
2. CHARGES                7. NO ASSIGNMENT
3. SHIPMENT               8. FORCE MAJEURE
4. INSPECTION             9. DEFAULT
5. WARRANTY               10. TRADE TERMS
                          11. GOVERNING LAW
                          12. ARBITRATION
                          13. ENTIRE AGREEMENT
```

交渉から契約までの流れに関する基礎知識

関連する人・物

輸出者　輸入者

貿易取引特有の条件や規則があるので、注意が必要なのだ。

貿易の契約締結のために知っておきたい基礎知識とは

　貿易取引では取引相手に対して、さまざまな条件を提示して契約締結を目指します。その際に理解しておくべき貿易取引の独特な条件や注意しなければならない点があります。それぞれポイントや詳細の内容は次の章から説明していきますが、まずはどのような項目が必要になるかを確認しましょう（また、下記以外にも、法律や保険も大切な項目です）。

決済条件、貿易条件、輸送方法のポイントは押さえておこう

　決済条件（Payment Terms）：お金のやり取り、つまり決済はとても大切です。どのような決済の方法があるのか、支払いの方法があるのかを理解し、それぞれの決済方法のメリットとデメリットを確認したうえで、決済方法を確定します。

　貿易条件（Trade Terms）：海外企業と貿易取引を行うための国際的なルールが必要になります。一般的には、FOBとか、CIFと呼ばれるもので、これをインコタームズと言います。それぞれの条件のポイントを理解し、どのような条件を選択するかを慎重に決定します。

　輸送方法：まわりを海に囲まれていて海外とは陸路が使えない我が国にとって、商品（製品）をどのように安全・確実に輸送するかはとても重要な問題です。これらを担う輸送方法には「海上輸送」「航空輸送」「国際複合輸送」と呼ばれる方法があります。自社製品にとって、または購入する商品や製品にとって最も良い輸送方法の選択が求められます。各輸送方法の特色を理解しましょう。

●よく使われる契約の条件

決済条件	・信用状（L/C：Letter of Credit） ・送金（Remittance） <div style="text-align:right">➡ Chapter 9 参照</div>
貿易条件	代表的なインコタームズ ・FOB（Free on Board）本船渡し条件 ・CFR（Cost and Freight）運賃込条件 ・CIF（Cost、Insurance and Freight）運賃・保険料込条件 <div style="text-align:right">➡ Chapter 4 参照</div>
輸送方法	・海上輸送 ・航空輸送 ・国際複合輸送 <div style="text-align:right">➡ Chapter 6、Chapter 7 参照</div>

新規取引へのチャレンジ

　海外ビジネス・貿易取引に新規参入を計画している企業は増加の一途をたどっています。特に地方の中小企業にエネルギッシュな動きがあります。ただし、中小企業ならではの苦心もあります。語学力があり、気力・体力に優れ、専門知識を持っている貿易経験者を強く求めていますが、なかなか上手に採用や教育ができない現実があります。

　また「優れた技術を持っているのに海外に知られていない」「安定した供給力があるのに相手にされていない」「他の企業がまねできない高品質の商品があるのに市場関係者に認知されない」といった事例も見受けられます。

　これはすべて情報の発信力の問題です。中小企業は情報の発信力が弱いといわれます。ホームページや最新の通信機器を活用して、自社をアピールしましょう。語学力に裏付けされた貿易実務の力を有した社員・スタッフを育てましょう。

「現場」で感じた驚きと喜び

20代　女性　輸入商社会社員

　医療機器の商社で働いている入社4年目の女子社員です。わが社は国内外から商材を仕入れ、販売しています。私が新入社員として最初に配属されたのが物流部で、それからずっと輸入業務に携わってきています。

　アメリカの大学を卒業した私が初めて担当した仕事は、英文の貿易書類のチェックでした。インボイスやパッキングリスト、B/L などの書類が間違っていないかを確認する作業です。その後、少しずつ海外メーカーとe-mailのやり取りもさせてもらえるようになりました。

　何度か現場でデバンニング（商品をコンテナから取り出すこと）をする機会もありました。40フィートコンテナのサイズは書類や本の数字で知っていたつもりでしたが、実際に汗を流しながらコンテナの中で自分の体を動かすと、その大きさが実感できたのです（夏のコンテナ内は蒸し風呂の中のようでした）。また、コンテナいっぱいの商品の詰め方や梱包もメーカーごとの特徴などを感じることもできました。ガントリークレーンも専門家に案内していただいた港で間近に見ると迫力が違います。どれも本を読むだけだとそこまでの想像はできませんでした。

　また、人も同じです。海外メーカーの担当者の方とお会いし、話してみると、今までのメールだけのやり取りとは印象が変わることもありました。貿易実務を通じて仕事を進める上で「体験すること」が重要だということを学ぶことができたのです。

CHAPTER

4

貿易に関する取引条件と
関連する法律

インコタームズ2020

輸出者　輸入者

2020年に10年ぶりに改訂され、
インコタームズ2020になったのだ。

円滑に貿易を執り行うための約束事・インコタームズ

インコタームズとはInternational Commercial Termsの略称で、パリに本部を置く国際商業会議所（International Chamber of Commerce：ICC）が制定した貿易条件（Trade Terms）の解釈についての国際的なルールです。インコタームズは1936年の制定後、数回の改定を経て、現在では「インコタームズ2020」が最新版となります（右ページmemo参照）。

貿易取引を行うにあたってインコタームズを使用するのが一般的ですが、その使用は任意です。また、どのインコタームズを利用するかは当事者同士の合意があればよく、最新版ではなく改定前のインコタームズも利用できます。なお、インコタームズは貿易取引の契約成立や所有権の移転とは無関係ですので注意しましょう。

インコタームズ2020では11種類の条件がある

インコタームズでは売り主と買い主の役割分担について、具体的に下記の事柄を定めています。

- 売り主と買い主との物品に関する引き渡し場所について
- 危険の移転時期
- 運送の手配や運賃の負担区分
- 保険の手配と保険料の負担区分
- 通関手続きなどの負担に関して

インコタームズ2020では11種類の条件が定められており、それぞれ正式な英語名称がありますが、通常はFOB・CIF・FCAのようにアルファベット3文字の略語で表します。

異文化が交わる貿易をスムーズに進める
ためにインコタームズは策定されたのだ。

●2020年度版インコタームズ

1. すべての輸送形態に適した条件

略語	英文	和文	表記方法
EXW	Ex Works	工場渡し条件	EXW（指定引渡地を記入）
FCA	Free Carrier	運送人渡し条件	FCA（指定引渡地を記入）
CPT	Carriage Paid to	輸送費込み条件	CPT（指定仕向地を記入）
CIP	Carriage and Insurance Paid to	輸送費、保険料込み条件	CIP（指定仕向地を記入）
DAP	Delivered at Place	仕向地持ち込み渡し条件	DAP（指定仕向地を記入）
DPU（新設）	Delivered at Place Unloaded	仕向地荷降し込み持ち込み渡し条件	DPU（指定仕向地を記入）
DDP	Delivered Duty Paid	関税持ち込み渡し条件	DDP（指定仕向地を記入）

2. 船舶輸送のみに適した条件

略語	英文	和文	表記方法
FAS	Free Alongside Ship	船側渡し条件	FAS（指定船積港を記入）
FOB	Free on Board	本船渡し条件	FOB（指定船積港を記入）
CFR	Cost and Freight	運賃込み条件	CFR（指定仕向港を記入）
CIF	Cost, Insurance and Freight	運賃、保険料込み条件	CIF（指定仕向港を記入）

●インコタームズの分類

　インコタームズの条件はアルファベット3文字で表されますが、アルファベット1文字目にはE、F、C、Dの4文字が使われています。それぞれの頭文字で下記のようなグループ分けが行われています。

類型	解説
E類型	売り主の指定施設（たとえば、工場や倉庫など）で貨物を引き渡す条件
F類型	輸出地で船側、本船、または買い主の指定した運送人へ引き渡す条件
C類型	売り主が輸入地までの運賃や保険料を負担するが、危険負担は輸出地で移転する条件
D類型	売り主が目的地までの費用と危険を負担する条件

MEMO　インコタームズ2020では、「DAT：ターミナル持ち込み渡し条件」が廃止され、「DPU：仕向地荷降し込み持ち込み渡し条件」が新設された。

●EXW：Ex Works「工場渡し条件」

　売り主は輸出貨物を売り主の工場や倉庫で買い主が指名した運送人に引き渡します。貨物を引き渡した時点で運送の危険負担と費用負担が買い主に移転します。運送人とは、船会社、NVOCC、航空会社の代理店などです。輸出国の国内輸送、輸出通関、国際輸送、さらに輸入国における輸入通関や国内輸送などの費用をすべて買い主が負担します。

●売り主と買い主の費用負担

●は売り主負担　■は買い主負担

EXWは買い主が輸送に関する費用を
すべて負担しなくてはならない。

●FCA：Free Carrier「運送人渡し条件」

　コンテナ船による輸送を前提とした条件です。売り主は輸出地にある指定場所、またはコンテナヤード（CY）、CFSにおいて買い主が指定した運送人に貨物を引き渡します。貨物を渡した時点で、運送の危険負担と費用負担が買い主に移転します。なお、輸出通関は売り主の負担です。この条件を使用する場合は、売買契約書に特定のコンテナヤードやCFSを明記するのが一般的です。

●売り主と買い主の費用負担
■は売り主負担　■は買い主負担

●CPT:Carriage Paid to「輸送費込み条件」

　FCAと同じくコンテナ船による輸送を前提とした条件です。売り主が輸出地において売り主が指定した運送人に貨物を引き渡します。この時点で危険負担が売り主から買い主に移転。売り主が輸入地までの輸送費を負担します。海上保険は買い主の負担です。通関手続きは輸出通関は売り主の負担、輸入通関手続きは買い主の負担となります。

●売り主と買い主の費用負担

　　　　　は売り主負担　　　　　は買い主負担

●CIP:Carriage and Insurance Paid to「輸送費、保険料込み条件」

　コンテナ船による輸送を前提とした条件です。危険負担の移転はCPTと同じで、売り主が輸出地で売り主の指定した運送人に貨物を渡した時点で売り主から買い主に移転します。売り主が輸入地までの輸送費と海上保険料を負担します。CPTとの相違は、売り主が海上保険を負担する点です。なお、通関手続きは輸出通関は売り主、輸入通関は買い主が負担します。

●売り主と買い主の費用負担

　　　　　は売り主負担　　　　　は買い主負担

> FCA、CPT、CIPはコンテナ船での
> 輸送を前提とした条件なのだ。

●DAP: Delivered at Place「仕向地持ち込み渡し条件」

　運送の手配は売り主が行い、買い主の指定した場所に到着し、貨物を輸送手段に載せた状態で買い主に引き渡します。引き渡す時点で危険負担と費用負担の両方が売り主から買い主に移転します。輸送手段から貨物を降ろす荷降ろしの費用は買い主の負担です。輸出通関は売り主、輸入通関は買い主の負担です。

●売り主と買い主の費用負担

　□は売り主負担　　■は買い主負担

●DPU（Delivered at Place Unloaded）「仕向地荷降し込み持ち込み渡し条件」

　運送の手配は売り主が行い、買い主に指定された仕向地に貨物を輸送し、荷降ろしを行い買い主に引き渡します。荷降ろしのリスクと費用を売り主が負担します。輸出通関は売り主、輸入通関は買い主の負担です。

●売り主と買い主の費用負担

　□は売り主負担　　■は買い主負担

DAT：Delivered at Terminal

　ターミナル持ち込み渡し条件。運送の手配は売り主が行い、買い主の指定した仕向港、または仕向地のターミナルに到着した貨物を運送手段から降ろした後に、買い主に引き渡します。この時点で危険負担と費用負担の両方が売り主から買い主に移転します。なお、輸出通関は売り主、輸入通関は買い主の負担です。インコタームズ2020で削除されました。

● DDP :Delivery Duty Paid 「関税持ち込み渡し条件」

　運送の手配は売り主が行います。売り主は輸入国における輸入通関と関税などの納付を済ませ、買い主の指定場所まで貨物を輸送します。到着した輸送手段に載せられた貨物を買い主に引き渡します。このときに危険負担と費用負担が買い主に移転します。仕向国における輸入通関手続きや関税の支払いなどは、すべて売り主の負担ですが、輸送手段から貨物を降ろす作業は買い主が負担します。

●売り主と買い主の費用負担

□□□□は売り主負担　　　■■■■は買い主負担

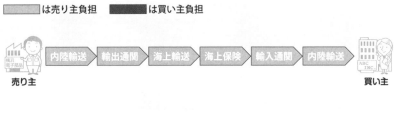

FAS、FOB、CFR、CIFは
在来船に特化した条件なのだ。

● FAS：Free Alongside Ship 「船側渡し条件」

　在来船を前提にした条件です。買い主が本船と船積港を指定します。売り主が輸出貨物を船積港において本船の船側、つまり船の外側の側面に置いた時点で危険負担と費用負担が買い主に移転します。輸出通関は売り主が行います。FASは、丸太などの特殊な貨物に利用される条件です。

●売り主と買い主の費用負担

□□□□は売り主負担　　　■■■■は買い主負担

● FOB：Free on Board「本船渡し条件」

　在来船を前提にした条件です。売り主が輸出貨物を買い主の指定した本船の船の上、つまり「甲板」に置いた時点で危険負担が買い主に移転します。費用は輸入地までの運送費と海上保険を買い主が負担。通関は輸出通関は売り主、輸入通関は買い主が負担します。

● 売り主と買い主の費用負担

　　　　は売り主負担　　　　　　は買い主負担

● CFR：Cost and Freight「運賃込み条件」

　これも在来船を前提にした条件です。売り主の手配した本船の船の上「甲板」に貨物が置かれた時点で危険負担は移転します。移転時期はFOBと同じですが船の手配は売り主が行います。一方、費用負担は売り主が輸入地までの輸送費を負担し、海上保険は買い主が負担します。通関は輸出通関は売り主、輸入通関は買い主が負担します。

● 売り主と買い主の費用負担

　　　　は売り主負担　　　　　　は買い主負担

実際のビジネスでは、コンテナ船の輸送でもFOB、CIFの用語が使用されることもある。

● CIF: Cost, Insurance and Freight 「運賃、保険料込み条件」

　同じく在来船を前提にした条件です。売り主の手配した本船の船の上「甲板」に貨物が置かれた時点で危険負担は移転します。移転時期はFOBやCFRと同じですが、一方、費用は売り主が輸入地までの輸送費と海上保険を負担しなければなりません。通関は輸出通関は売り主、輸入通関は買い主が負担します。

●売り主と買い主の費用負担
　□□□□は売り主負担　　■■■■は買い主負担

インコタームズの変遷

　インコタームズは1936年の制定後、輸送方法の進歩や変化により1957年・1967年・1976年・1980年・1990年・2000年・2010年に改定が行われました。そして国際商業会議所（ICC）は、10年ぶりに改定したインコタームズ2020を発表しました。インコタームズ2020は2020年1月1日に発効しています。

　76ページにも書きましたが、最新版ではなく、どのインコタームズを利用するかは当事者同士の合意があればよいとされています。ただ、交渉時などでは誤解が起きないようにバージョンを入れたほうがよいでしょう。たとえば「CIF Los Angeles Incoterms2020」のようにです。

SECTION **02**

数量条件

関連する人・物

輸出者　輸入者

あとでトラブルにならないよう、
単位には充分注意しよう。

共通の数量単位であることの確認は必須事項

　貿易ビジネスにおける数や重量は、通常、国際取引で使用する単位を用います。ここで注意しなければならないのが数量単位です。

　右ページに基本的な数量単位である「個数」「重量」「容積」「長さ」「面積」を表記しました。なお、同じ単位であっても、国により重さが異なるものがあります。売り手と買い手が、契約時に共通の数量単位を用いているかを確認し、後でトラブルが起こらないようにしましょう。

貨物の数量過不足を認める数量過不足容認条件

　穀物や鉱産物などのBulk Cargo（バルクカーゴ：バラ荷）では、輸送中に過不足が発生する危険があります。契約数量通りの貨物の受け渡しが難しくなるため、契約の際には、ある一定の範囲で過不足を認めるのが通例です。これを数量過不足容認条件（More or Less Terms）と言います。たとえば、5％以内の過不足を容認する場合は次のように表現します。

- ・ 5% more or less at the Seller's option.
  「5パーセント以内の過不足は売り手の任意です」
- ・ 5% more or less at the Buyer's option.
  「5パーセント以内の過不足は買い手の任意です」

　また長い時間がかかる船便では、船積時と陸揚げ時に数量に変化が生じる可能性も決して少なくありません。それを見越した条件を契約時につけておく必要があるのです。これには、船積数量条件（Shipped Quantity Terms）と陸揚数量条件（Landed Quantity Terms）があります。

●貿易で使用される数量単位

個数を表す

- piece：個
- dozen：12個
- gross：12ダース（144個）
- pair：2つ1組

長さを表す

- meter：メートル：100cm
- feet：フィート：30.48cm
- yard：ヤード：91.44cm

重量を表す

- metric ton=kilo ton：1,000kg
- pound：ポンド：約453.6g

容積を表す

- cubic meter：立方メートル：m³
- cubic feet：立方フィート：cft

面積を表す

- square meter：平方メートル：m²
- square feet：平方フィート：SFT

●船積重量条件・陸揚重量条件

　穀物、石炭などのバラ荷やアルコール類は、海上輸送中に水分の蒸発などにより、重量が変化する可能性があります。このような商品の場合、重量決定の時点を、船積時にするものを船積重量条件（Shipped Weight Terms）。陸揚げ時にするものを陸揚重量条件（Landed Weight Terms）と言います。

●重量トン

　重量トン（W/T）には、次の種類があります。同じ単位でも重さが異なるため、注意が必要です。

- 仏トン：metric ton：メートルトン：1,000kg＝2,204.6ポンド
- 英トン：long ton：ロングトン：1,016kg＝2,240ポンド
- 米トン：short ton：ショートトン：907kg＝2,000ポンド

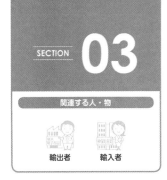

SECTION 03

品質条件

関連する人・物

輸出者　輸入者

売り手と買い手で商品の品質について
合意をしておくことは重要なのだ。

どのような方法で品質を決めるかを事前に確認する

貿易取引において商品の品質に関する合意を得ておくことは重要な条件のひとつです。スムーズに合意をとるためには、品質を確かめる方法と品質を決める時期に注意をしましょう。

品質チェックの方法には、「見本売買」「標準品売買」「仕様書売買」「商標・銘柄売買」「規格売買」の5つの方法があり、取り扱う商品の性質に応じて採用する方法が決まってきます。

品質の最終決定のタイミングは船積み時と陸揚げ時の2種類

輸出入取引において商品の品質は重要な問題です。そこで商品の品質決定の時点に関する取り決めが必要になります。輸出入商品は長期間の海上輸送を必要とするものも多くあり、輸送中に品質が変わったり、劣化したりすることがあります。そのため、品質を決定する時期には「船積品質条件」と「陸揚品質条件」があります。

船積品質条件（Shipped Quality Terms）とは、商品の船積み時に契約通りの品質であることを条件とするものです。この条件を利用するには売り手（輸出者）は第三者の検査機関で品質検査を行い、船積み時に契約通りの品質であったことを証明します。

陸揚品質条件（Landed Quality Terms）とは、陸揚げ時に商品の品質が契約通りであることを条件とするものです。

長期間の海上輸送で品質が変わってしまう商品では船積時か
陸揚時のどちらかの時点での品質を確認することになるのだ。

●品質を決める方法

見本売買

見本売買（Sales by Sample）とは、売り手が買い手に契約商品の見本（Sample）を示して品質を確かめる方法で、製品取引のときによく用いられます。また、買い手側が「こういった商品が欲しい」と売り手に見本を送ることもあります（前者を「売り手見本」、後者を「買い手見本」と呼びます）。このとき使用される見本を品質見本（Quality Sample）と呼びます。

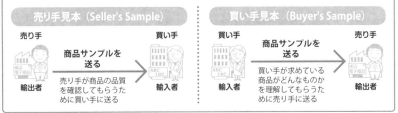

標準品売買

農産物や水産物などの品質は、見本と現物が一致することはありません。そこで、標準品で確認するという方法をとります。これを標準品売買（Sales by Standard Quality）と呼びます。なお、標準品売買には次の2つがあります。

- 平均中等品質条件：FAQ（Fair Average Quality Terms）〜農産物に利用
- 適商品質条件：GMQ（Good Merchantable Quality Terms）〜木材などに利用
  なお、契約通りの品質であることは、公的な「品質証明機関の品質検査証明書」（Certificate of Quality Inspection）などを用いて証明します。

仕様書売買

規格や図面に記した仕様書をもとに、品質を確認する方法を仕様書売買（Sale by Specifications）と呼びます。プラント、機械類などの取引によく利用されます。

商標・銘柄売買

商標（トレードマーク）や銘柄（ブランド）を指定して、品質を確認する方法を「商標・銘柄売買」（Sales by Trade Mark or Brand）と呼びます。ブランド商品などに利用されます。

規格売買

国際規格であるISO（国際標準化機構）規格や日本のJIS（日本工業規格）、EUの統一規格であるEN規格など、各国地域の規格を品質基準と定める方法を「規格売買」（Sales by Grade Type）と呼びます。

SECTION 04

関税三法

関連する人・物

輸出者　　輸入者

貿易取引には法で定められた関税が
つきもの。関税法では取り扱っては
いけない商品についても規定している。

関税三法は輸出入取引の基本的な法律

　貿易取引を進めるにあたり、輸出入に関する規定がある法令の知識が必要です。
貿易に関わるのは「関税三法」「輸出貿易管理令・輸入貿易管理令」「輸出入に関す
る国内法」に大きく分けられます。まずは関税三法から大枠を掴んでいきましょう。
　関税三法とは「関税法」「関税定率法」「関税暫定措置法」の総称です。それぞれ
の概要は以下の通りです。

- 関税法………………関税の賦課・徴収・輸出入通関・保税制度など、税関行政に
　　　　　　　　　　　関する基本的な事項を規定した法律です。
- 関税定率法…………品目別の関税率・課税標準・関税の減免制度など、関税率に
　　　　　　　　　　　関する事項を規定した法律です。関税法と並んで関税制度の
　　　　　　　　　　　柱となる法律になります。
- 関税暫定措置法……経済情勢などを考慮して暫定税率、特恵関税制度などの暫定
　　　　　　　　　　　的特例を規定した法律です。

関税法では輸出できないもの、輸入できないものが規定されている

　関税法では「関税をどう払うか」についてだけではなく、そもそも取り扱っては
いけない商品についても定められています。麻薬や覚醒剤、銃器、児童ポルノなど
といった禁止されて当然といった品々ですが、万が一、こうしたものを密輸した場
合には関税法の罰則規定や各種特別法によって処罰されます。

●貿易取引に関わる法律

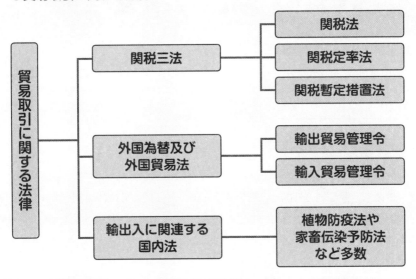

●関税法が定める禁止貨物

輸出が禁止されているもの

1. 覚せい剤や大麻などの違法薬物
2. 児童ポルノ
3. 特許権や著作権などの知的財産権を侵害する物品
4. 不正競争防止法に抵触する物品

輸入が禁止されているもの

1. 覚せい剤や大麻などの違法薬物
   （およびあへん吸煙具）
2. 指定薬物
3. 銃器
4. 爆発物
5. 火薬
6. 化学兵器に使われる恐れのある物質
7. 病原体
8. 偽造紙幣・偽造カード
9. 猥褻性の高い書籍など
10. 児童ポルノ
11. 特許権や著作権などの
    知的財産権を侵害する物品
12. 不正競争防止法に抵触する物品

（税関のホームページを参考に作成）

輸出貿易管理令

輸出するには特別な許可や承認を
受けなければならないものもある。

特殊な物品の輸出入について定めた貿易管理令

　貿易取引に関する法律に「外国為替及び外国貿易法」、いわゆる外為法がありま
す。外為法は我が国と外国との間の資金、物、サービスの移動など、対外取引の正
常な発展などを目的としたものです。「輸出貿易管理令」と「輸入貿易管理令」は、
外為法で定めた特殊な物品の輸出入についてより具体的に定めています。まずは輸
出貿易管理令の概要を捉えておきましょう。

許可や承認が必要なものとは？

　日本から輸出する場合、特定の貨物は経済産業大臣の「輸出許可」が必要です。
輸出許可が必要なのは「輸出貿易管理令別表1」に掲載されている品目を対象とし
た16項目で、武器や兵器、原子力関係をはじめとするさまざまなものが対象とさ
れています。なお、第1項から第15項までは「リスト規制」と呼ばれ、掲載され
ている物が対象です。

　第16項は「キャッチオール規制」あるいは「補完的輸出規制」と呼ばれます。
リスト規制に該当しなくても、大量破壊兵器の製造に使用される恐れのある製品や
技術を対象としています。

　輸出許可とは別に、ある特定の貨物を輸出する場合は、経済産業大臣の「輸出承認」
を受けなければなりません。輸出承認の対象となる品目は、「輸出貿易管理令別表2」
の品目で、ダイヤモンドの原石、絶滅の恐れのある動植物、オゾン層を破壊する物
質、偽造の通貨・有価証券、麻薬類など。また北朝鮮を仕向地とするすべての貨物
も輸出承認の対象となります。

●輸出の許可

左ページで解説した通り、「輸出貿易管理令別表Ⅰ」に掲げられた品目を輸出する際は、経済産業大臣の輸出許可が必要となります。

許可が得られたら、税関に対して輸出申告手続きを行います。税関は輸出申告を受理するときに経済産業大臣の輸出許可が取れているかを確認します。輸出許可の手続きが済んでいないものは輸出できません。

●キャッチオール規制

キャッチオール規制はリスト規制対象外のすべての品目と技術を対象としています。具体的な要件は以下の通りとなります。

1.インフォーム要件

経済産業省から許可を取得するように通知を受けた場合に適用されます。経済産業省の判断によります。

2.客観要件

ア．用途要件：輸出者が輸入先において大量破壊兵器の開発等に用いられる恐れがあると判断した場合に許可を取得するもの。
イ．需要者要件：輸出者が輸入者や需要者が大量破壊兵器の開発などを行うと判断した場合に許可を取得するもの。

経済産業省のホームページ：http://www.meti.go.jp/

経済産業省の「安全貿易管理」のホームページ
http://www.meti.go.jp/policy/anpo/anpo03.html

輸出貿易管理令の別表1は
安全保障関連の規制に関する商品なのだ。

輸入貿易管理令

輸出者　輸入者

輸入にも承認や確認が
必要なものがあるぞ。

輸入貨物に対してさまざまな規定を設けている輸入貿易管理令

　輸入者は輸入貿易管理令に規定されたものに対しては必要な続きを行います。輸入者は輸入（承認・割当）申請書に必要事項を記入し、経済産業大臣あてに申請手続きをします。

　具体的には、輸入公表1号に掲げられた貨物（IQ品目）を輸入しようとする輸入者は、経済産業大臣の輸入割当（Import Quota）を受けなければなりません。輸入割当とは、特定の品目について、一定期間内に輸入することができる総枠を国内需要に基づいて設定し、その範囲内で一定の輸入数量または輸入金額が割り当てられます。このような貨物を輸入する場合、輸入者は輸入割当の申請を行います。

　また、輸入公表2号に掲げられた貨物を輸入しようとする者は、経済産業大臣の輸入承認を受けなければなりません。特定の原産地または船積地域からの特定貨物を輸入する場合がこれに該当します。輸入者は輸入承認の申請を行います。

輸入公表3号の貨物は事前確認を受ければ輸入承認は不要

　経済産業大臣の輸入承認が必要な貨物のうち、輸入公表で「その他公表品目」として指定されている貨物、つまり輸入公表3号は、それぞれの貨物を所轄する大臣の確認（事前承認）を受けた場合、または輸入通関時に税関に一定の書類を提出した場合は経済産業大臣の輸入承認は必要ないとされています。

輸入通関時に税関に対して一定の書類を提出すれば、本来必要とされる経済産業大臣の承認が不要となるものもあるのだ。

●代表的な輸入規制

輸入規制	主な対象貨物
輸入公表1号品目 （輸入割当・IQ品目）	・非自由化品目…近海魚（にしん、たら、ぶり等） 　　　　　　　　　帆立貝、いか、などの水産物 ・オゾン層を破壊する物質に関するモントリオール議定書附属書に定める規制物質など
輸入公表2号品目 （特定地域規制・ 輸入承認）	・北朝鮮を原産地、船積地域とするすべての貨物 ・特定地域を原産地・船積地域とする「くろまぐろ」「みなみまぐろ」など ・ワシントン条約附属書Ⅱ・Ⅲにある野生動植物
輸入公表2号の2品目 （全地域規制・ 輸入承認）	・原子力関連貨物・武器・火薬類・麻薬、 ・ワシントン条約附属書類Ⅰにある絶滅の恐れのある動植物
輸入公表3号品目 （事前確認）	・冷凍のまぐろ、クジラ、ロシアからの冷凍カニなど 　（経済産業大臣：所轄） ・治験用ワクチン（農林水産大臣：所轄）
輸入公表3号品目 （通関時確認）	・ダイヤモンド ・農薬 ・けしや大麻の実 ・ワシントン条約附属書Ⅱ・Ⅲにある特定動植物 ・ロシアを船積地域とする冷凍していないカニなど

> 輸入公表とは、輸入割当を受けるべき貨物、輸入承認を受けるべき貨物など輸入手続きに必要な事項を記載した、経済産業大臣が発表したもの。

SECTION 07

他法令

関連する人・物

輸出者　　輸入者

関税三法や外為法以外にも貿易には
さまざま法律が関わってくる。

関税三法・外為法以外の法律

　ここまで輸出入で扱う物品と関税三法および外為法での規制について解説してきましたが、貿易取引と関わる法律はほかにも多く存在します。関税関係以外の法令を「他法令」と総称するのが通例です。他法令において規制の対象になっている物を輸入しようとする際には、それぞれの法規定に基づいた手続きが必要になります。

　他法令の代表例は「植物防疫法」と「家畜伝染予防法」です。

• 植物防疫法

　植物ならびに植物の加工品の輸入規制に関する法律です。農産物を輸入する場合は、海外からの有害な病菌、害虫、寄生植物などの侵入を防ぐために植物防疫法に基づく、「植物検疫」（Plant Quarantine Inspection）を受けなければなりません。これは我が国の林業や農業、自然環境に悪影響を与えることを防止するためです。

• 家畜伝染予防法

　動物の生体や畜産品の輸入を規制する法律です。家畜伝染予防法は家畜の伝染性疾病の国内への侵入防止、まん延の防止のため、輸入貨物のなかで「検査を受けなければならないもの」と「輸入が禁止されているもの」を定めています。

　畜産物を輸入するときは、家畜伝染予防法に基づく「動物検疫」（Animal Quarantine Inspection）を受けなければなりません。我が国では、家畜伝染病の病原体が海外から入ってくることを防止するため、農産物に関しては原則として、生鮮品、加工品に関わらず動物検疫を受けることになっています。

　なお他法令には、上記以外にも「食品衛生法」「医薬品、医療機器等の品質、有効性及び安全性の確保等に関する法律（旧薬事法）」など、いろいろとあります。

●植物防疫法に基づく手続き

　外国から輸入される植物類は、植物防疫法の規定による植物防疫を受けることが義務づけられています。これらの規制対象の植物類を輸入する場合は、植物防疫所の検査を受けなければなりません。

　この検査を受けるには、輸出国の政府機関が発行する検査証明書「植物防疫証明書」が必要です。検査結果に基づいて、発給された「植物検査合格証明書」「植物輸入認可証明書」などの書類を、輸入通関時に税関に提出し、確認を受けます。

　●問い合わせ先
- 横浜植物防疫所　　　045-211-7152
- 名古屋植物防疫所　　052-651-0112
- 神戸植物防疫所　　　078-331-2386
- 門司植物防疫所　　　093-321-2601
- 那覇植物防疫所　　　098-868-2850
- 植物防疫所ホームページ：http://www.maff.go.jp/pps/

●家畜伝染予防法に基づく手続き

　家畜伝染予防法に規定されている動物やその他の産品を輸入しようとする場合は、動物検疫所で必要な検査を受けます。規制対象品を輸入しようとする場合は、動物検疫所の検査結果に基づいて交付された「輸入検疫証明書」を税関に提出しなければなりません。

　家畜伝染予防法に定められている検査に合格し、許可等を受けていることについて、税関の確認を受ける必要があります。輸入検疫証明書を取得後、輸入申告手続きとなります。

　●問い合わせ先
- 横浜本所　　　　045-751-5921
- 成田支所　　　　0476-32-6651
- 中部空港支所　　0569-38-8577
- 関西空港支所　　072-455-1956
- 神戸支所　　　　078-222-8990
- 門司支所　　　　093-321-1116
- 動物検疫所ホームページ：http://www.maff.go.jp/aqs/

ワシントン条約

輸出者　　輸入者

生き物に関しては、特別な条約で
取り引きが規制されているぞ。

絶滅危惧種の取り引きを規制するワシントン条約

　絶滅の恐れのある野生動植物の種の保存のための国際協定として、「絶滅のおそれのある野生動植物の種の国際取引に関する条約」（Convention on International Trade in Endangered Species of Wild Fauna and Flora：通称「ワシントン条約」）があります。

　これは該当する野生動植物の絶滅の恐れがある可能性に応じて国際取引の禁止、または規制を定める条約です。世界の約170か国が加盟しており、日本は1980年に批准しました。この条約の本文に規制の対象となる動植物のリストがあります。

危険度に応じて種を分類する附属書

　ワシントン条約では「附属書」と呼ばれるリストがあり、規制の厳しい順に「附属書Ⅰ」「附属書Ⅱ」「附属書Ⅲ」と分かれています。

・附属書Ⅰ

　絶滅の恐れがあり、国際取引による影響を受けているか、受けることのある種が掲載されています。商業目的の国際取引は禁止です。

・附属書Ⅱ

　国際取引を規制しないと絶滅の恐れがある種が掲載されています。商業目的の取引はできますが、輸出国政府の管理当局が発行する輸出許可書が必要です。

・附属書Ⅲ

　ワシントン条約締約国が自国内の動植物の保護のために、他の締約国の協力を必要とする種が掲載されています。国際取引には、輸出国政府の管理当局が発行する輸出許可書または原産地証明書が必要です。

●ワシントン条約に該当する物品の輸出入通関

　動植物の多くはワシントン条約に基づく輸出入の規制対象となっています。「附属書Ⅰ」掲載種は取引不可ですが、「附属書Ⅱ」「附属書Ⅲ」に掲載されている種も、条約で定めた機関の発行する「輸出許可証」や「輸入承認証」がなければ取り引きができません。

　条約締約国には条約に基づく、権限を有する管理当局が定められています（我が国では経済産業省）。また、ワシントン条約該当貨物の輸入申告は、指定された税関官署でなければ輸入申告が行えません。

●附属書の3類型

附属書の種類	概要	具体例
附属書Ⅰ	今すでに絶滅の危険性がある生き物	ジャイアントパンダ、トラ、ゴリラ、オラウータン、シロナガスクジラなど約1000種の動植物
附属書Ⅱ	国同士の取引を制限しないと将来、絶滅の危険性が高くなる恐れがある生き物	カバ、ケープペンギン、タテガミオオカミ、トモエガモ、ウミイグアナなど約34,000種の動植物
附属書Ⅲ	その生き物の生息する国が、自国の生き物を守るために、国際的な協力を求めている生き物	カナダのセイウチ、南アフリカのミダノアワビ、ボリビアのオオバマホガニーなど約300種の動植物

●不明な点は専門家に相談を

経済産業省：貿易経済協力局貿易管理部野生動植物貿易審査室
電話：03-3501-1723

> ワシントン条約の規制対象は、「はく製」「毛皮や皮革製品」「ハンドバッグ」「ベルト」「靴」「漢方薬」も含まれるぞ。

FTAとEPA

輸出者　輸入者

国際的な約束事を定めるものには、条約のほかに協定がある。

貿易取引を後押しする協定～ FTA & EPA

　幅広い経済関係の強化を目指して、貿易や投資の自由化・円滑化を進めるのがFTAとEPAです。FTAとEPAは企業のグローバル化と貿易取引拡大の強い味方となってくれます。それぞれの概要は以下の通りです。

• FTA（Free Trade Agreement）

　日本語で「自由貿易協定」と訳されるFTAは、特定の国や地域の間で物品の関税やサービス貿易の障壁などを削減・撤廃することを目的とする協定です。

• EPA（Economic Partnership Agreement）

　貿易の自由化に加え、投資、人の移動、知的財産の保護や競争政策におけるルール作り、さまざまな分野での協力の要素などを含む、幅広い経済関係の強化を目的とする協定がEPAです。日本語では「経済連携協定」といいます。

WTOは世界各国による貿易取引のルールを扱う国際機関

　自由貿易の促進のために創設されたのがWTO（World Trade Organization:世界貿易機構）です。国際貿易に関するルールを取り扱う国際機関で、それまでのGATT（関税と貿易に関する一般協定）に代わり、1995年1月に発足しました。

　WTOは世界の各国が物・サービスなどの貿易が自由に行えるようにするための各種の協定を定め、貿易障壁を削減するために、加盟国間の貿易交渉の場を提供しています。

　このWTOでは原則、すべての加盟国に等しい関税を適用するように求めており、これが世界的な貿易ルールの原則です。このWTOのルールを補完するものとしてFTAとEPAがあります。さらなる貿易自由化のために、実質上のすべての貿易について関税を撤廃するなどの一定の条件のもとで、主に二国間で協定を締結するのです。

● EPAを利用するメリット

輸出取引・輸入取引において、EPAを使うことで通常よりも低い関税率（EPA税率）が適用されます。

通常、輸出入取引では、各国が定める関税を支払うことになるが、この元となる関税率はWTOで決めた原則に基づき、ほぼすべての国に対して共通の税率が適用されます。これはMFN（Most Favored Nation：最恵国）税率と呼ばれます。

しかし、EPAではMFNより低い税率を2国間で定めることが可能です。つまりEPAを締結した国との間では、他国よりも低い税率で、輸出取引・輸入取引を行えるのです。

● 我が国から見た輸出入時の具体的メリット

・輸出の場合
輸出先（相手国）の関税の撤廃または削減により、輸出商品の価格競争力が強化されます。

・輸入の場合
我が国の企業は相手国の取引先から原材料などをより低価格で輸入することができる。

● FTAとEPAの関係性イメージ

EPA
投資ルールの整備・人的交流の拡大・
知的財産制度や競争政策の調和

FTA
物品の関税やサービス貿易の障壁を
削除・撤廃

懐かしい……社会人デビュー時の思い出

40代　元フォワーダー女性社員

　新卒で海貨業者に入社しました。ちょうど、バブルが弾け就職超氷河期となった頃でした。たまたま、最初に内定を頂いた会社が国際物流業界の会社だったのです。これが私の貿易業界との出会いでした。

　もともと他の業界を希望していたこともあり、貿易実務については、何もわからないまま入社。当然、入社後の研修はまったくのちんぷんかんぷんで、専門用語も「B/Lって何?」「CY、CFSって何の略?」という感じでしたが、研修担当の方の「実務に入っていけば、いやでも覚えるから」というアドバイスに励まされ、なんとか乗り越えることができました。研修最後のターミナル見学では、ガントリークレーンで船にコンテナが次々に積まれていく様を間近で見て、これから自分が働く業界の「ダイナミックさ」を強く感じたものです。

　研修終了後はカスタマーサービス部に配属され、スピードを求められる環境の中、まるで「洗濯機の中にでもいるような目まぐるしい社会人デビュー」をすることになりました。

　先輩の指導を受けながら、当時ブームになり始めていたガーデニンググッズやキャンプ用品の輸入を担当しました。輸入指図書を手書きしてみるところから始めましたが、幾度となく計算を間違え途方に暮れる毎日。しかし、3か月ぐらい過ぎると自分でも驚くほど、スムーズに書類作成ができるようになり、ステップアップしていることを実感できたのです。

　当時は、まだ海外から送られてくる書類はファックスが主流でした。印字のつぶれた数字や文字が読めず、四苦八苦して検算したことが、今となっては懐かしい思い出です。

CHAPTER

5

通関手続き

SECTION 01 通関手続きの基礎知識

関連する人・物

税関　　通関業者

輸入でも輸出でも、税関を通過する
ための"通関手続き"が必要だぞ!

専門業者に任せる通関手続き業務

　海外へ商品を輸出する場合、または海外から商品を輸入する場合、いずれも税関に対して申告を行い、その許可を受けなければなりません。この流れを通関手続きと言います。

　輸出の場合は輸出申告手続きを、輸入の場合は輸入申告手続きを税関で行います。ただし、税関への申告は輸出者・輸入者が自ら行うことも可能ですが、通関業者に申告業務を委託する代理申告が一般的です。現在、ほとんどの通関業者はNACCS（104ページ参照）と呼ばれる「輸出入・港湾関連情報処理システム」を活用しています。通関業者はNACCSの画面に必要事項を入力することで、税関へ申告内容を送信できます。

必要な書類の作成・準備が輸出入者の仕事

　通関業者にすべてお任せというわけではなく、輸出者・輸入者は通関手続きに必要な書類の作成・準備をします。「必要な書類」は一般的にはInvoice（送り状：仕入書）、Packing List（包装明細書）、商品のパンフレットやカタログなどです。輸出の場合は、通関手続きの指示や船積手続きの指示を詳細に記載したShipping Instructions（船積み依頼書）を添えて依頼します。また、輸入の場合は通関業務依頼書などを作成し、B/Lコピー、Invoiceを提出します。さらに保険関係書類、原産地証明書などの書類が必要になるケースもあります。

　なお、通関手続き前のチェックポイントとして、輸出者・輸入者は輸出入商品が外為法や他法令による規制対象かどうかの確認を事前にしなくてはなりません。必要に応じて監督官庁から必要な許可や承認を事前に取得しておきましょう。

MEMO　Invoice（送り状）は、輸入地では「仕入書」と呼ばれることもある。

●通関手続きの関係者と流れ

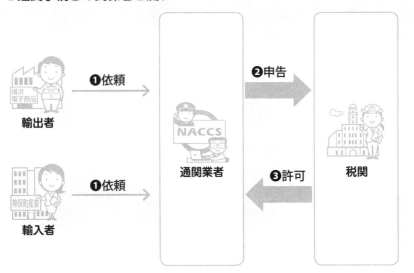

●通関士の仕事と資格

通関士の審査

申告手続きはNACCSの画面に必要情報を入力して税関に送信します。この送信の前に、通関士の審査が必要です。通関士は入力内容を慎重に確認し、問題がなければ通関士に与えられる登録コードのナンバーを入れて税関に送信します。

通関士とは

通関士は国家試験に合格した通関業務に従事する専門家です。通関士試験は年に1回実施され、2020年は6,745人の受験に対して、合格者は1,140人でした（合格率16.9%）。

●通関手続きに必要な書類

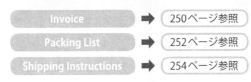

Invoice	➡	250ページ参照
Packing List	➡	252ページ参照
Shipping Instructions	➡	254ページ参照

SECTION **02**

関連する人・物

税関 　通関業者

NACCSがあるからいろいろな
手続きがスムーズに進むのだ。

NACCS

民間企業と行政機関を結びつける NACCS

　NACCS（ナックス）とは略称で、正式には「Nippon Automated Cargo and Port Consolidated System」（輸出入・港湾関連情報処理システム）といいます。NACCS は輸出入・港湾関連情報処理センター株式会社（NACCS センター）が提供しており、我が国の国際物流を支える重要なシステムです。

　輸出入貨物、入出港する船舶・航空機に関して、税関やその他の行政機関に対する各種手続きをオンラインで処理します。NACCS は民間企業と行政機関をオンラインで結んでいるため、貨物の流れに沿って必要な手続きと貨物情報を総合的に処理することが可能です。

NACCS のメリットとは？

　多くの業務をつかさどる NACCS ですが、特に以下の3つのポイントがあります。

1. 業務の迅速化

　NACCS を利用することにより、通関手続き、入出港手続き、貨物の取扱手続きなどが迅速に処理されます。一連の手続きに要する時間が大幅に短縮されました。

2. 業務の効率化

　NACCS のおかげで輸出入貨物の通関手続きや他法令の諸手続きなどを行う際に、行政機関に出向く必要がなくなりました。オフィスの PC を操作すれば各手続きが可能となり、事務処理の大幅な簡素化やペーパーレス化が実現したのです。

3. 情報を瞬時に把握可能

　NACCS では税関から通関業者へ返信される許可情報が第三者である保税蔵置場などにも送信されます。関係者の間で大切な情報が共有できるようになりました。

● NACCSの関係者と主な業務

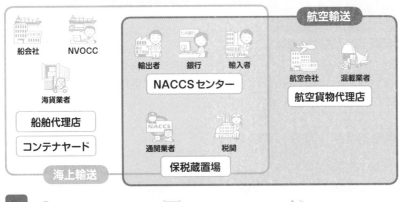

● NACCSと貿易手続きのシングルウィンドウ化

NACCSはシングルウィンドウ化を進め、関係省庁との業務が簡素化されました。代表的な手続きは下記の通りです。

- ● **貿易管理手続き（経済産業省）**
  外為法に基づく輸出入許可や承認などの手続きを管理するシステム
- ● **植物防疫手続き（農林水産省）**
  植物防疫法に基づく検査手続きを管理するシステム
- ● **動物検疫手続き（農林水産省）**
  家畜伝染予防法などに基づく動物検疫業務を管理するシステム
- ● **食品衛生手続き（厚生労働省）**
  食品衛生法に基づく食品等の輸入手続きを管理するシステム

これ以外にも、港湾手続き（国土交通省）、入国管理手続き（法務省）などのシステムと統合されています。

税関の審査

関連する人・物

税関　通関業者

NACCS経由で送られてきた内容を税関で審査するのだ。

税関では何を審査している？

通関業者がNACCSを用いて送信した輸出入申告を税関では審査内容によって3つに区分します。

・区分1：簡易審査

書類の審査や現品検査がない、即時に許可が下りるもの。

・区分2：書類審査

商品に関係する書類などを通関業者が税関に持参し説明。その審査を経て許可が下りるもの。

・区分3：現品検査

対象の貨物を検査し、検査後に問題がなければ許可が下りるもの。

区分に応じた通関業者の業務とは

税関から回答として送信された区分によって、通関業者の対処は変わってきます。このとき重要なのは、迅速さと正確さです。まず区分1ですが、これは即時に許可が下りるので問題はありません。

税関の回答が区分2だった場合、通関士は直ちにInvoiceや商品を説明できる資料・データをそろえ、税関に出向きます。税関職員からの質問に答え、説明も必要です。税関は疑問点や不明点が解決されれば許可を与えます。

区分3になると、現品の検査が求められます。税関は申告内容と現品の同一性を確認するために貨物検査を実施。「貨物が申告書の内容と合致しているか」「不適切なものが貨物に含まれていないか」などの確認作業を行います。

●申告から審査の流れ

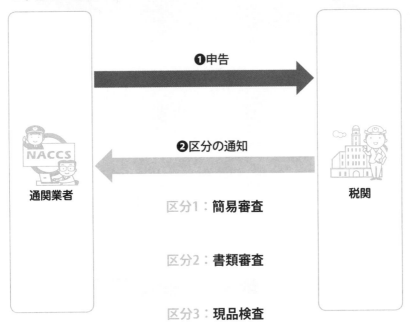

❶申告

❷区分の通知

通関業者

税関

区分1：**簡易審査**

区分2：**書類審査**

区分3：**現品検査**

●書類審査の際に持参する書類や資料

　区分2になると、通関業者は商品の説明や税関職員の疑問点を解消するために必要な書類やデータを持参します。持参物はInvoice（送り状）はもちろんのこと、Packing List（包装明細書）、製品カタログ、パンフレット、仕様書、使用説明書、写真、検査機関の証明書、成分分析書などです。

●現品検査の観点（輸入の場合）

- 覚せい剤、麻薬、拳銃、コピー商品などの「輸入してはならない」ものが入っていないか
- 原産地を偽ったり、誤認させたりする表示がなされていないか
- 食品衛生法、植物防疫法などの他法令規制に基づいた手続きが取られているか
- 適切な納税申告がされているか

CHAPTER

5

通関手続き

SECTION 04

関連する人・物

税関

貨物検査（税関検査）

検査方法と検査場所を
確認しておこう。

税関が行う3つの検査方法とは

輸出入申告に対して税関が許可するにあたり、実際に貨物の現物を税関が検査します。その検査方法は、以下の3つです。

- 全部検査……貨物の全量を検査する方法
- 一部指定検査……税関の指定した貨物のみを検査する方法。たとえば貨物の機種や製造番号、カートンナンバーの指定を行い、対象となる物のみ検査する
- 見本検査……無作為に見本品を取り出して検査する方法

貨物の種類によって検査場所もさまざま

貨物の検査は税関の検査場で行う、いわゆる検査場検査がベースです。ただし貨物の種類によっては下記のような場所で検査を行います。

- 現場検査……税関の検査場への持ち込みが困難な貨物の場合に、税関職員が貨物の保管場所に出向き検査を行う
- 艀中（ふちゅう）検査……艀に貨物を積んだままの状態で検査を行う（主に木材などが対象）
- 本船検査……外国貿易船に貨物を積載したままの状態で検査を行う（主に小麦などが対象）

また、現場検査のパターンとして、指定地外検査というものがあります。これは、定められた手続きを取り、税関長の許可を受けて税関の指定地外の場所で行う検査です。巨大重量貨物で保税地域への搬入が不可能なものや危険物など保税地域への搬入が不適切なものが指定地外検査の対象となります。

貨物検査が行われると税関から許可が下りるまでの時間が
余計にかかる。さらに費用も別途発生してしまうのだ。

●大型X線検査装置

　税関は貨物検査を迅速かつ的確に行うため、各種のX線検査装置を配備しています。特に、コンテナで輸出入される大量の貨物やコンテナ自体の検査のために整備されているのが大型X線検査装置です。

　大型X線検査装置では、わざわざ貨物を取り出すことがなくてもコンテナの中味に対する検査が可能です。検査時間が非常に短縮され、X線検査画像に問題がなければそのまま許可が下ります。

●検査のポイント

　Invoiceなどの書類と照らし合わせて数量が一致していることはもちろんですが、商品の材質・成分なども確認します。特に輸入の場合は、材質や成分によって関税率が変わることがあるので確認作業は慎重に行われます。

　また、「原産地の誤認」がないかも調査します。つまり原産地を誤認させるような表示がないか、また原産地偽装がないかをしっかり確認します。

●税関検査の流れ

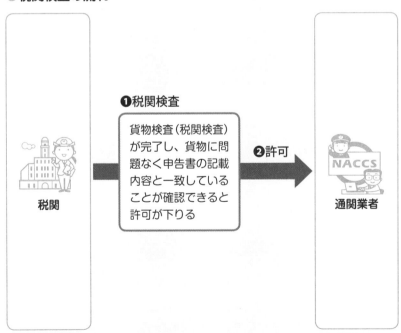

❶税関検査

貨物検査（税関検査）が完了し、貨物に問題なく申告書の記載内容と一致していることが確認できると許可が下りる

❷許可

税関　　　　　　　　　　　　　　　　　　　NACCS　通関業者

SECTION 05

保税制度

関連する人・物

税関

保税地域を
上手に活用しよう。

輸入の許可を得ていない外国貨物の取り扱いを定める制度

外国から日本に到着した貨物で輸入の許可を得ていないもの、または輸出の許可を受けた貨物のことを外国貨物と言います。この外国貨物について「蔵置・加工・製造・展示・運送」を可能にするのが保税制度です。保税制度には大きく分けて「保税地域制度」と「保税運送制度」の2つが存在します。貿易実務で特に重要になるのは「保税地域制度」です。

保税地域は「蔵置・加工・製造・展示」の機能を提供する

保税地域制度とは、外国貨物を特定の場所や施設において「蔵置・加工・製造・展示」できる制度です。この特定の場所・施設のことを保税地域といい、以下の5種類があります。

1. 指定保税地域……税関手続きを簡易かつ迅速に処理するために設置された地域で、国や都道府県のような地方公共団体が所有・管理しています。ここでは輸入通関手続きが済んでいない貨物、輸出の許可を受けた貨物、日本を一時的に通過する貨物を積み降ろしたり、運搬したり、一時蔵置することが可能です。

2. 保税蔵置場……外国貨物を置くことを、税関長が特別に許可したところです。外国貨物の積み降ろしや蔵置が許されます。

3. 保税工場……外国貨物について関税を課さないまま加工・製造できる場所として税関長が許可した施設。原則、加工・製造の期間は2年ですが、期間の延長も可能です。

4. 保税展示場……外国貨物を展示する会場として、税関長が許可した場所。

5. 総合保税地域……外国貨物の蔵置、加工、製造、展示などの各種機能を総合的に活用できる地域として税関長が許可した場所。

110

保税地域の特徴

保税地域の役割	貨物を税関監督下である保税地域において管理することにより、社会悪などの貨物・商品の国内への流入を阻止できる
記帳義務	保税地域で貨物を管理する者は、外国貨物または輸出しようとする貨物について、帳簿を設けて政令で定める事項を記載しなければならない
倉主責任	保税地域にある外国貨物がなくなったり、税関長の承認を受けることなく滅却されたりした場合は、保税地域の許可を受けた者、つまり「倉主」が関税を納付する

保税地域の種類と機能

種類	主な機能	蔵置期間	指定／許可
指定保税地域	外国貨物の積み降ろし、一時蔵置、運搬	1か月	財務大臣の指定
保税蔵置場	外国貨物の積み降ろし、蔵置、運搬	2年（延長可）	税関長の許可
保税工場	外国貨物の加工、製造	2年（延長可）	税関長の許可
保税展示場	外国貨物の展示、使用	税関長が必要と認める期間	税関長の許可
総合保税地域	保税蔵置場、保税工場、保税展示場の総合的機能	2年（延長可）	税関長の許可

保税運送制度

　保税運送とは、国内にある開港（外国との貿易目的の船が出入りできる港のこと）、税関空港、保税地域、税関官署など許可を受けた場所の相互間に限り、税関長の承認を受けて外国貨物を関税未納のままの状態で運送できる制度です。外国貨物を内陸部にある保税地域に輸送するときなどに利用します。

SECTION 06

関連する人・物

税関

関税①〜関税の納付

輸入者が支払う関税が
どうやって決まるか知っておこう。

2種類の関税納付方法とは？

関税とは外国から輸入する貨物に対して課される税のことです。輸入者は関税および消費税を納めることにより、税関から輸入の許可を得られます。

関税の納付は「申告納税方式」と「賦課課税方式」の2種類から選択します。申告納税方式は、納税義務者（輸入者）の申告により納付すべき関税額（または関税がかからないこと）を確定する方法です。原則として貨物を輸入する日（輸入許可の日）までに、関税などを納めることになります。一般的な輸出入取引の通関手続きでは、この申告納税方式がとられています。

一方、賦課課税方式は税関長の賦課決定により納付すべき関税額が決定する方法です。税関から送られてきた納税告知書に記載された期限までに納税することになります。

担保の提供で納税を遅らせる特例も

輸入する貨物に関税、内国消費税、地方消費税がかかる場合、輸入申告手続きの際に納付しなければなりません。ただし税額に相当する担保を提供することで納付を猶予する、「納期限延長制度」というものがあります。

これを利用すると、最長で3か月の延長が可能です。ただし、提供した担保の金額を上限に延納が認められることに注意してください。担保として認められるものは、国債、地方債、社債その他の有価証券、土地、建物、自動車、船舶、金銭、保証人の保証などです。

なお納期限延長制度には「個別延長方式」「包括延長方式」「特例延長方式」の3つがあります。

●関税の納付方法

申告納税方式	納税義務者（輸入者）の申告により納付すべき関税額を確定する方法
賦課課税方式	税関長の賦課決定により納付すべき関税額が決定する方法

• 関税の納付義務者
関税を納める者は、関税関係の法令に特段の定めがある場合を除いて「貨物を輸入する人」と定められています。貨物を輸入する人とは、原則的にInvoice（仕入書）に記載されている荷受人、つまり輸入者となります。

●納期限延長制度の３類型

• 個別延長方式
個々の輸入申告ごとに納期限を延長する方式。輸入者が申告ごとに納期限延長申請書の提出と担保の提供を行う。税関長の承認を得られれば、輸入許可日の翌日から３か月以内の納期限延長が認められる。

• 包括延長方式
特定の月分の輸入申告に関して、輸入者が特定月の前月末日までに納期限延長申請書の提出と担保の提供を行う。税関長の承認を得られれば、該当する特定月末日の翌日から３か月以内の納期限延長が認められる。

• 特定延長方式
特例輸入申告制度を利用した特例輸入者が納期限延長申請書の提出と担保の提供を行う。税関長の承認を得られれば、特例申告書の提出期限から２か月以内の納期限延長が認められる。

※現在はNACCSを利用して輸入申告手続きを行うので、納期限延長申請もNACCSを活用する。税関からの回答もNACCS経由。

商品によっては関税額が大きくなるものもあるので、企画段階から考慮しておく必要があるのだ。

SECTION **07**

関連する人・物

税関

関税②～関税の計算

関税に関する補足的情報も
押さえておく必要があるぞ。

関税はいったいどうやって決まるのか？

関税は、原則として輸入申告時の貨物の価格または数量を基準にして、輸入申告時の法令に則って課せられます。

また、税額を算定するときの基礎となるものが「課税標準」です。輸入貨物の価格を課税標準とするものを従価税、数量を課税標準とするものを従量税と言います。我が国で一般的に用いられているのは従価税です。

また、従価税と従量税を組み合わせたものを混合税といいます。

関税額計算に使われるHSコードは世界共通で使われている

HSコードとは、Harmonized Commodity Description and Coding System の略称で、「商品の名称及び分類についての統一システムに関する国際条約」に基づいて制定された、輸出入される品目のための世界共通で使われるコードシステムです。

HSコードは、輸出入されるすべての品目を6桁のコードで分類しています。はじめの2桁までが「類」（計97種）、類を含む4桁までが「項」（計1220種）、項を含む6桁までを「号」と呼びます。さらに、HSコードは21種に分類されます。

我が国では、6桁のHSコードに3桁の統計細分と1桁のNACCS用番号をつけて10桁で使用しています。輸出申告書や輸入申告書は、10桁のコードで記載します。

輸出申告手続き、輸入申告手続きにおいてHSコードの選択は最も重要な仕事のひとつであり、通関士は細心の注意を払います。輸出申告の際には「輸出統計品目表」、輸入申告の際には「実行関税率表」という、日本関税協会が発行する出版物を使用するのが一般的です。

MEMO 実行関税率表（Customs Tariff Schedules of Japan）は、HSコードを決定するのに利用するもの。税関のホームページからも入手することができる。

●関税の計算

・課税標準

従価税	輸入貨物の価格を課税標準とするもの
従量税	輸入貨物の数量を課税標準とするもの
混合税	従価税と従量税を組み合わせたもの

・一般的な関税の計算

通関業者の通関士は、輸入者から提供された書類や資料をもとに実行関税率表を使用して、商品に該当するHSコードを選定します。HSコードが決まると税率がわかるので、下記の計算式を用いて税金額を導き出します。

輸入関税 = CIF価格 × 関税率（%）
消費税 =（CIF価格 + 輸入関税）× 消費税率（%）
輸入者が納付する金額 = 輸入関税額 + 消費税額

・課税物件の確定時期

関税の課税基準となりうる価格、数量は輸入申告の時点で決定されます。

従価税ではCIF価格を
課税標準とするのだ。

通関士の仕事と課税価格の決定

　通関士は輸入者が提供したInvoice、Packing List、商品カタログ、説明書などの書類や資料を基に実行関税率表を使用し、商品に該当するHSコードを選定します。HSコードが判明すると、その横に明記されている税率を得ることができます。税率が確定すると、計算式に照らし合わせて、関税額と消費税額を算出することができます。通関士はこの一連の流れの中で、HSコードの選定に細心の注意を払います。

関税率の種類

ひと口に関税率と言っても、
さまざまな種類があるぞ!

関税率は品目や輸出国により異なる

　通常の貿易取引による輸入商品に適用されるのが、一般税率です。品目や輸出国によってそれぞれ異なる税率が定められています。一般税率は大きく国会で定めた「国定税率」と条約で定めた「協定税率」に分類できます。

　「国定税率」はさらに4種類に細分化されます。

- 基本税率……輸入されるすべての品目が対象。品目それぞれに関税率が定められていますが、品目によっては無税になっているものもあります。
- 暫定税率……品目と期間を限定して基本税率を一時的に変更。基本税率を上回る場合も下回る場合もあります。
- 特恵税率……特恵受益国からの輸入商品に適用される税率。特恵受益国は、通常の特恵受益国と特別特恵受益国に区別されます。
- 便益税率……WTOの非加盟国であり、かつ日本と通商条約を持たないが関税に関する便益を望む国からの輸入品に対して適用されます。

相手国との条約によって決められている「協定税率」

　「協定税率」も次の3種類に細分化されます。

- WTO譲許税率……WTO加盟国からの輸入品に適用される税率です。
- 最恵国税率……WTO非加盟国ですが、我が国と関税に関する条約を締結して、最恵国待遇を取り決めている国からの輸入品に適用されます。なお最恵国待遇とは、二国間条約を締結する相手国に、他の国より不利にならない関税率を与えるという概念です。
- EPA税率……日本が経済連携協定（Economic Partnership Agreement：EPA）を結んだ国からの輸入品に対して適用されます。

●関税率の種類

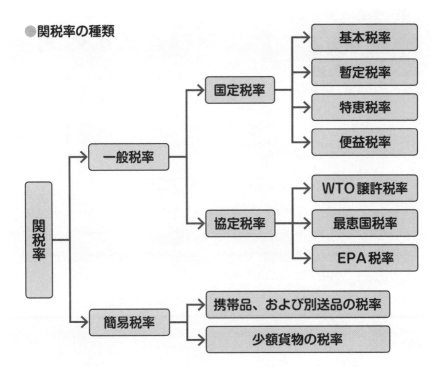

●簡易税率

　一般税率のほかに、1回の課税価額が20万円以下の少額だったり、免税の範囲を超える携帯品・別送品だったりとした特別な場合には、迅速な課税処理を行うために簡易な税率が適用されるケースがあります。

　一般税率の場合、品目ごとに数千にも及ぶ税率が定められていますが、簡易税率ならばわずか7区分であるため手間が省略されます。ただし、輸入者が希望すれば一般税率の適用を受けられます。

●携帯品、別送品の税率

　日本に入国する者が携帯して持ち込む外国貨物（商品）を携帯品と言います。また、別送品とは日本に入国する者が外地より日本の本人に向けて発送した外国貨物（商品）のことを指します。免税枠が設けられており、免税枠を超える部分に税率が課されます。

修正申告と更正の請求

いったん納めた関税額が、
あとから変わるケースもある。

納付した関税額が不足していたときの修正申告

　輸入貨物は、輸入通関手続きを行い、有税品の場合は関税と消費税を納付した後に税関から輸入の許可を得るのが一般的です。しかし関税の納付後、その金額を改める必要が生じるケースもあります。そうした際にとられる手続きが「修正申告」と「更正の請求」です。

　修正申告は、納付した関税が本来支払うべき金額に満たなかったときに行います。

- 納税申告をしたとき、税額に不足があった場合
- すでに行った納税申告で支払った関税が少なかった場合

　上記のいずれかに該当すると修正申告をしなければなりません。なお税関の調査を受けたあとで修正申告を行うと、本来支払うべき関税との差額に加え、重加算税が課せられる点には注意してください。

払いすぎた関税額を取り戻す更正の請求

　反対に、納めた税金が多すぎた場合は、税関長に対して関税額の訂正を求める手続きを行います。これが「更正の請求」です。更正の請求が行われると、税関長は税額などを調査し、更正を行うかどうかを判断します。

　納めすぎた税金があると認めた場合には、請求者に対してその内容を通知して還付します。更正すべき事項がない場合も、その旨を請求者に通知します。

更正の請求が行える
期間は5年なのだ。

●修正申告に伴う加算税の種類

> **過少申告加算税**：税額を過少に申告した場合に課せられる

> **無申告加算税**：納税申告を必要とする貨物を無申告で輸入した場合に課せられる

> **重加算税**：納付すべき関税の基準や税額の基礎となる事実を不正手段により申告した場合に課せられる

●更正の請求期間

更正の請求を行える期間	5年
更正や賦課決定の期間	原則5年
修正申告により納税できる期間	原則5年
還付請求を行える期間	5年

修正申告を行う場合の例

　輸入（納税）申告した数量と、輸入（納税）許可後、実際に貨物を引き取った際に貨物の数量が極端に少なかったときなどには、修正申告を行います。

　輸入者は契約書やInvoiceなどに記載されている数量と、輸入許可後に実際に引き取った数量が異なることを客観的に証明できる書類を添付して税関に修正申告の手続きを開始します。これを怠ると、関税を納付すべき貨物に対して、偽りや不正があったと判断されるので注意します。

AEO制度

関連する人・物

輸出者　通関業者

条件を満たすことで税関
手続きを簡略化できるぞ。

優等生にメリットを与えるAEO制度とは

　AEOはAuthorized Economic Operatorの略称で、日本語では「認可事業者」と訳されます。国際物流において、貨物のセキュリティ管理と法令遵守の体制が整備された輸出者、輸入者、通関業者などの事業者を認定し、税関手続きの緩和や簡素化を提供する制度です。

　AEO制度には、「特例輸入者制度」「特定輸出者制度」「特定保税承認制度」「認定通関業者制度」「特定保税運送制度」「認定製造者制度」があります。

　我が国のAEO制度は平成18年に輸出者を対象に導入されてから徐々に対象者を拡大。平成19年に輸入者および倉庫業者、平成20年に通関業者および運送業者、平成21年に製造者が対象者になりました。

どうすればAEO事業者になれるのか

　AEO事業者に認定されるには、税関に申請書を提出して審査を受けなければなりません。審査内容は、通関に関する社内体制、通関に関するコンプライアンスの体制、業務手順の整備、関連書類の管理整備、帳簿の管理、貨物の管理状況、社内の教育体制など多岐にわたります。詳細は税関のホームページに記載されているので確認可能です。

AEOを取得すると輸出入取引や企業活動に
とてもメリットがあるのだ。

●各AEO制度とAEO事業者の概要

特例輸入者制度	貨物のセキュリティ管理と法令を守る体制が整備された輸入者は、輸入申告時の納税のための審査・検査が基本的に省略される。また、貨物の引き取り後に納税申告を行うことも可能。
特定輸出者制度	貨物のセキュリティ管理と法令を守る体制が整備された輸出者は、貨物を保税地域に搬入することなく、自社の倉庫などで輸出の許可を受けることができる。また税関による審査・検査などに便宜が図られ、輸出貨物の迅速な船積みが可能。
特定保税承認制度	貨物のセキュリティ管理と法令を守る体制が整備された保税蔵置場の特定保税承認者は、税関長への届け出により、保税蔵置場を設置することが可能。
認定通関業者制度	貨物のセキュリティ管理と法令を守る体制が整備された通関業者は、輸入者の委託を受けた輸入貨物に関しての貨物の引き取り後に納税申告を行うことや、輸出者の委託を受けて保税地域以外の場所にある貨物に対して輸出の許可を受けることが可能になる。
特定保税運送制度	貨物のセキュリティ管理と法令を守る体制が整備された特定保税承認者その他の国際運送貨物取扱業者は、個々の保税運送の承認が不要になる。
認定製造者制度	貨物のセキュリティ管理と法令を守る体制が整備された製造者が製造した貨物は、製造者以外の輸出者が行う輸出通関手続きにおいて、保税地域に該当する貨物を搬入することなく輸出の許可を受けられる。

（税関のホームページをもとに作成）

SECTION 11 事前教示制度の利用

関連する人・物

税関

自分が輸入しようしている商品の
関税率がわからなければ税関に
問い合わせると良い。

税関からのお墨付きにもなる事前教示

輸入する貨物について、輸入申告の前に貨物の税番号や関税率などを税関に照会する制度です。原則的に、文書で照会し文書で回答が返ってきます。輸入を考えている段階の人にも実際にビジネスを行っている輸入者にも、とてもありがたい制度です。

また、事前教示制度を用いて得られた回答文書の内容は、回答書が出されてから3年間、輸入申告の際に尊重されます。これを利用することで輸入時の関税額なども事前に把握でき、輸入ビジネスの正確な原価計算が可能です。

事前教示制度の利用法と注意点

文書による事前教示は、必要事項を記載した「事前教示に関する照会書」1通と、輸入したい貨物の見本などの資料を、輸入を予定している地の税関に提出します。照会を受けた税関は、提出された情報を元に検討、税番や関税率を判断して「事前教示回答書」を作成。税関は、照会書を受理してから30日以内に回答するのが原則です。

なお、照会は口頭やeメールでも行えます。ただしこうした場合は、回答はアドバイスといったレベルに留まることになるため注意が必要です。文書のように実際の輸入時に尊重されるものではありません。正確さを求めるなら文書による照会を利用しましょう。

「事前教示に関する照会書」のひな型などは
税関のホームページからダウンロードできるのだ。

●文書での照会を依頼するときの注意点

輸入しようと考えている商品の所属区分や関税率を問い合わせるためには、税関に対して充分な情報を提供しなくてはなりません。

「事前教示に関する照会書」に製法、成分の割合、構造、性状、機能、用途、包装、梱包方法など、可能な限り記述しましょう。

• 事前教示に関する照会書

(税関のホームページより)

●税関からの回答に関するアレコレ

事前教示の照会に対する回答が返ってくると、その後、原則として税関のWebサイトで公開されます。検索ページも用意されているので、問い合わせ前に参考として調べてみるのもよいでしょう。

また、回答の内容に納得がいかない場合は、回答書の交付または送付があった日の翌日から2か月以内であれば再検討の依頼が可能です。

URL https://www.customs.go.jp/

(税関のホームページ)

SECTION **12**

関連する人・物

税関　輸出者　輸入者

事後調査への対応

税関の許可が下りても
それで終わりではない。
調査があとで入ることもあるのだ。

手続きが適切だったかどうかを確認するための事後調査

　通関後に行われる税関による調査・確認作業、これが事後調査です。税関職員が輸出者・輸入者の事務所を訪問して、申告内容の調査、保管されている契約書・仕入書などの関連書類や会計帳簿の調査を行います。この目的は、輸出申告・輸入申告が適正だったかの確認です。

・輸出者に対する調査

　輸出した貨物に対し、関税法などの関係法令の規定に従った必要な手続きが行われているかを確認します。不適正な申告を行った者に対しては適切な申告を行うよう指導。また、公正な輸出管理体制の構築も促します。

・輸入者に対する調査

　輸入貨物に対する納税申告が適切に行われているかを通関後に確認します。不適正な税額を是正し、輸入者に対して申告指導を実施。税関は適正な課税確保を目指します。

輸出者・輸入者は何をすればいい？

　税関から事後調査が入る可能性があるので、貿易取引を行う輸出者・輸入者はいつでもそれに対応できるよう準備をしておかなければなりません。

　そもそも、輸出者・輸入者には貨物に関する「書類」「帳簿」「電子取引の取引情報に係る電磁的記録」の保存義務があります。保存すべき対象、およびその保存期間はしっかり理解しておきましょう。

●保存の内容と期間

<table>
<tr><td align="center">輸出者</td><td align="center">輸入者</td></tr>
<tr><td>

1. 帳簿
   輸出許可の日の翌日から起算して5年間

2. 書類
   輸出許可の日の翌日から起算して5年間

3. 電子取引の電子情報に係る電磁的記録の保全
   輸出許可の日の翌日から起算して5年間

</td><td>

1. 帳簿
   輸入許可の日の翌日から起算して7年間

2. 書類
   輸入許可の日の翌日から起算して5年間

3. 電子取引の電子情報に係る電磁的記録の保全
   輸入許可の日の翌日から起算して5年間

</td></tr>
</table>

• 電子取引の電子情報に係る電磁的記録って？

最近ではネット経由や、eメールを使ってやり取りした上での契約も珍しくありません。こうしたネットを介した取引を電子取引といいます。「電子取引の電子情報に係る電磁的記録」とは、取引内容についての記載があればeメールそのもの、注文書や見積書がPDFで添付されていれば添付ファイルが該当します。

どのくらいのペースで事後調査は入るのか？

事後調査がどのくらいのペースで行われるのかは一概には言えませんが、3年～5年の間に税関が訪問し、調査を行います。事後調査では、税関職員が輸出者・輸入者の事務所を訪れ関連書類の確認を行います。

輸出者・輸入者としては、関連する帳簿や書類をしっかりと管理・整理していれば何ら問題はありません。日ごろから帳簿、書類、e-mailの保存・管理に注意を払っておくことが重要です。なお、事後調査は任意の調査ですが、正当な理由なく、質問や検査を拒否したり、必要物件の不呈示などがあった場合には、罰則規定があります。

「ファーストマイル問題って」ご存知ですか?

50代　男性　元ドレー会社社長

　2016年の冬頃からアマゾンなどのeコマース市場の需要が拡大しました。そこで叫ばれ始めたのが通販企業から顧客へお届けする「ラストワンマイル」と呼ばれる宅配便現場のパンク問題です。

　通販企業で購入される商品や製品のほとんどが、アジアの工場で製造され、海上コンテナに積み込まれ、コンテナ船により輸送され日本の港に到着します。その後、保税地域であるコンテナヤードに卸されます。コンテナヤードから海上コンテナを通販企業の物流センターに運ぶのが、海上コンテナの輸送会社（通称：ドレー会社）になります。現在、ドレー会社も多くの問題を抱えているのが現状です。海上コンテナという鉄製の大きな箱を牽引車輌であるシャーシに載せ、トレーラヘッドで牽引しながら目的地まで運ぶというのは高度な運転技術と経験の要る大変な仕事なのです。それでは具体的にドレー会社が抱いている問題とはどのようなものでしょうか。

　ひとつはドライバーの高齢化です。若者が少なくベテランドライバーに頼っています。もうひとつはコンテナヤードでのコンテナ積み卸しの待機時間の伸長化です。つまり、コンテナを積みつけるまでの待ち時間が大問題なのです。

　ドライバーは大型特殊免許を取得するのに時間がかかるわりには収入が少なく、拘束時間も長いので、社員募集に苦戦しています。いい人材の確保にとても苦労しています。これを「ファーストマイル問題」と呼んでいます。

CHAPTER

6

海上輸送

| SECTION 01 | 海上輸送の特色 |

関連する人・物

コンテナ船

> 多くの商品や資源が海上輸送という大動脈で輸送されているのだ。

四方を海に囲まれている我が国にとって欠かせない海上輸送

四方を海に囲まれている我が国にとって、資源・エネルギーをはじめ、さまざまな商品や製品の輸送を担う海上輸送は私たちの生活を支える大動脈といえ、その主体となる海運は重要な産業です。

国際的な貿易取引の重要なファクターのひとつに「輸送方法の選択」があります。輸送方法には主に船舶を利用する「海上輸送」、航空機による「航空輸送」、複数の異なった輸送手段を組み合わせて行う「国際複合輸送」があります。本章では、まず海上輸送を理解しましょう。

大きく定期船と不定期船にわかれる海上輸送

海上輸送は定期船（Liner）と不定期船（Tramper）に大別できます。定期船とは、貨物の多少にかかわらず、一定の計画に従って定期的に運航される船舶のことです。船会社（運送人）が複数の荷主から貨物を集荷して同一の航路を定期的に往復します。この運送契約を「個品運送契約」と呼びます。代表的なのが「コンテナ船」による輸送で、コンテナ船の登場により大量の貨物が安全に定期的に輸送されるようになりました。

不定期船とは、特別に航路を決めることなく、貨物のあるときに不定期に運航される船舶のことです。需要に応じて、荷主が必要とする時期に、必要な航路に就航している船舶を借り切って輸送します。この運送契約を「用船契約」と呼びます。

用船には船舶の積み荷スペースを同一の用船者が借り切る「全部用船」と、用船者が船舶の積み荷スペースの一部を借りる「一部用船」があります。また、用船契約には、「裸用船（Bareboat Charter）」「定期用船（Time Charter）」「航海用船（Voyage Charter）」の3種類があります。

● 定期船と不定期船の比較

	定期船	不定期船
荷主	不特定多数	特定の荷主。原則1荷主
貨物	種類が多く、個別の運送	ひとつの品種で大量の貨物
船舶	コンテナ船。在来型貨物船	さまざまな専用船
航路	特定されている	不特定
配船	スケジュールが公表される	荷主の需要により決定

穀物や資源やエネルギーなどは不定期船により運ばれ、
みんなの生活を支えているのだ。

● 用船契約の種類

裸用船 （Bareboat Charter）	用船者は本船の償却費用以外のすべての運航費用を負担するとともに、船主の了承のもとに、船長の任命をはじめ、本船の航海、運営、運航に関する一切の責任を引き受け管理権を掌握します。このため、船主が裸用船に応ずるには、用船者が充分な管理能力を備えている場合です。
定期用船 （Time Charter）	一定期間を限って、船を用船します。定期用船の場合の運賃は、本船の積載貨物の能力をもとに「1日あたりいくら」というように定められています。
航海用船 （Voyage Charter）	特定の航海に関して船を用船するもの。特定貨物の輸送のために契約が結ばれます。

SECTION 02

コンテナ船の基礎知識

関連する人・物

コンテナ　コンテナ船

コンテナ船とは大量の貨物を安全かつ
スピーディに輸送できる船舶のこと。

▌輸送の効率が大幅にアップした海上コンテナを使った輸送

　コンテナ船（Container Vessel）とは、国際規格の海上コンテナ（Container）
に貨物を詰め込み、コンテナをひとつの単位として、コンテナを専門に輸送する船
舶のことです。コンテナ船の就航により輸送効率が飛躍的にアップしました。現在、
コンテナ船はアメリカ、ヨーロッパ、アジア、アフリカ、オセアニアの主要港のほ
とんどに就航しています。

　コンテナ船のメリットのひとつが、「定曜日サービス」が可能であることです。「定
曜日サービス」とは、必ず決まった曜日に入出港する定期サービスのことです。最
近では、海外の現地工場での生産に合わせた納品・輸送・配送が求められます。本
船寄港の曜日を固定した「定曜日ウイークリー配船」がこの要求に応えています。

▌コンテナ船の輸送は貨物の積み方でFCLとLCLの2種類がある

　コンテナ船を使った輸送の形態にはFCLとLCLの2種類があります。

　FCL（Full Container Load）は、コンテナをひとつの単位としてとらえた輸送方
法のことです。荷主または海貨業者はコンテナに貨物を詰め込み、コンテナをコン
テナヤード（CY：Container Yard）に搬入し船積みします。FCLの形態で輸送され
る貨物を「FCL Cargo」と呼ばれます。

　LCL（Less than Container Load）は、1本のコンテナに満たない小口の貨物の輸
送方法です。荷主または海貨業者が貨物を船会社の指定するコンテナ・フレイト・
ステーション（CFS：Container Freight Station、137ページ参照）に持ち込み、船
会社の手により、他の荷主の貨物と混載し、船積みする方法です。

●コンテナ船の輸送方法

FCL（Full Container Load）

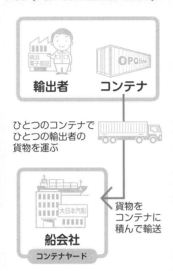

輸出者　コンテナ

ひとつのコンテナで
ひとつの輸出者の
貨物を運ぶ

貨物を
コンテナに
積んで輸送

船会社

コンテナヤード

LCL（Less than Container Load）

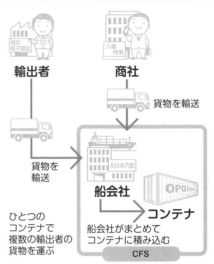

輸出者　　　商社

貨物を輸送

貨物を
輸送

船会社

コンテナ

ひとつの
コンテナで
複数の輸出者の
貨物を運ぶ

船会社がまとめて
コンテナに積み込む

CFS

●コンテナ船

コンテナ船の大きさは「TEU」という単位で表す。TEUとは
20フィートコンテナを何本積めるかを表し、世界では
1万6000TEU以上の大型コンテナ船が就航しているのだ。

コンテナの特徴と種類

コンテナ船による輸送の
主役がコンテナなのだ。

コンテナの特色

コンテナ（Container）とは、貨物のユニット化を目的とする輸送用に作製された専門の容器のことで、次のような特色があります。

- 反復使用に充分に適する強度を有している
- 貨物の積み込み、取り出しが簡単にできる構造である
- 構造的に積み替えが容易に行える
- 各種の輸送に適合する容積を有している
- 取り扱いが容易になる

コンテナの利用によるメリット

コンテナを利用することで得られるメリットを下記にまとめます。

- ガントリークレーンなどの大型機器を使用することにより、短時間の荷役が可能となり、効率化が図れる
- 荷役時間の短縮化により、コンテナ船の停泊時間が短縮される
- 海上輸送と陸上輸送を組み合わせた複合輸送が利用でき、ドア・ツー・ドア輸送が可能となる
- 輸送する貨物の梱包費用を大幅に削減できる
- 貨物のダメージが少なくなり、盗難の防止がなされる
- 雨中荷役が可能となる

コンテナが普及することにより、世界の貿易量は飛躍的に伸び、国際物流は大きく発展しました。

●海上コンテナ

左は20フィートコンテナ

●コンテナの材質と特色

・**アルミ軽金属コンテナ**
軽量で耐久性があるメリットがある。しかし、製造コストが高くなるデメリットも持ち合わせている

・**鋼鉄製コンテナ**
製造価格は安価であるが、コンテナ自体が重たいデメリットもある

・**ファイバーグラス強化プラスチック合板製コンテナ**
断熱効果を持つコンテナ

●コンテナのサイズ

コンテナの種類		20フィート （アルミ製）	40フィート・8'6" （アルミ製）	40フィート・9'6" （アルミ製）
外寸	長さ(L)	6.06m	12.19m	12.19m
	幅(W)	2.43m	2.43m	2.43m
	高さ(H)	2.59m	2.59m	2.89m
内寸	長さ(L)	5.92m	12.05m	12.05m
	幅(W)	2.34m	2.34m	2.34m
	高さ(H)	2.38m	2.38m	2.68m
自重	Tare Weight	1,790kgs	2,870kgs	3,000kgs
最大総重量	Gross Weight	24,000kgs	30,480kgs	30,480kgs

コンテナ輸送のポイントは大きさと種類を上手に組み合わせること。

●コンテナの種類

輸出者または輸入者はコンテナの種類と特色を理解し、輸送する貨物や商品の特性を考慮して、利用するコンテナを選択することが大切です。

●ドライコンテナ（Dry Container）

一般雑貨や電気製品などを輸送する、最も普及しているコンテナです。

コンテナ貨物の約9割がドライコンテナで輸送されています。スタンダードコンテナとも呼ばれます。

●冷凍コンテナ（リーファーコンテナ：Reefer Container）

冷凍貨物・冷蔵貨物を専門的に運ぶコンテナ。通常の冷凍コンテナは＋20℃から－20℃までの温度の設定ができます。

冷凍コンテナには、冷凍機が内蔵され、温度設定が必要な生鮮食料品などを輸送するのに利用されます。

●オープン・トップ・コンテナ（Open Top Container）

コンテナの屋根の部分を開くことができるように設計されているコンテナです。通常のコンテナに入りきれない機械類などの大型貨物を輸送するのに適しています。

●フラット・ラック・コンテナ（Flat Rack Container）

ドライコンテナの屋根と側壁を取ったコンテナで機械類や木材など長尺物や重量物の輸送に適しているコンテナです。

フォークリフトやクレーンを利用し、貨物をコンテナの前後左右または上部から荷役して、積み付けることになります。

●タンクコンテナ（Tank Container）

　化学薬品や油類を輸送するためにタンクを備えたコンテナです。

　フレームの内側にタンクを固定した形になっています。液体の化学薬品や濃縮果汁、油類、原酒（モルト）などの輸送に用いられ、20フィートコンテナが主流。

●バルクコンテナ（Bulk Container）

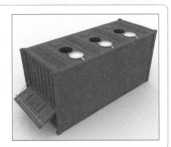

　飼料やモルトを輸送するのに適しているコンテナです。

　天井に詰め込み用のハッチ、ドアの下部に取り出し用のハッチ、天井に3つのマンホールが取り付けられています。

●冷凍コンテナ（リーファーコンテナ）の設定温度

　冷凍コンテナは冷凍品・冷蔵品の輸送には適していますが、輸送中の設定温度をしっかりと理解することが重要です。

●代表的な冷凍貨物・冷蔵貨物の標準設定温度

貨物の種類	設定温度
海老や蟹などのシーフード	−25℃から−20℃
アイスクリーム	−23℃から−15℃
魚・冷凍牛肉	−23℃から−15℃
豚肉・馬肉・羊肉	−23℃から−15℃
冷凍野菜・冷凍果実	−18℃以下
バター	−18℃以下
レタス・ブロッコリー	−1.7℃から−1℃
桃	0℃
チーズ	3℃から4℃
グレープフルーツ・オレンジ	10℃から13℃
ワイン	15℃から20℃
チョコレート	15℃から20℃

SECTION 04

関連する人・物

コンテナ船　船会社

コンテナ船の輸送に関連する施設

コンテナ荷役では独特の施設があり工夫された作業が行われているのだ。

コンテナターミナルを中心とした施設の機能

コンテナ船の輸送においては、各地の港にある特色のある施設を利用します。それぞれの施設の名称はもちろん、機能や用途をしっかりと理解する必要があります。

コンテナターミナル（Container Terminal）は、コンテナ輸送における海上輸送と陸上輸送の接点である港湾地区に位置する、本船荷役、コンテナの保管、コンテナの受け渡しを行う場所です。

ゲートは荷主と船会社の輸送責任の分岐点になる重要な場所

ゲートはコンテナターミナルの出入り口です。ただし、単なる出入り口ではありません。ここは、「荷主」と「船会社」の輸送責任の分岐点になる場所です。

ゲートでは、実入りのコンテナや空（から）のコンテナが出入りする際に、必要な書類の受け渡しを行う場所であり、さらにコンテナの重量の計測、チェッカーによるコンテナの外部状態の確認、点検を行う場所でもあります。このような作業が慎重に行われ、コンテナが搬出入されます。

このチェックの際に使用される書類が EIR（Equipment Interchange Receipt、機器受渡書）と呼ばれる書類です。これは、荷主とCYオペレーターとの間で、コンテナの確認作業が行われ、コンテナの外装状態やコンテナに関する情報を記載した証明書です。

●コンテナターミナルの施設

コンテナヤード（CY：Container Yard）

コンテナの受け渡しや保管を行う場所のことです。一般的には、コンテナヤードの中にはマーシャリングヤードとエプロンが含まれます。

コンテナ・フレイト・ステーション（CFS：Container Freight Station）

LCLの小口の貨物の受け渡しや保管を行う場所。複数の輸出者の貨物をコンテナに積み込んだり、コンテナから貨物を取り出したりして、荷主ごとに保管・管理する施設。

岸壁（Wharf）

コンテナ船を接岸させる岸壁のことです。コンテナターミナルの大きさは、おおよそ長さが300mで水深は15mほどあります。

コントロール室（Control Tower）

コンテナターミナル全体のオペレーションを統括する司令室。コンテナの搬入出・保管・本船への積み込みなどの計画や指示・監督を行います。

冷凍コンテナ用電源施設

冷凍コンテナを保管する特別な場所のことです。

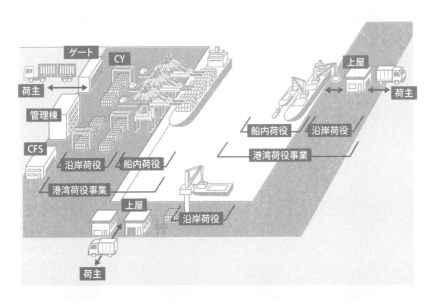

●コンテナヤードの施設

コンテナ船へ積み込むコンテナを蔵置または配置してある場所。輸出の場合は本船の船積み荷役がスムーズに行えるように、荷役の順番にコンテナを配置しています。そのためには広大なスペースを有し、エプロンに隣接しています。

岸壁とマーシャリングヤードの間に位置する部分を総称的にエプロンと呼びます。ガントリークレーンが設置されています。

マーシャリングヤード

エプロン

●コンテナヤードで使われる機械設備

ガントリークレーン（Gantry Crane）

コンテナを本船に積み込むときに用いる大型のクレーン。エプロン上のレールを走り、伸縮するスプレッダーにより、コンテナを吊り上げて荷役作業を行います。

ストラドルキャリア（Straddle Carrier）

コンテナヤード内のコンテナの移動やトレーラーへのコンテナの積み付けに使用する特殊な機器です。コンテナを跨いで両輪の間に抱えて運搬します。

ガントリークレーンによる作業

　コンテナ船にコンテナを積み付けるにはガントリークレーンを使用します。ガントリークレーンのオペレーター（ガンマンとも呼ばれる）は高度な技術を有しており、的確に荷役作業を行います。

　具体的には、地上約40メートルの高さにある運転室に座り、コンテナの天井の四隅を掴むスプレッダーと呼ぶ装置がロープの先についていて、眼下のコンテナをしっかりと掴みます。掴んだコンテナを40メートル近く引き上げて、本船の予定されているポジションに移動させます。短時間に正確に行われるこの作業はひとつの匠の技と言えます。

海上運賃の基礎知識

海上輸送の運賃は基本運賃の
ほかに、サーチャージもかかるのだ。

海上運賃ではどちらが船内荷役費用を負担するかを決めておく

海上運賃とは、荷送人へ船会社が提供する輸送サービスの対価のことです。通常、貿易条件により、輸出者または輸入者が運送人である船会社に海上運賃を支払うことになります。

海上運賃には積み地、揚げ地での「船内荷役費用」をどちら側が負担するかにより、バースターム（Berth Term）、FIO（Free In and Out）、FI（Free In）、FO（Free Out）の4つの運賃条件があります。

海上運賃は「基本運賃＋割増運賃」で決定される

海上運賃は、一般的に基本運賃（Base Rate）と割増料金（Surcharge）から構成されます。

基本運賃（Base Rate）は、海上運賃の基本となる運賃です。大きく分けてコンテナ単位の料金であるボックスレート（Box Rate）と、貨物ごとに料金を決める品目別運賃（Commodity Rate）があります。また、貨物が少なくて運賃が一定額に達しないときのための最低料金（Minimum Charge）も設定されています（詳細は142ページ参照）。

割増料金（Surcharge）は、基本運賃を補うために決められている追加料金のことです。これは航路ごとに細かく決められたものがあるので注意します（詳細は144ページ参照）。

● 運賃の負担の方法

バースターム（Berth Term）

貨物の積み地および揚げ地の船内荷役費用を運送人（船会社）が負担する条件。定期船の輸送は、不特定多数の荷主が存在し、それぞれの荷主が自分の手で貨物の船積みなどを行うことが不可能なことから定期船の運賃条件はバースタームが一般的となります。

FI（Free In）

積み地における船内荷役費用は荷主が負担します。揚げ地の船内荷役費用は運送人（船会社）が負担する条件。このFI条件は条件は鉄鋼製品の輸送によく使われます。

FIO（Free In and Out）

積み地と揚げ地の両方の船内荷役費用を荷主の手配と費用で行う条件。不定期船では、単一荷主の単一貨物を輸送する場合が多いため、荷主側で荷役の手配をします。

FO（Free Out）

積み地の船内荷役費用を運送人（船会社）が負担する条件。揚げ地の船内荷役費用を荷主負担する条件。

● 海上運賃の表現方法

　B/Lなどの書類に海上運賃に関する表現があります。「Freight Prepaid」とある場合は、荷送人（輸出者）が輸出地で海上運賃を支払います。船荷証券を受領する際に、海上運賃を運送人に支払います。「運賃前払い」や「運賃元払い」ともいいます。
　「Freight Collect」は、荷受人（輸入者）が揚げ地において、貨物を引き取るために運送人に海上運賃を支払います。「運賃着払い」ともいいます。

SECTION 06

海上運賃の基本的な構成①
基本運賃（Base Rate）

関連する人・物

船会社　NVOCC

FCL貨物では通常はボックス
レートが使われるのだ。

コンテナの運賃では「品目無差別ボックスレート」がよく使われる

　海上コンテナで貨物を輸送する場合、海上運賃は貨物の量に関係なく、「コンテナ1本あたりいくら」と決めています。これを「ボックスレート（Box Rate）」と呼びます。ボックスレートには「品目無差別ボックスレート（Freight All Kinds Rate）」と「品目別ボックスレート（Commodity Box Rate）」があり、一般的には品目無差別ボックスレートがよく利用されます。

　品目無差別ボックスレートは貨物の量や種類に関係なくコンテナ1本あたりいくらと設定されている運賃です。もう片方の品目別ボックスレートは、品目を運賃同盟のタリフに準拠してそれぞれ個別に設定した運賃です。

貨物ごとに運賃が決まるものもある

　品目別運賃（Commodity Rate）は、貨物の品目ごとに設定された運賃です。計算方法は運賃率に該当する貨物のトン数（品目によっては容積の場合や重量の場合もあり）をかけて計算します。

　運賃同盟のタリフの運賃率は品目別に何ドルと表示されています。さらにその横に運賃率用の重量を基準にする場合は「W」と容積を基準にする場合は「M」と文字で表しています。

　雑貨などの運賃の場合、「W/M」と記載される場合が多くあります。これは「ウエート・オア・メジャー」と呼ばれ、容積と重量のどちらか大きいほうの値を単位とすることを意味しています。大部分の貨物は容積のほうが大きくなります。

　貨物量が少なく基本運賃の一定額に達しない場合には「最低料金（Minimum Charge）が適用されます。通常は「B/L1件あたりいくら」と設定されています。

MEMO　タリフ（Tariff）とは運賃表のこと。定期船では、運賃同盟が品目ごとに適用する運賃率であるタリフレート（Tariff Rate）を決めている。

●運賃の建値

　定期船の海上運賃の単位は、貨物の形態、種類、価格などにより異なります。この海上運賃の計算の基準となる単位を「運賃建て」と呼んでいます。運賃の建値には次のものがあります。

容積建て運賃 （Measurement Basis）	貨物の「容積」を運賃算定の単位とします。1立方メートル（Cubic Meter、1m³）、または1メジャートン（Measurement Ton）を基準に運賃率を決めます。算定基準をどちらかにするかは、同盟により異なりますが、1立方メートルを基準とするほうが主流のようです。
重量建て運賃 （Weight Basis）	貨物の「重量」を運賃算定の単位とするもので、容積に比べて重量のほうが大きい、鋼材などに利用されます。1トン（重量トン）を基準にして、海上運賃を計算します。1トンは原則1メトリック・トン（1000kgs）を1重量トンとします。ただし、それ以外に1ロング・トン、1ショート・トンもあるので注意が必要（85ページ参照）。
梱包建て運賃 （Piece Package Unit Basis）	自動車や重量機材などの運賃は、「1台につきいくら」と規定しています。

　その他として、従価立て運賃「ad valorem」があります。これは、貴金属などの高価格商品に適用される建値で、価格を基準に運賃率を乗じて運賃を計算します。一般的にはFOB価格（82ページ参照）を用います。これは定期船の運賃だけに見られる計算方法です。

●ボックスレートを上手に利用するには

　ボックスレートはコンテナ1本あたりの海上運賃を指しますが、このボックスレートを上手に利用するには工夫が必要です。つまり、船会社はコンテナ1本を運ぶのにいくらと海上運賃を設定します。コンテナの中に貨物がいくつ入っていても構いません。しかし、海上運賃を支払う輸出者または輸入者にとっては、コンテナの中に貨物をいくつ入れたかにより、ひとつの貨物あたりの海上運賃が変わってきます。

　たとえば、20フィートのドライコンテナのボックスレートが1000ドルとします。船会社には1000ドル支払いますが、コンテナの中に貨物をひとつしか積まなかったら、1個あたり1000ドルです。しかし、1000個の貨物を積めば、1個あたり1ドルで運ぶことができます。コンテナの中に効率よく積載することにより、1個あたりの海上運賃を安くすることができるのです。

MEMO　運賃同盟とは、特定の航路で定期船を運航する船会社によって結成される組織で海運同盟とも呼ばれる。運賃やサービスについて協定が結ばれている。

SECTION **07**

海上運賃の基本的な構成②
割増料金（Surcharge）

関連する人・物

船会社　NVOCC

サーチャージは航路ごとで
設定されていて、よく変わるのだ。

サーチャージは航路やさまざまな条件で発生する

　割増料金（サーチャージ、Surcharge）は航路ごとに細かく決められたものがあるので注意します。代表的な割増料金としては、次のようなものがあります。

- CAF（Currency Adjustment Factor、通貨変動調整係数）
  為替レートの急激な変動に対応して調整される割増運賃のことで、通常は運賃の総額に対して一定のパーセントをかけたもの、あるいはコンテナ1本あたり何ドルと表示されます。
- BAF（Bunker Adjustment Factor、燃料費調整係数）
  燃料の価格の急激な変動に対応して調整される割増運賃で、燃料油の高騰に対処するものです。
- FAF（Fuel Adjustment Factor、燃料費調整係数）
  アジア航路でBAFの代わりに使用されます。
- EBS（Emergency Bunker Surcharge、緊急燃料費割増料金）
  原油の高騰に伴い、今までのBAFとは別に、燃料費がかさむリスクを荷主に負担してもらうために設定した割増料金です。
- Documentation Fee（書類作成料金）
  船積書類作成にかかる諸費用をカバーするための割増運賃です。
- YAS（Yen Appreciation Surcharge、円高損失補填料金）
  円高の対策としてアジアの同盟および協定が導入した為替用の割増運賃です。
- THC（Terminal Handling Charge、ターミナル・ハンドリング・チャージ）
  コンテナヤードでの、空コンテナの回送などの経費をカバーする目的で導入された割増料金です。

●航路別特徴的なサーチャージ

- Panama Canal Transit Fee
  パナマ運河を通航するために必要な通行料を補うための割増料金。

- Peak Season Charge
  北米向け貨物は特に、12月のクリスマスシーズンに向けて6月から11月に増加する傾向がある。そこでこの時期に増加するコストを補うために作られた割増料金。

- Customs Advanced Information Charge
  アメリカに到着する貨物は、その貨物の積み地において、船積み24時間前までに、貨物明細をアメリカの税関に提出しなければならない。そのための費用。

アジア・欧州航路

- General High Cube Additional
  9フィート6インチのハイ・キューブ・コンテナ（背高海上コンテナ）を使用した場合の割増料金。

- Inland Haulage Tariff
  トラック、鉄道、はしけ（Barge）を使った内陸輸送費用。

南米・アフリカ・大洋州航路

- Port Congestion Surcharge 船混み割増料金
  船混みが激しく碇泊期間が長きにわたる港に仕向けられる貨物について、臨時的に徴収される割増料金。

CHAPTER

6

海上輸送

●THC（Terminal Handling Charge）

　THCは、現在輸入地で輸入者が支払うことになっています。20フィートコンテナ1本あたり32,000円前後、40フィートコンテナあたり47,000円前後です。

　月に多くのコンテナ単位で商品を輸入する企業にとっては大きな金額になるので注意が必要です。

航空貨物って　何?

50代　男性　国際航空貨物代理店社員

　30年前に入社した会社は国際航空貨物代理店でした。海上輸送であればコンテナを積載した貨物船やコンテナヤードがすぐにイメージできましたが、航空貨物についてはせいぜい「郵便物、新聞、旅行者の手荷物のたぐい」との推測しかありませんでした。

　入社後は種種雑多な貨物を航空貨物として全世界に運ぶために、貨物専用機やチャーター便が飛んでいることを知り、改めて奥深い世界であることを認識しました。入社当時は日本の半導体の技術革新が目覚ましく、航空貨物としては、半導体はもちろんの事、電気製品が航空貨物として輸送されていました。特にコンピュータ、CD、LDなどの音響製品、通信機などの完成品、その後のソフト（ゲーム、CD、LD）が全世界を席巻していたのです。

　幾度かの経済危機、多くのメーカーが海外へ工場進出したことなどにより、日本発の航空貨物量が減少し心配していたのですが、昨年（2017年）は年間の航空貨物の重量が2011年以来6年ぶりに100万トンを上回りました。現在の日本発の貨物は車関係、リチウム電池部材などが中心になっており、海外進出していた工場の一部が日本に戻ってくる兆候も見られます。

　日本経済の成長とともに、航空貨物量が増大し続けることを願いながら、毎日の業務に追われています。

CHAPTER

7

航空輸送と国際複合輸送

航空貨物輸送の特色

海上輸送と比べて圧倒的に輸送時間が短いのだ。

航空貨物は「スピード」と「定時性」に優れた輸送方法

航空貨物輸送に適する貨物（商品）には特色があります。付加価値の高い電子機器、通信機器、IC関連機器、高度な精密機械などが筆頭として上げられますが、そのほかにも、ダイヤモンドや金に代表される貴重品、短時間に輸送しなければならない生鮮食料品、緊急性の高い新聞や雑誌などがあります。

航空貨物輸送は「スピード」と「定時性」に特色がある輸送方法です。資源エネルギーや大型貨物、特殊貨物を除いた輸出入商品の大部分を航空機による、航空貨物輸送が可能となりました。取り扱う貨物（商品）は多種多様に広がっています。航空貨物輸送が増加している要因としては次のようなものがあります。

①航空貨物輸送の最大の特色である「スピード化」が強く求められたこと
②大型フレイター(貨物専用機)の登場による、大量の貨物輸送の実現
③商品の高付加価値化と軽量短小化による「運賃負担力のある商品」の増加
④サンプル商品・ファッション商品・生鮮食料品などの航空輸送の需要増加

空港はアルファベット3文字の「空港コード」で表される

航空輸送の施設としてまず頭に浮かぶのが空港です。空港を簡素に表すのが空港コードです。空港名をアルファベット3文字の略字で表記します。

●空港コードと空港名の例

空港コード	空港名	空港コード	空港名
AMS	アムステルダム(オランダ)	LAX	ロサンゼルス(アメリカ)
ATL	アトランタ(アメリカ)	LHR	ロンドン(ヒースロー、イギリス)
HKG	香港(中国)	NRT	成田(日本)
HND	羽田(日本)	ZRH	チューリッヒ(スイス)

MEMO　フレイターとは、貨物を輸送するための目的で製造された航空機。フレイターの登場により大量の貨物を航空輸送することが可能となった。

●航空貨物輸送の対象品

●航空貨物輸送と海上輸送の比較

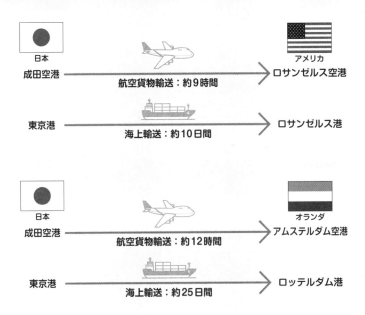

SECTION 02

航空貨物の種類

関連する人・物

航空機　航空会社　混載業者

航空貨物は大きく「一般航空貨物」
「チャーター貨物」にわかれるのだ。

航空会社と契約する「直送貨物」、混載業者と契約する「混載貨物」

　一般航空貨物には「直送貨物」と「混載貨物」があります。

　「直送貨物」とは、「荷送人」と「航空会社」の間で運送契約を結び航空輸送する貨物です。貨物は航空会社発行のAir Waybill（AWB：航空貨物運送状）により運送されます。通常は航空貨物代理店が書類や貨物をピックアップし、航空会社の代理でAir Waybillを発行します。直送貨物は、原則的に「空港から空港まで」の運送です。

　「混載貨物」とは、「荷送人」と「混載業者」との間で運送契約を締結し、混載業者の責任により輸送される貨物です。貨物は混載業者の発行するHouse Air Waybill（HAWB）により運送されます。多くの混載業者は空港から空港までの運送に加えて、地上での集配業務を一貫して行うサービスも提供します。混載業者は「利用航空運送事業者」または「エアー・フレイト・フォワーダー」とも呼ばれます。

ひとりで航空機の貨物スペースを買い上げる「チャーター貨物」

　チャーター貨物（Charter Cargo）は、ひとりの荷送人が航空機の貨物スペースを全部買い取り、荷送人の貨物を輸送します。特定荷主の大量の貨物を一括で特定の区間を輸送する場合や、定期便が運航していない地点を大量の貨物や特殊な貨物を輸送する場合に利用されます。

　国際宅配便は、書類や小型貨物、少額の貨物の輸送を「ドア・ツー・ドア」のサービスで提供します。インテグレーターにより輸送され、料金は「パック料金」で、運送費、その他の費用をすべて含みます（162ページ参照）。

MEMO　チャーター便とは定期便では対応できない貨物の需要に対して、航空機を借り切って運送する輸送形態。
チャーター（Charter、貸切運送）とは航空機を所有するCarrierと航空機を利用する人との間の貸借関係のこと。

●航空貨物の種類

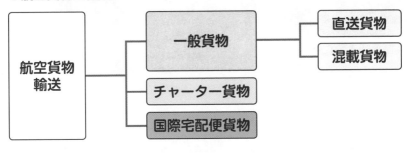

●航空貨物の担い手

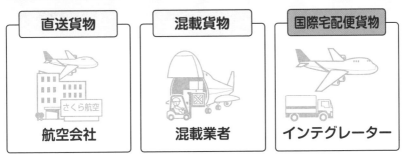

航空貨物運送状のことを我が国では「Air Waybill」と呼ぶけど、アメリカやヨーロッパでは「Air Consignment Note」と呼ばれるのだ。

成田空港は「成田市場」と呼ばれる

　今や航空貨物輸送によってさまざまな商品が運ばれます。世界中の高級食材が成田空港に届けられています。果実、海老、松茸、キャビア、高級ワイン、肉などの食材が世界中から取り寄せられ、我が国の食通を満足させています。成田空港が「成田市場」と呼ばれる理由でもあります。

SECTION 03

航空機への搭載

関連する人・物

航空機

ローダーやULDの活用により短時間に
貨物の積み込みができるのだ。

貨物はコンテナやパレットに梱包され、航空機に積み込まれる

　航空機への貨物の積み込みは「搭載機（ローダー、Loader）」と呼ばれる装置を
使用します。旅客機の場合は、座席の下にある「下部貨物室（ベリー、Belly）」に
貨物を入れます。また、貨物専用機には下部貨物室のほかに「上部貨物室（メイン
デッキ、Main Deck）」があります。なお、貨物室の床面には、コンテナやパレッ
トを自動で奥へ移動させる装置が装備されています。

　貨物はコンテナやパレットなどのULD（次セクション参照）の形にあらかじめ梱
包し、ローダーを使用して航空機へ搭載していきます。

航空機への貨物を積み込む方法は３種類ある

　航空機への貨物の搭載方法には、「バルク・ローディング・システム」「パレット・
ローディング・システム」「コンテナ・ローディング・システム」の３つがあります。

• バルク・ローディング・システム

　貨物を人の手により、直接、貨物室に積み込む方法です。旅客機の下部貨物室へ
はこの方法で搭載します。

• パレット・ローディング・システム

　パレットに貨物を載せて、さらにネットをかぶせて貨物を固定し、貨物室へ搭載
する方法です。この方法により、貨物の破損や荷崩れが防止できます。

• コンテナ・ローディング・システム

　貨物を航空貨物用のコンテナに詰め込んだ状態で、貨物室へ搭載する方法です。

MEMO　ローダーとは、貨物を航空機に積むための搭載機器のこと。通常、航空貨物はコンテナやパレットにまと
めた貨物（ULD）にして、ローダーを使用して航空機へ搭載する。

152

●航空機

左は貨物専用機
（フレイター）

●貨物室の呼び方

メインデッキに積み込まれたULD（パレット）

- 貨物室（**Cargo Compartment**）
  貨物室は場所により上部貨物室（メインデッキ）と下部貨物室（ベリー）に分けることできます。

- 上部貨物室（メインデッキ、**Main Deck**）
  貨物専用機の上部の貨物室。

- 下部貨物室（ベリー、**Belly**）
  旅客機、貨物専用機の下部の貨物室。ベリーには、前方貨物室と後方貨物室があります。

- 上部貨物室用コンテナ（**Main Deck Container**）
  貨物専用機の上部貨物室搭載用コンテナ

- ベリーコンテナ（**Belly Container**）
  旅客機、貨物専用機の下部貨物室に搭載されるコンテナのことで「Carrier's Container」ともいわれます。

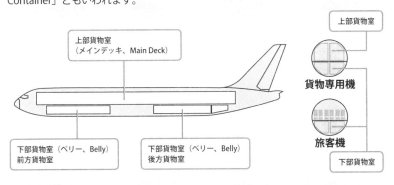

上部貨物室（メインデッキ、Main Deck）

下部貨物室（ベリー、Belly）前方貨物室

下部貨物室（ベリー、Belly）後方貨物室

上部貨物室

貨物専用機

旅客機

下部貨物室

SECTION 04

航空貨物とULD

関連する人・物

航空機

航空貨物輸送では貨物をULDに
まとめて効率的に運ぶのだ。

航空機に積み込む貨物はULDにまとめられる

　航空貨物を効率的に積載する工夫があります。そのひとつがULD（Unit Load Device、ユニット・ロード・デバイス）です。ULDとは「搭載用具」のことで、コンテナやパレットを指す場合と、コンテナやパレットに詰められた貨物の状態を指す場合とがあります。

　航空会社所有のULDは、一定期間、「荷送人」または、「荷受人」に貸し出します。

使用するコンテナやパレットのサイズはIATAのルールに統一

　一般的な貨物を航空輸送する場合はコンテナやパレットを使用します。コンテナやパレットのサイズは国際航空運送協会（IATA、International Air Transportation Association）のルールで統一されています。航空機の貨物室の床面には、IATA規制に従ったコンテナやパレットを自動で中に送り込む装置があります。

　ただ特別な貨物を輸送する場合は、その貨物の特色を活かすための特殊なコンテナやパレットが用意され、さまざまな工夫が施されています。

・冷蔵コンテナ（Refrigerated Container）

　生鮮食品を輸送するのに適しているコンテナです。生鮮食料品の低温輸送のために開発され、ドライアイスを活用した冷却方式を採用しています。電源の必要はありません。

・ホースストール

　競走馬や牛などの大型な動物を運ぶためのコンテナです。

F1用のレーシングカーや国際G1レースに出馬する
競走馬も航空貨物輸送が使われるのだ。

●ULD

コンテナ

パレットに詰められた貨物

ULDはローダーを使って貨物室に搬入される

●航空貨物輸送で使われる用語

貨物 →
ビルドアップ
（Build Up）
貨物をULDに
積み付けること

→ ブレイクダウン
（Break Down）
ULDを解体して
貨物を取り出すこと
→ 貨物

●航空機と航空貨物

　航空機の中の限られたスペースに航空貨物を効率よく積載するための工夫が施されています。そのひとつがULDです。また、次のようなことにも注意しています。

重量管理 (Weight Control)	航空機に搭載される搭載物の重量を管理すること
容積管理 (Space Control)	航空機に搭載される搭載物の容積を管理すること

| SECTION | 05 |

混載貨物の流れ
（輸出・輸入）

関連する人・物

航空機　　混載業者

一般貨物のほとんどが
混載業者による混載貨物なのだ。

混載貨物では混載業者が貨物を集め、航空会社が輸送する

　混載貨物は混載業者が荷送人（輸出者）と運送契約を締結して貨物輸送するものです。混載業者は自ら航空機を所有しているわけではないため、実物の貨物輸送は航空会社に委託することになります。混載貨物は荷送人（輸出者）と混載業者、混載業者と航空会社の2つの輸送契約に基づきます。

日本の航空貨物の9割が混載貨物

　輸出の際は、混載業者は貨物をそれぞれに荷主（輸出者）から集荷した貨物を混載貨物に仕立てて航空会社に渡します。貨物は航空会社の手により航空機に搭載されます。日本発の貨物に関しては、約9割が混載貨物といわれています（具体的な流れは右ページ）。

　輸入の際は、混載業者は混載貨物を搭載した航空機が到着空港に到着してから具体的な作業を開始します。混載貨物の仕分けを行い、通関手続きを開始します。荷主ごとにさまざまな手続きを経て、配送までの業務を行うことが多くあります（具体的な流れは158ページ）。

多くの混載業者がサービスや運賃を
競い合い航空貨物輸送を行っている。

● 混載貨物の流れ（輸出）

❶書類のピックアップ

混載業者は輸出貨物に関する指示書である Shipping Instructions（出荷指示書）、Invoice（送り状）、Packing List（包装明細書）などの書類を荷送人から受け取り、内容をチェックする

❷貨物の集荷・ターミナルへの搬入

混載業者が貨物を集荷し、混載業者の施設やターミナルに搬入

❸搬入後の業務

混載業者は必要に応じて梱包作業を行う。混載貨物には、ハウス用の「HAWBラベル」とマスター用の「MAWBラベル」を貼り、検量・爆発物検査を行った後に保税蔵置場へ搬入する

❹輸出通関手続き

通関業の免許を有している混載業者が税関に対し輸出申告手続きを行い、輸出の許可を得る

❺Air Waybillの作成・発行

混載業者は Shipping Instructions（出荷指示書）をもとに、検量結果を踏まえて、House Air Waybill を発行する

❿搭載完了後の業務

輸出貨物の搭載が完了したのち、マニフェスト、House Air Waybill などの必要書類を収めた書類送達用カバン（Document Pouch）を航空機の担当者に引き渡す

❾搭載

輸出貨物は搭載計画に従い、積み付けエリアに集められ、搭載準備ののち、待機エリアに送られて、航空機に搭載される

❽空港への運送

混載業者の保税蔵置場で通関された貨物は、各混載業者の手配により空港内の航空会社の上屋へ搬入される。航空会社は空港で貨物と書類を受け取るとともに、輸出貨物の受託確認を行う

❼貨物の積み付け

輸出の許可を受けた貨物をパレットやコンテナなどに積み付ける作業を行う

❻混載を仕立てる

送り先が同一である貨物を集め、混載を仕立てる。混載仕立作業が終了すると、混載マニフェスト（混載目録）を作成する

●混載貨物の流れ（輸入）

❶航空機の到着

航空機が日本の空港に到着すると、輸入貨物がULDの形で取り出される

❷保税蔵置場への貨物搬入

輸入貨物はULDに積み付けられたまま輸入上屋（保税蔵置場）に搬入され、ULDから貨物が取り出される（ブレイクダウン）

❸書類の引き渡し

航空会社から混載業者へ、Air Way bill（航空貨物運送状）、Invoice（送り状）、Packing List（包装明細書）などの必要書類が引き渡される

❼輸入貨物の配送

税関から輸入許可を得ると、該当する貨物を荷受人である輸入者の指定場所まで配送する

❻輸入通関

混載業者や荷受人から依頼を受けた通関業者は、該当する貨物が保税地域に搬入されていることを確認。搬入確認が終わると、輸入通関手続きを開始する

❺情報提供などのサービス

混載業者は荷受人へ貨物の到着案内を連絡する。運賃が着払いの場合は、運送状に運賃が発地国の通貨で記載されていることが多いため、ここで円貨に換算する手続きなどを行う

❹混載仕分業務

混載業者は引き取った書類をHouse Air Waybillごとに仕分けする。ブレイクダウンされた貨物は輸入上屋に搬入され、混載業者はそこで混載マニフェスト（積荷目録）に記載されている内容と搬入された貨物の付け合わせ作業を行う。付け合わせ作業では、個々の貨物の照会、点検、仕分け、個数確認、ダメージ確認などが慎重に行われ、さらに特別な保管が必要な場合などはその旨を確認し記載する

●ブレイクダウンされた輸入貨物の取り扱い

ULDなどの搭載用具から取り出された輸入貨物は「小型貨物」「通常貨物」「重量貨物」「大口貨物」「特殊貨物」に仕分けされます。また、貴重品や危険品、冷蔵品はそれぞれ指定された場所に保管されます。

●ドリー（Dolly）

空港でよく目にする、航空貨物を詰め込んだULDや航空貨物コンテナを施設から航空機まで輸送する際に利用されるトレーラーです。「荷台」とも呼ばれます。空港ではドリーを複数連結してけん引します。

●ガーメントコンテナ（Garment Container）

衣料品を輸送するための専用コンテナ。コンテナ内の上部に金属パイプが通され、このパイプに結び目を付けたロープが下げられています。パイプまたはロープに洋服のハンガーを吊り下げ、衣類を掛けて輸送できるようになっています。これは海外で生産された婦人服やスーツなどに「しわ」が付かないように輸送できる工夫です。

「Non Delivery」とは、さまざまな理由により、到着地で貨物の引き渡しができなくなったときのこと。航空会社や混載業者は直ちに荷送人に連絡し、処理方法を確認するのだ。

航空貨物運賃

一般貨物用運賃は世界を3つの
地域に分けて設定されているのだ。

運賃は「一般貨物用運賃」と「混載貨物用運賃」の2種類

　航空運賃には「一般貨物用運賃」と「混載貨物用運賃」の2種類があります。「一般貨物用運賃」とは、IATA（国際航空運送協会、154ページ参照）の運賃調整会議の決定に従い、各国の政府が許可した運賃のことです。IATAに加盟している民間航空会社はこの運賃を採用し、全世界の地域を「AREA I」「AREA II」「AREA III」の3つの地域に分割し運賃を設定しています。

　一方、「混載貨物用運賃」とは、混載業者（利用運送事業者）が独自に決めた運賃のことです。それぞれの混載業者により、異なった運賃を設定し、各社それぞれ、料金体系とサービスを競っていいます。

航空貨物運賃は、「空港」から「空港」までの料金が原則

　航空貨物運賃には、Volume Charge（容積料金）、Weight Charge（重量料金）、Valuation Charge（従価料金）、Minimum Charge（最低料金）といったいくつかの基準があります。

　また、航空貨物運賃は、「空港」から「空港」までの料金が原則です。つまり、「集荷」「梱包」「保管」「通関」「配送」などの料金は含まれません。料金は出発地の通貨で表示されます。

混載貨物用運賃は混載業者により独自に決められているので、
魅力的な運賃を利用することが可能なのだ。

●IATA規則に基づく地域区分

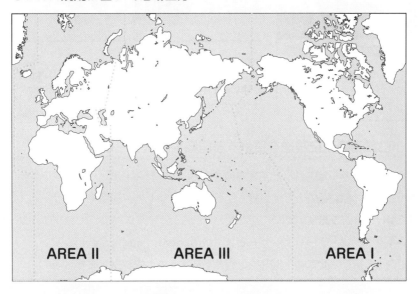

●主な航空貨物運賃の基準

基準	解説
Volume Charge（容積料金）	貨物の容積にもとづいて算出される輸送料金です。6000立方センチメートルを1キログラム、166立方インチを1ポンドとして、容積を重量に換算します。
Weight Charge（重量料金）	貨物の重量にもとづいて算出される輸送料金のことです。通常、重量段階ごとに何種類かの運賃があり、重量が重くなるほど1キログラム当たりの運賃が安くなります。
Valuation Charge（従価料金）	荷送人が航空会社に対して申告した商品価格に応じて課せられる運賃です。申告価格が1キログラム当たりUS\$20.00を超えると、その超過した部分に対して一定の比率で料金が計算されます。
Minimum Charge（最低料金）	貨物の重量が少なく、賃率に重量を掛けて得た運賃が一定額に満たない場合その一定額を最低料金とした運賃のことです。

SECTION 07

国際宅配便サービス

今や多くの商品に国際宅配便が
使われ、身近なサービスになった。

小口貨物の航空輸送を提供する国際宅配便サービス

　国際宅配便サービスは、航空貨物輸送において、特にドア・ツー・ドアで輸送する小口貨物の航空輸送として目覚しい発展を遂げました。国際宅配便サービスは大きく分けると2つあります。

①ドキュメンツ・クーリエ・サービス（Documents Courier Service）
　書類・設計図・契約書・図面など緊急を有するものを輸送します。

②スモール・パッケージ・サービス（SPS：Small Package Service）
　少量で小型、軽量貨物を輸送します。

扱う貨物は「書類」と「小型・軽量の商品」

　国際宅配便サービスで取り扱う商品は大きくわけて次の2種類があります。ひとつは「書類扱い（Document）」でもうひとつは「貨物扱い（Non-Document）」です。

　「書類扱い（Document）」は、取引先とのやり取りや、本支店間でやり取りされる書類を扱います。具体的には「設計図」「図面」「指示書」「契約書」「マニュアル」などが該当します。

　「貨物扱い（Non-Document）」は、小型・軽量の商品などで、具体的には、パーツ・サンプルや製品などがあります。また、個人使用の軽量商品なども見受けられます。

　国際宅配便サービスはとても便利ですが、すべての商品を運べるわけではなりません。制限のある商品として、国ごとに規制や禁止などのそれぞれ決められていますが、一般的に次のようなものが対象となります。「危険物」「動植物」「貴金属」「遺体」「信書」「有価証券」などです。

●国際宅配便サービスの特徴

1　ドア・ツー・ドア・サービスの提供

集荷から輸出通関手続き、航空機への搭載、着地での輸入通関手続き、配送までを一貫したサービスで行います。

2　運賃が安くて、輸送が早い

国際宅配便の特色は早く輸送することです。

3　一貫輸送の実現

集荷から届け先の企業までをカバーする一貫した輸送体制があります。

4　パック料金の採用

料金を「1kgあたりいくら」と明確に設定し、さらに貨物の集荷や通関手続きなどにかかわる費用をすべて含めたパック料金になっています。

5　Ready for Carriage の徹底

「レディー・フォー・キャリッジ」といわれ、貨物を発送可能の状態で用意する必要があります。つまり荷主（輸出者）は、貨物に何の手も加える必要がなく、そのままで航空機に搭載し発送できる状態で航空会社に渡す必要があります。

6　商品名を保有している

それぞれの国際宅配便業者は独自の商品名を付して、サービスを提供しています。

電子商取引（Electric Commerce）の取り扱いの急増により、国際宅配便はとても身近なものになった。国際宅配便業者は世界的な情報システムを構築し、貨物情報を各社のホームページで公開しているのだ。

SECTION **08**

国際複合輸送

複数の輸送手段を
組み合わせて内陸地点まで
輸送してくれるサービスなのだ。

コンテナを使って海上輸送、陸上輸送、航空輸送を実現

　国際複合輸送（International Multimodal Transport、またはInternational Combined Transport）とは、2種類以上の輸送手段を利用し、ひとつの輸送契約にもとづく2国間の輸送方法のことをいいます。

　国際複合輸送を発展させた最大の要因が、コンテナリゼーションです。今まで国際間の輸送は、船舶による「海上輸送」、鉄道やトラックによる「陸上輸送」、航空機による「航空輸送」がそれぞれ独立した手段として発展してきました。しかし、コンテナリゼーションがこれらの輸送手段を上手に組み合わせて、国際間を一貫して輸送するシステムを構築することができました。

荷主の負担を大幅に軽減する国際複合輸送のメリット

　国際複合輸送のメリットには、次のようなものがあります。

①輸送手段を単一の「複合運送人」（Multimodal Transport Operator）が全区間を手配します。さらに、書類作成や通関手続きなどの付帯業務も行ってくれるため、荷主の負担が大幅に削減されました。

②輸送時間と運賃の選択幅が広がりました。さまざまな輸送手段を組み合わせることにより、多様なニーズに対応できるようになりました。

③輸送中のトラブルや貨物の追跡情報などに対して、一元的な対応が可能となりました。

　国際複合輸送の担い手となるNVOCCにとって重要項目のひとつが、海外ネットワークの構築です。国際複合輸送は異なる輸送手段を最適に組み合わせて効果が上がるものであるため、海外拠点の整備、展開は最重要課題となります。

MEMO 「コンテナリゼーション」とは、異なる形の貨物を国際規格に定められたコンテナに詰め込み、コンテナの特色を活かした荷役や輸送をすること。コンテナリゼーションにより国際複合輸送は大きな発展を遂げた。

●国際複合輸送の仕組みと特徴

利用運送人

NVOCC

NVOCCは輸送手段を自ら持っていませんが、その存在により、多様な輸送ルートが計画され、アジアやアフリカ内陸地までの輸送を請け負うことが可能になりました。さらに、ドア・ツー・ドアのきめ細かなサービスも提供しています。そのほかにも、トータルサービス（書類作成、保管、通関、保険付保）などを提供により、荷主の経費削減に貢献しています。

実運送人

船会社

航空会社

ドレー会社・トラック会社

国際複合輸送で貨物を輸送しているのは、輸送手段を自ら持っている船会社、航空会社、陸運業者（ドレー会社・トラック会社）です。

●国際複合輸送のイメージ

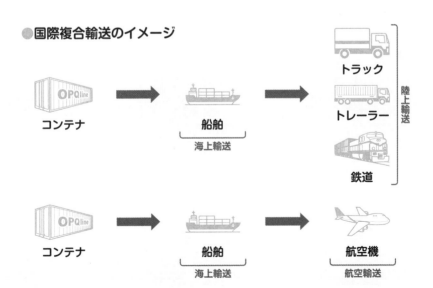

●主な国際複合輸送

●MLB（Mini Land Bridge）

　日本からアメリカ、カナダの西海岸の港まで海上輸送をします。次に、アメリカ、カナダの鉄道により、アメリカの東海岸やメキシコ湾岸の各地点に輸送します。または、カナダの東海岸、モントリオール、トロントまで輸送します。このように「船」と「鉄道」を組み合わせた海陸複合輸送です。

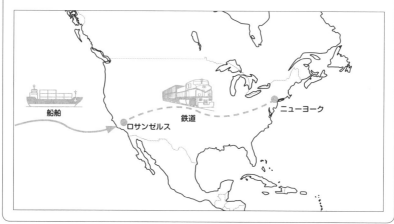

●IPI（Interior Point Intermodal）

　日本からアメリカ、カナダの西海岸まで海上輸送します。次にアメリカ、カナダの鉄道やトレーラーにより、アメリカ、カナダの内陸地点（Interior Point）まで輸送する海陸複合輸送です。

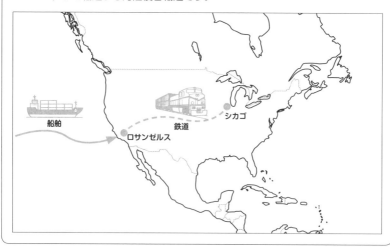

● ALB（American Land Bridge）

　日本からアメリカの太平洋諸港まで船で海上輸送し、アメリカ東岸またはガルフ諸港まで、鉄道輸送のうえ、第二船に接続して、ヨーロッパの各港まで海上輸送する海陸複合輸送です。

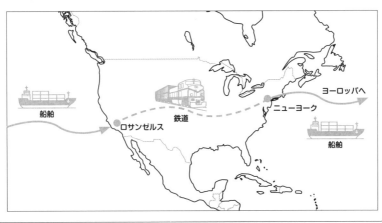

● SLB（Siberian Land Bridge）

　日本の港からロシアの港（ボストチヌイ港）まで船による海上輸送し、シベリア鉄道でモスクワへ、モスクワから鉄道またはトラックでヨーロッパ各地へ輸送します。ボストチヌイ港のコンテナ埠頭には、シベリア鉄道の引き込み線が敷設されており、貨物の積み替えには便利になっています。

　この方法はヨーロッパの内陸を仕向地とする輸送として、海上輸送に比べ輸送距離やコストが大幅に削減できる利点があります。日本からの海上輸送によるヨーロッパ諸国への輸送には35日から40日必要になりますが、このSLBを利用することにより、25日ほどで輸送することが可能となりました。

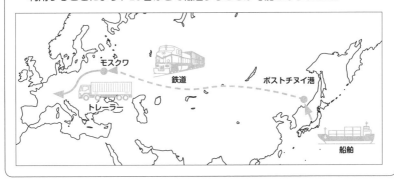

SECTION **09**

シー・アンド・エアー輸送

関連する人・物

コンテナ船　　航空機

海上輸送と航空輸送のいいとこどりを
目指した輸送方法なのだ。

航空輸送と海上輸送を組み合わせてスピードと低コストを実現

　「シー・アンド・エアー（Sea and Air）輸送」とは、国際間の貨物輸送を「海上輸送」と「航空輸送」を組み合わせて行う、海と空の複合輸送です。海上輸送の低コストと航空輸送のスピードをうまく組み合わせたもので、ヨーロッパ向けを中心に盛んに利用されています。

　①輸送の途上で、海上輸送から航空輸送に切り替えを行うため、中継点の設定と役割が重要となります。つまり、「港湾」と「空港」との距離が近く、その間の道路が整備されており、貨物の輸送がスムーズにスピーディに行われることが必要です。

　②海上輸送から航空貨物輸送への手続きが容易に行えること。

　③中継地点となる都市が物流のインフラや情報環境が整備されていること。

　中継地点では本船ごとに、海上輸送から航空貨物輸送への複雑な切り替え手続きを行うことになります。

●シー・アンド・エアー輸送のメリット／デメリット

メリット	デメリット
❶海上輸送だけの利用に比べて、所要日数が大幅に短縮できる。 ❷航空貨物輸送だけの利用に比べ、運賃を安く抑えられる。 ❸目的地の空港に到着するため、海上輸送に比べて、到着後の貨物の引き取り時間を短縮できる。	❶積み替え作業が必要となるので、その分、貨物のダメージが発生しやすくなる。 ❷採算面で充分な満足をするためには、利用する顧客を多く集めなくてはならない。

168

●主なシー・アンド・エアー輸送

●北米西海岸経由ヨーロッパ向け

　日本から北米西海岸の港までコンテナ船で海上輸送する。次に最寄りの空港よりヨーロッパの各都市に航空貨物輸送する。おおよその輸送日数は14日から17日ぐらいである。

●北米経由中南米向け

　日本から北米系経由で南米の国々へ送られる輸送ルート。日本からアメリカの西海岸までコンテナ船で輸送され、西海岸で荷揚げされたのち、マイアミまで転送され、その後カリブ諸国や中南米諸国へ航空貨物輸送される。

　日本からコンテナ船で直接マイアミまで海上輸送され、その後中南米へ航空貨物輸送されるルートも存在する。

「仕事の面白さは、どんなところ?」……聞いてみました

30代　女性　人材企業社員

　私は、貿易業界で働く人に特化した人材企業で働いています。「貿易実務は、主にオフィスで書類を扱ったり、PC操作など机に向かって行う業務がほとんど。だからこそ、実際の現場を見ることができたり、製品や商品に触れることができたときは、とても面白い」と話してくれたことの一部を紹介します。

　船会社の総務で船員さんの勤怠管理の仕事に携わるAさんは、会社の船を実際に見学に行ったとき、色々な気づきがありました。

　「思っていたより天井が低いんだな」とか、「航海士の階層ごとに部屋が分かれている」ことなどです。船内の洗濯機や浴室も見せてもらいました。船が韓国航路だったので船員さんに混じってお昼を食べたときは、韓国料理とキムチが出ました。こんなふうに船で働いているんだと、今までイメージだけだった船員さんの生活ぶりが、具体的にわかり、その後の仕事がスムーズにやりやすくなったそうです。

　実際に自分の携わった商品にふれるのも貿易事務の喜びです。自分が担当したコーヒー豆が、大手コンビニで扱われていることを知ったBさん。この仕事は細かいやりとりを重ねた大変な案件でしたが、手のかかる仕事ほど、かわいく愛着がわくのか、毎朝そのコーヒーを買って出勤するのが日課になっているそうです。貿易実務の世界って面白いんですね。

CHAPTER

8

船積みと輸入荷役

SECTION	**01**	コンテナ船の船積み

関連する人・物

輸出者　　　輸入者

コンテナ船で商品や製品を輸送
する場合には、「FCL」と
「LCL」の輸送形態があるのだ。

コンテナ船の輸送方法には大きく4種類ある

　コンテナ船で商品や製品を輸送する場合は、輸送形態に注意します。コンテナ船での輸送方法は「FCL」と「LCL」に大別することができますが（130ページ参照）、さらにFCLとLCLには、それぞれ主に2種類の輸送形態があります。

　FCL（Full Container Load）の場合は、一般的に「工場バン」と呼ばれるメーカーなどの工場や物流センターで輸出者がバンニングを行ってコンテナヤードに持ち込む方法と、海貨業者の施設に貨物を搬入して梱包やマーキングなどの作業を依頼し、通関手続き後にコンテナヤードに持ち込む方法があります。

　LCL（Less than Container Load）の場合は、「CFS直搬」と呼ばれ、輸出者が輸出貨物を直接CFSに搬入し、通関手続きを行った後に船積みする方法と、海貨業者の倉庫などに貨物を持ち込み通関手続きの後にCFSに搬入し船積みする方法があります。

　輸出者は輸出する貨物のボリュームや特性を考え、4つの方法のうち最適な方法を選択します。また、作業内容や費用、時間なども充分に考慮しなければなりません。

カット日をしっかりと把握することが大切

　海貨業者はまずは本船の正確なスケジュールを船会社に問い合わせ、「カット日（Cut Date）」を確認します。カット日とはコンテナヤードまたはCFSへのコンテナ、貨物、書類の搬入締切日のことです。海貨業者はコンテナ船に貨物を船積みするには、必ずカット日までに必要な手続きを終了させることが必要です。

貨物の量や特性、輸送方法を考えて、
その都度、どの方法を選択するかを決めよう。

●輸出者から見たFCLとLCLのメリットとデメリット

FCL

①輸出者の施設（工場や物流センター）で、輸出者（企業）が自分でバンニングを行い、通関手続きを行った後、商品が積まれたコンテナをコンテナヤードに搬入し船積みする（通称「工場バン」）

メリット　船積みの費用が軽減できる

デメリット　自らバンニングなどの作業を行わなくてはならない。効率よく安全にバンニングする知識やスキルが求められる

②海貨業者の施設でバンニングを行い、通関手続きを行った後、コンテナをコンテナヤードに搬入し船積みする

メリット　梱包やマーキング、検量などの作業を依頼できる

デメリット　費用が多くかかる

LCL

①輸出者が輸出貨物を直接、CFSに搬入し、通関手続きを行った後、船積みする（通称「CFS直搬」）

メリット　海貨業者の施設を利用しない分、コストを削減できる

デメリット　梱包やマーキングの作業を自分で行わなくてはならない

②海貨業者の倉庫などに一度、貨物を持ち込み、通関手続きの後にCFSに搬入し船積みする

メリット　海貨業者での作業やサービスを受けることができる

デメリット　作業料や運送料が余分にかかる

SECTION **02**

コンテナ取り扱いの注意点

関連する人・物

輸出者　輸入者　ドレー会社

> 荷主や海貨業者は、コンテナの
> 取り扱いに充分注意が必要なのだ。

コンテナをピックアップするときの注意点

　荷主または海貨業者は使用するコンテナの状態に異常がないか、必ず確認することが大切です。コンテナのドアを開けコンテナの中に入り、天井や壁、また床などを慎重に確認し、穴が開いていないかをチェックします。また、コンテナの床や側面の壁がきれいか、汚れがないかも合わせて確認しましょう。床などが汚れていると、詰め込む貨物（商品）に多大な影響を及ぼす可能性もあります。

貨物を積み込むとき・取り出すときの注意点

　コンテナの中に貨物を積み込む作業をバンニング（Vanning）といいます。輸出者または海貨業者は、バンニングするときは荷崩れを起こさないように右ページのような点に注意します。バンニングの際には、コンテナ内のスペースを最大限に活用するように、貨物を詰め込むことが大切です。この工夫や努力が輸送コスト削減に貢献します。

　コンテナから貨物を取り出すことをデバンニング（Devanning）といいます。コンテナのドアを開けたときは充分注意しましょう。開けた瞬時に貨物が落ちたり、荷崩れが起きたりして、貨物にダメージを与え、作業員が怪我を負う可能性があります。

> バンニングをする際には事前にプランを
> 作成しておくと、コンテナ内における
> 貨物の重量の偏りを防ぐことができる。

●バンニング時に荷崩れを起こさないための注意事項

❶貨物をしっかりと固定すること。貨物の固定が不充分だと、航海中、船舶のピッチングやローリングにより、コンテナの中で荷崩れを起こす可能性があります。

❷荷崩れを防ぐため隙間に緩衝材やベニヤ版などで固定処置をとります。

❸コンテナ内の貨物配置、前後の重量バランスなどにも充分に配慮します。

●コンテナに貨物を積み込むときの注意点

貨物を積み込む前のチェックポイント

☐ コンテナの天井や壁に穴が開いていないか

☐ コンテナの床や壁が汚れていないか

コンテナに積み込むときのポイント

☐ 貨物と貨物の隙間に緩衝材を入れて固定する

☐ ベニヤ板や木材を利用して
固定する

☐ 貨物の重量バランスに
配慮する

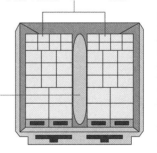

貨物の重量バランスに注意

緩衝材を入れる

輸送の専門家ではない輸出者、輸入者は貨物の作業、取り扱いには細心の注意が必要なのだ。

SECTION 03 コンテナの陸上輸送

関連する人・物

輸出者　輸入者　船会社　ドレー会社

海上コンテナの陸送は
トレーラーで行われるのだ。

コンテナ輸送は目的地までの往復で料金が決まる

　海上コンテナを陸上で輸送する場合は、大型の特殊な牽引自動車（トレーラー）が利用されます。一般的にコンテナを輸送することを「ドレー」という言葉で表します。アメリカでは「Dray」と表現し、ヨーロッパでは「Haulage」という言葉を使用します。

　コンテナの輸送料金を「ドレージ」と呼びます。コンテナの輸送は原則、「発地から目的地、さらに目的地から発地に戻るため往復料金」がかかります。つまりドレージは必ずラウンド（Round、往復料金）で計算されるので注意が必要です。

　コンテナドレージのタリフは国土交通省に届けられています（右ページの表参照）。しかし、実際にはタリフ通りの定価で運用することは少なく、利用者と運送会社（ドレー会社）との間で交渉した、ディスカウントレート（割引運賃）で運用されます。

コンテナからの荷卸しの手配と費用は荷受人の負担で行う

　コンテナ運送は、一般的なトラック輸送と異なる部分が数多くあります。たとえば、トラックによる貨物輸送では運転手が荷卸しを行いますが、コンテナ輸送では運転手は貨物の取り出しを一切行いません。すべて荷受人の手配と費用で行います。

　また、コンテナ輸送では、思いがけず追加の費用が発生してしまう場合があるので注意が必要です。たとえば、コンテナを船会社のコンテナヤードなどに返却する場合、規定の日程を過ぎると「ディテンションチャージ」と呼ばれる追加料金が発生します。

MEMO 「ディテンションチャージ」（Detention Charge）とは、コンテナヤードへのコンテナの返却が遅れるときに発生するもので、「返還遅延料金」ともいわれる。

176

●コンテナドレージの課金のイメージ

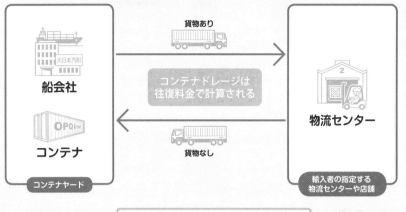

貨物あり

船会社

コンテナ

コンテナヤード

コンテナドレージは
往復料金で計算される

物流センター

輸入者の指定する
物流センターや店舗

貨物なし

コンテナドレージの料金は、
目的地までの往復分がかかるのだ。

●コンテナドレージのタリフ

（単位：円）

距離	20フィートコンテナ	40フィートコンテナ
5km	17,000	26,500
10km	20,500	31,000
20km	25,500	39,000
30km	30,000	46,500
50km	40,000	62,000
100km	64,500	100,500
150km	81,500	124,500
200km	98,000	148,000
300km	122,000	181,000

※昭和58年届出タリフ抜粋

ドレージのタリフは昭和58年度
タリフを基準にしている。
交渉次第でディスカウントも可能なのだ。

SECTION 04 梱包の種類と形態

関連する人・物

輸出者　海貨業者

貨物には、必要に応じて商品
保護の観点から梱包を施すのだ。

貨物を安全に輸送するために不可欠な梱包作業

　輸出される商品（製品）の保護のために梱包を施しますが、さらに長距離輸送、荷役の仕方、長期保管や保管環境、輸送手段なども考慮して梱包します。また、商品の性質や材質、性能などにも充分に配慮したうえで、さまざまな梱包形態を研究し、どのような梱包形態を選択し船積みするかを決定します。

　コンテナ船による輸送が普及し、梱包費用が大幅に削減されました。梱包費用の削減により、輸送コストの低減も可能となり、結果的に輸出競争力も高まったのです。

梱包形態は貨物の特性に合わせて適切なものを選択する

　どのような梱包の形にするかは大変重要な課題です。梱包形態にはさまざまな種類があります。輸出する商品（製品）の品質や材料、特徴などに応じて決定します。さらに費用や時間、安全性や耐久性も考えなくてはなりません。

- 木材梱包：国際基準では「物品の保持、保護または運搬にもちいる木材または、木製品」と規定されています。具体的には、パレット、木箱、木枠、ダンネージ、とめ木などです。
- 真空梱包：真空梱包とは「バリア処理」とも呼ばれる方法です。精密機械などをバリアで覆い、空気を抜いて真空状態にしたのち、梱包します。バリアで真空にした状態で、中にシリカゲル（乾燥剤）を入れ、湿気を除去し、湿気による錆びを防止します。これは、船舶による海上輸送では、輸送中に海水の塩や湿気によりカビなどが発生する危険性があるからです。
- 強化ダンボール梱包（トライウオール）：諸外国の植物検疫の要求が強く求められる中、木製梱包材の使用に代わる代表格として、盛んに利用されています。

●梱包の目的

1. 輸出入商品（製品）などを荷役中の落下や接触による損傷から保護する。

2. 輸送中の衝撃や振動による損傷からも保護する。

3. フォークリフトやクレーンなどを利用した荷役作業を容易にする。

4. 輸送や保管を容易にする。

●梱包の種類

カートン（Carton）

比較的軽量のものや小さな商品に利用される。

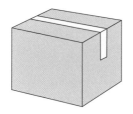

パレット（Pallet）

パレットの上にカートン梱包した貨物を積み、ストレッチフィルムを巻いて包装する。フォークリフトの利用により、作業を効率的に行える。

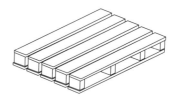

木箱（Case）

板材を並べて隙間を防ぎ、密封して梱包。防水や防湿などの保護が必要な場合や、精密機械などダメージに弱い商品に利用される。

木枠（Crate）

比較的商品が大きい場合などに利用される。

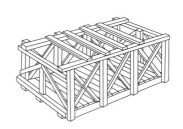

荷印と指示マーク

輸出者　海貨業者

指示マークは作業の安全と
貨物の保護に必要なのだ。

貨物の特定のために梱包後に外側の側面に荷印を刷り込む

　輸出する商品や貨物に梱包作業を施す際にあわせて注意する必要があるのが、荷印と指示マークです。

　通常、荷印は「Case Mark」（ケースマーク）または「Shipping Mark」と呼ばれ、輸出者が梱包した外装の側面などに刷り込みます。荷印は定型のフォームがあるわけではなく、主に「Main Mark」（主マーク）、「Port Mark」（港マーク）、「Case Number」（ケースナンバー）、「Country of Origin」（原産地）などを記載します。

　Case Markの重要性が問われるのは、特にLCLの形態で輸送される場合です。他の荷主の貨物との混載を前提とするような場合、貨物の混同を避けるためにも、はっきりとしたCase Markを打つことが大切です。

　Case MarkはPacking List（P/L：包装明細書）やBill of Lading（B/L：船荷証券）の書類に必ず記載されます。書類上の記載と現物の確認にも使われます。

貨物の取り扱いや保存の注意点を示す指示マーク

　「指示マーク」（Caution Mark）とは、貨物の荷扱いをする者の安全のため、また輸送中、保管中の貨物の保護のために貨物に刷り込むマークです。指示マークは16種類がJISで規定されています。代表的な指示マークを右ページに記載します。

　また、壊れやすい商品で衝撃を与えないように注意を促すために「取扱注意」（HANDLE WITH CARE）などの文言を記載することもあります。指示マークとして使われる代表的な文言には下記のようなものがあります。

文言	意味
THIS SIDE UP	貨物の上下(天地)方向を指示する
KEEP DRY	水漏れしないように指示する
USE NO HOOKS	手かぎで穴を開けないように指示する
SLING HERE	つり位置を指示する
HANDLE WITH CARE	取扱注意を指示する

●荷印の記入例

DTC ──────────→ 主マーク
SINGAPORE ──────────→ 港マーク
C/NO.1-1500 ──────────→ ケースナンバー
MADE IN JAPAN ──────────→ 原産地

一番上の主マークは輸入者を表す文字を記入する。通常は
輸入者の会社名のアルファベットや略字が使われる。これで誰宛の
貨物かをはっきりさせて他の荷主の貨物との混在を防ぐのだ。

●指示マーク（Caution Mark）の例

壊れもの
FRAGILE

手かぎ禁止
USE NO HAND HOOKS

上
THIS WAY UP

直射日光熱遮へい
KEEP AWAY FROM
SUNLIGHT

放射線防護
PROTECT FROM
RADIOACTIVE SOURDERS

水ぬれ禁止
KEEP AWAY FROM
RAIN

重心位置
CENTER OF GRAVITY

転がし禁止
DO NOT ROLL

ハンドラック差し込み禁止
DO NOT USE HAND
TRUCK HERE

クランプ禁止
DO NOT CLAMP AS
INDICATED

上積み禁止
DO NOT STACK

つり位置
SLING HERE

温度制限
TEMPERATURE LIMITS

取扱注意
HANDLE WITH CARE

火気厳禁
KEEP AWAY FROM FIRE

MEMO ケースナンバーとは梱包された貨物ごとにつけられたナンバーのことで、貿易書類で梱包された貨物の中身を示すときによく使われる。

本船入港と搬入手続き

「ホット・デリバリー・サービス」は
とても便利だけど注意も必要なのだ。

保税地域への搬入には「一括搬入」と「個別搬入」がある

　コンテナ船が入港するとコンテナを本船から降ろす作業が始まります。コンテナターミナルでは、本船の入港に合わせて船会社から入手したマニフェストなどを参考にして、荷役計画を立案します。コンテナが本船から降ろされると、コンテナの損傷状態を確認し保税地域に搬入します。保税地域への搬入方法には「一括搬入」と「個別搬入」があります。

　「一括搬入」とは、コンテナの陸揚げがすべて終了してから、全部のコンテナをまとめて税関に対して搬入届を提出する方法です。

　「個別搬入」とは、該当するコンテナの陸揚げが終了した時点で、そのコンテナだけの搬入届を税関に提出する方法です。個別搬入は一括搬入よりも、届出時間が早まるため輸入申告手続きが早くできるメリットがあります。輸入者または海貨業者が、貨物の引き取りを急ぐ場合は、本船の入港前に船会社に対して個別搬入の依頼を検討します。

貨物の引き取りをいち早く実現するホット・デリバリー・サービス

　「ホット・デリバリー・サービス」(Hot Delivery Service) とは、上記の個別搬入制度を活用して、本船荷役終了後、数時間のうちに輸入貨物の引き取りを可能とするサービスのことです。ホット・デリバリー・サービスはとても便利なシステムですが、決められた手続きが必要になることと、別に費用が発生することになります。

　このサービスを利用する対象品としては、季節的な商品や特売日などが決められた商品などがあります。

●入港から搬入手続きまでの流れ

本船入港 ▶ コンテナの陸揚げ ▶ 搬入手続き

●個別搬入のメリット/デメリット

メリット	デメリット
・該当コンテナだけの搬入手続きをいち早く行うので、輸入申告手続きが他のコンテナより早くできる	・費用がかかる ・該当するコンテナがコンテナ船の下の方に積まれていると、陸揚げに時間を要するので個別搬入のメリットを得ることができない

個別搬入を依頼するときは、船会社に
「個別搬入依頼書」などの書類に
必要事項を記入し提出するのだ。

ホット・デリバリー・サービスを依頼する商品

　ホット・デリバリー・サービスを依頼する目的は、商品の入手を急がなくてはならない場合や、納期などが決まっていて、遅れそうな場合によく使用します。

　たとえば、クリスマス商品や新入生向け商品、イベント向け商品や特別な時期に価値を持つ商品などです。

SECTION **07**

関連する人・物

輸入者　船会社

フリータイムは船会社に
より設定が異なるのだ。

フリータイムと デマレージ

▌コンテナヤードからのコンテナの引き取りはフリータイムの期間に行う

　輸入貨物の引き取り時において注意する点があります。それがフリータイムとデマレージの確認です。

　「フリータイム」（Free Time）とは、コンテナをコンテナヤードから引き取るとき、または輸入貨物をCFSなどから引き取るときに、保管料が免除される期間のことです。フリータイムは船会社により、それぞれの日数が設定されていますので、事前の確認が大切です。

　輸入者はコンテナヤードでの通関手続きやコンテナの配送を依頼するときは、必ずフリータイムの期限内で作業が完結するよう確実な指示をすることが重要になります。船会社から送られた「貨物到着案内」（Arrival Notice）には必ずフリータイムが明記されています。

▌フリータイムの期間が過ぎると超過保管料がかかる

　「デマレージ」（Demurrage）とは、フリータイムが切れた後に発生する超過保管料金のことです。デマレージとはコンテナを早く引き取らせるためのペナルティーの意味合いがあります。デマレージは、フリータイムが切れた後に、土日祝日を含むすべての日が対象となります。また、コンテナのサイズや種類により異なります。一定期間は倍倍で加算されるので、思いがけず大きな金額になることがあります。

　フリータイムが過ぎてもコンテナが蔵置されているとデマレージが課されます。デマレージが発生した場合は、デマレージを支払わないとコンテナを引き取ることができません。

　コンテナヤードは貨物の長期保管を目的とした場所ではないので、コンテナを速やかに搬出する必要があります。

184

●コンテナの陸揚げから搬出までの流れ

コンテナの陸揚げ	▶	搬入手続き	▶	コンテナの搬出

●フリータイムとデマレージ

フリータイム（Free Time）

保管料の支払いが免除される期間。船会社により異なる。

デマレージ（Demurrage）

フリータイムが過ぎると発生する超過保管料。割高な料金なので注意が必要。

デマレージはいわば無用なコストなので、なるべくかからないようにするべきなのだ。

フリータイムを有効に使うには事前の準備が重要

　輸入貨物を積んだ本船が到着する前に、輸入者は必ずフリータイムを確認したのちに、通関手続きや配送手続きを依頼することが大切です。フリータイムは船会社に問い合わせるほかにも、Arrival Notice（294ページ参照）やDelivery Order（296ページ参照）などの書類に明記されています。

　コンテナヤードに蔵置した間に通関手続きを行う場合は、フリータイム内に作業が完結できるように、事前に必要書類の準備や明確な指示をすることが求められます。

ビジネス英語の学び方

70代　男性　元ジェトロ貿易投資アドバイザー

　海外を舞台に仕事をするのが夢であったのに大学では英語より音楽にのめり込んでしまい輸出企業に入社した時は大変困った。顧客と面談してもすぐに英語が出でこないので、先ず日本語を英語構文（SVO、SVC など）に変換しやっと話す状態で相手のテンポについて行けなかった。

　技術会議では技術者同志が英語をほとんど話せなくても部品や図面を前にうまくコミュニケーションをとっているのをみて、英語構文を考えなくても必要な単語を並べるだけでも伝わるので先ずは話すという度胸がついた。

　私が就職した1970年代、書く英語は手紙が普通で、急ぎの場合は語数で料金がかかる電報だったので例えば、「due to the fact that」は「because」を使えと教えられた。テレックスの時代になると時間で料金がかかるので例えば「as soon as possible」は「ASAP」を使えと教えられた。この様に色々な表現のパターンを覚えて応用できるようになった。また、ビジネス英語は古臭い昔の表現が好まれていたが、話す様に書け（write as you talk）と教えられ、場数を踏むごとに語数も時間も短かくなり、簡潔明瞭に書けるようになった。

　とはいえ最低限の英文法の知識は大事である。例えば動詞の後に不定詞が必要なもの、必要でないもの、動名詞 ing がくるもの（stop smoking、stop to smoke の違い）を認識する事は必要である。また、やたらに現在進行形「〜ing」や接続詞「So」、受身形「〜 ed」を使うとポイントがボケることを覚えた。

　ビジネス英語はいくつかのパターンを理解できればどんな場面でも応用でき、むしろ一般の英語よりとっつき易い。また、流暢さよりも話の中身を大事にし、率直、簡潔に表現することがビジネス英語の基本だと思う。

CHAPTER

9

取引の決済

SECTION 01

決済条件の選択

関連する人・物

銀行

できるだけリスクの少ない決済
条件で契約することがポイント。

輸出者も輸入者もリスクの少ない決済方法の選択がポイント

輸出者・輸入者にとって、代金の決済条件（Payment Terms）の選択は重要な問題です。輸出者も輸入者もリスクの少ない、より安全な決済方法を選択したいと考えます。輸出者にとっては「いかに確実に代金を回収することができるか」、輸入者にとっては「いかに代金決済と交換に輸入商品の受け取りを確実に行うか」がポイントになります。

貿易取引では、いくつかの決済条件が使われます。それぞれの決済条件は後ほど詳しく説明しますが、各決済条件の特色、リスク、費用などを充分に理解したうえで選択することが大切です。

決済条件を大別すると、銀行を経由する「荷為替手形決済」「送金決済」、銀行を経由しない「ネッティング」などがあります。なお、荷為替手形を利用する方法には信用状付き「L/C決済」と、信用状なしの「D/P決済」（D/P：Documents against Payment、手形支払時書類渡し条件）、「D/A決済」（D/A：Documents against Acceptance、手形引受時書類渡し条件）があります。

●送金と信用状取引の比較

	送金（Remittance）	信用状（L/C:Letter of Credit）
取引にかかるコスト	少ない	大きい
取引にかかる手間	簡単	複雑
銀行との関係	薄い	濃厚

MEMO　Advance Payment は、輸入者が商品の船積み前に代金を支払うので、輸出者から見た場合は前受けになる。
Deferred Payment は、輸入者が貨物到着後、代金を支払うので、輸出者から見た場合は後受けになる

●貿易取引の決済方法

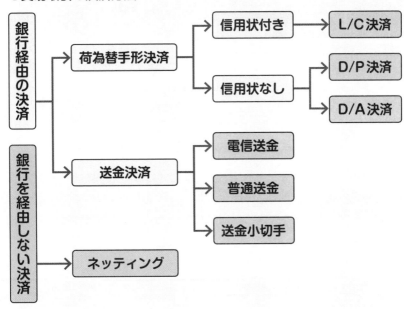

●決済条件による輸出者のリスク・輸入者のリスク

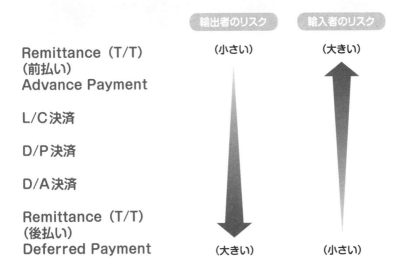

	輸出者のリスク	輸入者のリスク
Remittance（T/T）（前払い）Advance Payment	（小さい）	（大きい）
L/C決済		
D/P決済		
D/A決済		
Remittance（T/T）（後払い）Deferred Payment	（大きい）	（小さい）

信用状とは

銀行

信用状は輸入地の銀行が
支払いの保証をしてくれるのだ。

間に入った銀行が代金の支払いを保証してくれる信用状

決済条件のひとつである信用状（L/C：Letter of Credit）とは、「輸入者の取引銀行である信用状発行銀行が商品代金の受取人である輸出者に対して、輸出者が信用状の条件に一致した書類を作成し、提示することにより、輸入者に代わって代金の支払いを確約した保証状」です。

つまり、信用状は金融機関が発行する「支払確約書」となります。輸出者は船積み後、信用状条件に基づいた為替手形や船積書類を金融機関に持ち込むことで、すぐに輸出代金の回収が可能となります。輸出者にとっては安心できるひとつの決済方法と言えます。

信用状が発行されるときには輸入者への審査が必要になる

信用状の最大の利点は、輸出者の代金回収リスクが回避されることです。信用力の高い銀行が輸入者に代わって代金の支払いを確約してくれることで、輸出者は安心して貨物（商品）を輸出することができます。

信用状は輸入者に代わって発行銀行が支払いの保証をすることになるため、信用状を発行することは、信用状の発行依頼人である輸入者に対する「与信行為」となります。輸入者から信用状の発行を依頼されると、発行銀行は「輸入者が与信先としての安全性や適格性に関して問題がないか」「信用状を発行するに値するビジネスであるか」などを充分に時間をかけて審査します。

信用状を発行するときは輸入者と
輸入ビジネスが審査されるのだ。

●信用状（L/C）取引の関係者

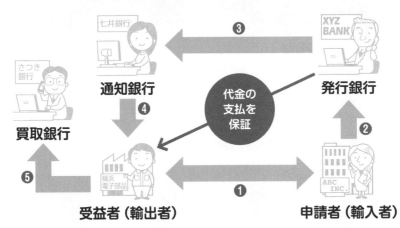

- **受益者**（**Beneficiary**）
  信用状を利用する人で、通常は輸出者の事を指します。
- **申請者**（**Applicant**）
  信用状の発行を自社の取引銀行に依頼する人。通常は輸入者です。
- **発行銀行**（**Opening Bank**）
  輸入者の取引銀行で、信用状を発行する銀行。開設銀行とも呼ばれる。Issuing Bank、Establishing Bank とも表現されます。

- **通知銀行**（**Advising Bank**）
  発行銀行からの依頼を受けて、受益者（Beneficiary）に信用状の到着を通知する銀行。
- **買取銀行**（**Negotiating Bank**）
  輸出地にある銀行で輸出者から呈示された為替手形・船積書類を買い取り、輸出者に代金を支払う銀行

●銀行から見た信用状取引

発行銀行	信用状を発行することは、銀行からすると与信行為となるので、発行手続きは慎重に行います。
買取銀行	輸出者から呈示された為替手形・船積書類が信用状の条件と完全に一致してれば、代金を支払います。貨物や商品を見ることはなく、あくまで書類取引です。

SECTION **03**

信用状の特質

関連する人・物

銀行

信用状の通りに書類が整わないと
銀行は代金を支払ってくれないのだ。

信用状は銀行と輸出者間の契約となる

　信用状（L/C）には、次のような特質があります。

　まずは、「信用状の主たる債務者は発行銀行」であることです。信用状は発行銀行が発行する書類であり、発行銀行と輸出者（受益者）との間の契約になります。そのため、信用状の主たる債務者は発行銀行です。

　次に、信用状は売買契約やその他の契約から独立した契約であり、売買契約やその他の契約に拘束されない性質を持っています。これを「独立抽象性がある」といいます。

　上記の独立抽象性を担保するために、信用状取引は書類の形式的な審査を行う書類取引です。これを「書類取引性がある」といいます。銀行は書類だけを取り扱い、実際の商品やサービスは取り扱いません。つまり、書類が重要な役割を担います。

信用状の内容と書類が完全に一致しないと代金は支払われない

　信用状取引では、関係者は書類を取り扱います。輸出者が買取銀行に提出する為替手形と船積書類が信用状の条件に完全に一致していれば、銀行は代金を支払います。逆に言うと、代金の支払いに対しては完全に一致していることが求められます。これを「厳密一致の原則」と呼びます。

　輸出者として大切なことは、信用状を入手したら、記載内容が契約した条件と一致しているかを慎重にチェックします。さらに、船積み後は為替手形や船積書類が信用状の記載と一致しているかを厳密に確認したのちに銀行に提出することが重要です。

輸出者が作成した為替手形と各種の
船積書類のセットを「荷為替手形」と呼ぶのだ。

●信用状の特質

> **信用状の主たる債務者は発行銀行**

> 独立抽象性

> 書類取引性

●輸出者にとっての信用状のメリット／デメリット

輸出者

輸出者のメリット

・信用状を利用することにより、代金の回収リスクが軽減できるので、輸出者は大きな規模のビジネスを行うことができる。

・輸出者は信用状の指示に従い船積みを行い、為替手形・船積書類を提出すれば、すぐに代金の回収ができる。

輸出者のデメリット

・信用状取引のメリットを享受するには、社内に信用状の仕組みや信用状に関する規則、用語を理解できる者が必要。

・銀行に提出する書類を正確に作成でき、買取手続きをスムーズに進めるスキルが求められる。

●輸入者にとっての信用状のメリット／デメリット

輸入者

輸入者のメリット

・輸入者は信用状を利用することにより、輸入代金を前払いする必要がない。

・一覧払い手形では、代金を銀行に支払うとすぐに貨物を手に入れるための書類を入手できる。

輸入者のデメリット

・信用状を発行してもらうために、銀行に手数料を支払う。

・銀行経由で書類を受け取ることになるので、書類の受け取りに時間がかかる。

SECTION 04

信用状取引の全体像

関連する人・物

銀行

信用状取引では役割が異なる
複数の銀行がかかわってくるのだ。

輸出者と輸入者の間に複数の銀行がかかわる信用状取引

　決済条件を信用状とした際の全体的な流れと関係企業の立ち位置、それぞれの業務の関連性を把握することがとても重要です。

① 輸出者（受益者、Beneficiary）と輸入者（申請者、Applicant）の間で売買契約を締結する

② 輸入者は売買契約に基づき、取引銀行に信用状の発行を依頼する

③ 取引銀行、つまり信用状の発行銀行（Opening Bank）は、信用状を輸出者あてに発行をする

④ 輸出地にある通知銀行（Advising Bank）は、輸出者に信用状の通知をする

⑤ 輸出者は信用状の内容を確認し問題がなければ、船会社へブッキングをする

⑥ 船積み終了後、船会社は輸出者へ船荷証券（B/L：Bill of Lading）を発行する

⑦ 輸出者は為替手形に船積書類を添えた荷為替手形を作成し、自社の取引銀行に提出し買い取りを依頼する。この取引銀行が買取銀行（Negotiation Bank）となる

⑧ 買取銀行は荷為替手形（為替手形と船積書類など）と信用状を照合し、輸出者に代金を支払う

⑨ 買取銀行は信用状の発行銀行に船積書類を送付する

⑩ 発行銀行は送付を受けた荷為替手形が信用状の条件に一致しているかを確認し、買取銀行に対して代金を支払う

⑪ 発行銀行は輸入者に対して、船積書類の到着通知と輸入代金の請求を行う

⑫ 輸入者は信用状の発行銀行に対して、輸入代金を支払う

⑬ 発行銀行は輸入代金と引き換えに輸入者に対して、船積書類を渡す

⑭ 輸入者は発行銀行から受け取った書類を確認し、船会社に船荷証券を提出して輸入貨物を手に入れるための手配をする

⑮ 船会社は輸入者に対して、輸入貨物を引き渡す

●信用状取引の全体像

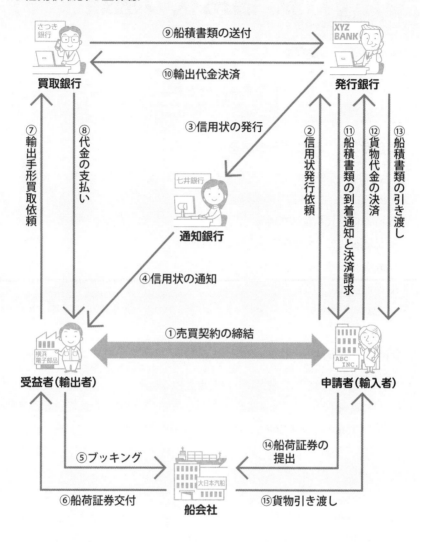

⑨船積書類の送付

さつき銀行

XYZ BANK

買取銀行

⑩輸出代金決済

発行銀行

⑦輸出手形買取依頼

⑧代金の支払い

③信用状の発行

②信用状発行依頼

⑪船積書類の到着通知と決済請求

⑫貨物代金の決済

⑬船積書類の引き渡し

七井銀行

通知銀行

④信用状の通知

①売買契約の締結

横浜電子部品

受益者(輸出者)

ABC INC.

申請者(輸入者)

⑤ブッキング

⑭船荷証券の提出

大日本汽船

⑥船荷証券交付

船会社

⑮貨物引き渡し

取引を安全かつスムーズに行うために、信用状取引では多くの企業がそれぞれの役割を果たしているのだ。

信用状の種類

一般的には取消不能
信用状が使われる。

信用状の主な種類は5つある

信用状にはいくつかの種類があります。主要なものは次のようになります。

- Irrevocable L/C（取消不能信用状）
- Confirmed L/C（確認信用状）
- Restricted L/C（買取銀行指定信用状）
- Transferable L/C（譲渡可能信用状）
- Revolving L/C（回転信用状）

それぞれの信用状の特色を理解したうえで用途に合った信用状を利用します。

信用状取引のルールブックとなるUPC600

信用状に関する国際的な取引ルールをまとめたものが「信用状統一規則」です。信用状付荷為替手形による決済業務を円滑に進めるための規則として、国際商業会議所（ICC：International Chamber of Commerce）によって制定されました。

最新の信用状統一規則は、2007年7月に改訂された「ICC荷為替信用状に関する統一規則および慣例2007年改訂版」（ICC Uniform Customs and Practice for Documentary Credit 2007 REVISION）で、39か条から構成されています。用語の定義と解釈、発行銀行の約束、信用状の通知と条件変更、書類点検の標準、ディスクレのある書類、運送書類、保険書類、金額・数量の許容範囲などの事項を定めています。

通常、最新の信用状統一規則は略称である「UCP600」と呼ばれています。

●信用状の種類

Irrevocable L/C（取消不能信用状）

一度発行された信用状は、関係者全員の同意がなければ取り消しや変更ができません。UCP600（信用状統一規則）では、信用状はすべて取消不能と規定しています。

Restricted L/C（買取銀行指定信用状）

為替手形の買取銀行が特定の銀行に指定されている信用状のこと。買取銀行の指定がない信用状をオープン信用状（Open L/C）と呼びます。
輸出者は、自社の取引銀行と買取手続きを行いたいので、Restricted L/Cは不利になります。

Confirmed L/C（確認信用状）

信用力の弱い発行銀行が発行する信用状に、国際的に信用力の高い銀行が、さらに支払いの保証を加えた信用状のこと。
信用力のある銀行が支払いの確認を加えることにより、信用状の信頼性が高まります。この場合は、確認手数料が必要になります。

Revolving L/C（回転信用状）

荷為替手形の買い取りにより減少した信用状金額を、一定の条件のもとで、自動的に元の金額に更新できる信用状。輸出者と輸入者の間で継続的に取引する場合に使用される信用状です。繰り返し使用できるので、信用状を毎回発行する手間を省くことができます。

Transferable L/C（譲渡可能信用状）

通常は、信用状に記載された受益者（輸出者）以外は信用状の金額を受け取ることはできません。
Transferable L/Cでは、受益者は第三者に金額の一部または全部を譲渡することができます。

●信用状の通知方法

信用状は発行銀行から通知銀行を経由して輸出者（受益者）に送られます。信用状の通知は次の3つの方法があります。現在はフル・ケーブル・アドバイスがよく利用されます。

- 郵送 ……………………………… 信用状の本体を航空便で送る
- フル・ケーブル・アドバイス … 信用状の全文を電信などで送る
- プレ・アド方式 ………………… 信用状の要点を電信などで事前に通知し、後日に本体を郵送する

SECTION 06

信用状と輸出者①
～信用状の確認

関連する人・物

銀行　輸出者

輸出者にメリットがある信用状取引には
正確な手続きが求められるのだ。

信用状を入手したら決済に必要な書類を確認する

　輸出者は通知銀行から信用状を受け取ると、信用状に記載されている条件が売買契約の内容と合致しているか、要求されている書類には矛盾がないかを慎重に点検しなければなりません。主要なチェックポイントを右ページの図にまとめます。

　その他には、「要求されている書類」に関しては十二分なチェックが必要です。

❶要求されている書類の種類

- どのような書類が要求されているか
- 要求されている書類に入手困難なものや時間を要するものがあるか
- それぞれの書類に矛盾はないか

❷輸出者が自ら作成する書類以外の書類の記載内容

　他社が作成する書類、つまり船会社が作成する船荷証券、保険会社が作成する保険証券などに特別な要求があるのか。

信用状に誤りを見つけたらすぐに輸入者に修正の連絡をする

　信用状を受け取った輸出者は、信用状に記載されている条件や書類に関して充分にチェックを行いますが、その内容に相違点や矛盾点があった場合は、すぐに輸入者に信用状の訂正（Amendment）を依頼します。

　信用状の条件変更や取り消しは発行銀行および受益者（輸出者）の同意がなければなりません。また、条件変更を受け取った受益者（輸出者）は条件変更の承諾または拒絶を通知銀行に報告します。

●信用状のチェックポイント

番号	項目	チェック
①	契約内容と一致しているか 信用状に記載されている内容が輸入者と結んだ契約内容とすべて一致しているかを確認します	☐
②	関係当事者が正しく記載されているか Beneficiary（受益者：輸出者）とApplicant（申請者：輸入者）の確認、スペルチェックをしっかりと行います	☐
③	信用状の金額が正しいか 契約した金額に誤りがないか確認します	☐
④	信用状に明記されている日付に誤りがないか 下記の書類の日付を確認します ・信用状の発行日（Date of Issue）が記載されているか ・船積期限日（Latest Shipment）が余裕のある日程か ・有効期限日（Date of Expiry）が余裕のある日程か	☐
⑤	買取銀行が指定されていないか 買取銀行が指定されているか確認します。輸出者にとっては買取銀行が指定されてない方が都合がよいといえます	☐
⑥	信用状統一規則適用文言があるか 信用状の最後に次のような文言があるか確認します This Letter of Credit is subject to "The Uniform Customs and Practice for Documentary Credits (2007 Revision) I.C.C. Publication NO.600."	☐

信用状と輸出者②
～信用状を元にした手続き

輸出者は信用状が届いてから
輸出に関する業務を開始するのだ。

輸出の手続きも基本は信用状の記載に従って準備する

輸出者は信用状に問題がないことが確認できたら、信用状の指示に従って、輸出の手続きを開始します。各企業と交渉し、スムーズに手続きが進むように注意を払います。具体的な業務内容は次の通りとなります。

❶輸出商品を準備する

輸出者が商社の場合はメーカーなどと打ち合わせして、輸出商品の調達を行います。また輸出者がメーカーの場合は、工場などと交渉し輸出商品の準備を開始します。

❷貨物（商品）の輸送を依頼する

船会社や航空会社などの輸送会社に対してブッキングを行います。信用状のLatest Shipment（船積期限日）を確認し、充分に間に合う本船や航空機などを決めます。

❸通関手続き・船積手続きを依頼する

フォワーダー（通関業者や海貨業者）に対しては、通関手続き、船積手続きを依頼します。Invoice（送り状）、Packing List（包装明細書）、Shipping Instructions（船積依頼書）などの必要書類を信用状に従い作成します。

❹貨物海上保険の手続きを行う

貿易条件がCIF条件などの場合は、輸出者側で貨物海上保険の手続きを行います。保険会社に対して信用状に指示されている保険条件を確認の上、貨物海上保険の申し込みを行います。

❺許可や承認手続きを行う

商品によっては、関係省庁の許可や承認が必要になる場合があるため、事前の準備が必要になります。

●輸出者は信用状の指示に従って手続きを行う

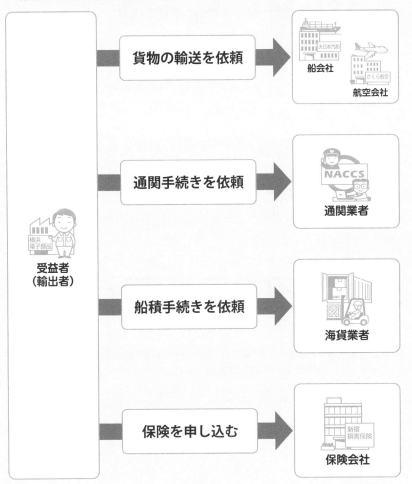

貨物の輸送を依頼 → 船会社 航空会社

通関手続きを依頼 → 通関業者

受益者（輸出者）

船積手続きを依頼 → 海貨業者

保険を申し込む → 保険会社

●信用状取引に必要な貿易書類と書き方

信用状取引に必要な貿易書類の詳細は次を参照してください。

Invoice（送り状）	➡	250ページ参照、278ページ参照
Packing List（包装明細書）	➡	252ページ参照
Shipping Instructions（船積依頼書）	➡	254ページ参照

SECTION 08

信用状と輸出者③ ～代金の回収

関連する人・物

銀行　輸出者

輸出者にとって信用状取引のキモは
とにかく正確に書類を作ることなのだ。

スムーズな代金回収のポイントは、正確で間違いのない書類を作ること

売り手である輸出者にとって最も大切なことは、輸出した商品の代金を安全に回収することです。信用状取引による代金の回収方法を確認しましょう。

輸出者は信用状の指示に従い、Bill of Exchange（B/E：為替手形）、Invoice（I/V：送り状）、Packing List（P/L：包装明細書）、Application for Negotiation（買取依頼書）を作成します。さらに船会社から発行されたBill of Lading（B/L：船荷証券）、CIF条件の際は保険会社から発行されたInsurance Policy（I/P：保険証券）の内容をチェックします。すべての書類と信用状の条件が合致していることを確認した後に、買取銀行に提出し買取手続きを依頼します。

輸出者として求められるのは正確で間違いのない書類を作成することです。

輸出者は輸出地にある買取銀行から安全に代金を回収できる

輸出者から荷為替手形の買取依頼を受けた銀行は、呈示された為替手形と船積書類が信用状の条件を充足しているかを確認します。買取銀行は呈示された書類などに問題がなければ直ちに代金を支払います。

買い取りされた輸出手形は輸入地の発行銀行に送られ、発行銀行から買取銀行へ手形代金が支払われます。ただし、買取銀行は輸出手形を買い取ったあと発行銀行から支払いを受けるまでの間は、輸出者に対する資金の立て替えをしていることになるため、買取銀行の輸出者に対する与信行為といえます。そのため、書類の点検は慎重に行われます。

輸出者は為替手形・船積書類の買い取りに関わる取り引きを金融機関と行う場合は、事前に取り交わす取引約定書があります。

MEMO　銀行取引約定書とは、金融機関が顧客と与信取引を行うときの基本契約書。さらに「外国為替手形取引約定書」による付属約定を締結することになる。

●買取手続きの流れ

輸出者

●輸出者の仕事
①信用状の内容を確認する
②信用状で求められている書類を作成する
③信用状に求められている書類を準備（入手）する
④書類の内容をすべて確認したのちに買取銀行に依頼する

●注意点
・信用状で求められている書類を確実に用意する
・提出する書類の部数を確認する
・ディスクレがないように正確に作成する

買い取りを依頼する

代金を支払う

買取銀行

●買取銀行の仕事
①提出された書類をチェックする
②提出された書類が信用状の条件に一致しているかを慎重に確認する
③提出された書類に問題がない場合は、代金を支払う

●注意点
・提出された書類の枚数や記載内容を確認する

●信用状取引に関連する銀行への手数料

手数料名	概要
輸出信用状 通知手数料	海外の信用状発行銀行が受益者である輸出者の取引銀行を通知銀行として、信用状を通知した場合、通知銀行は、信用状を確認し、受益者に信用状の到着を通知します。その際に発生する手数料です。
条件変更 通知手数料	発行銀行から送られてきた条件変更（Amendment）を通知銀行が接受し、受益者に条件の変更を通知する際に発生する手数料です。
輸出手形 買取手数料	信用状付き輸出船積書類の買取依頼に対して発生する手数料です。これは信用状発行銀行に荷為替手形を送付するための郵便料を含んだものとなります。

SECTION 09

信用状とディスクレ

関連する人・物

銀行

ディスクレは起こったときに
素早い対処が必要なのだ。

ディスクレでも代金を回収するための4つの対処法

　ディスクレとはディスクレパンシー（Discrepancy:不一致）の略で、輸出者が買取銀行に呈示した為替手形や船積書類の記載内容が信用状の条件と一致しないことや船積書類の相互間に矛盾や不一致があることを指します。

　万が一、ディスクレが発生した場合には、「書類の訂正・書類の差し替え」「L/G付き買い取り」「ケーブルネゴによる買い取り」「取り立て（Approval）」の方法があります。後に取り上げたものほど、重大なディスクレに対する対処となります。

　信用状取引のメリットである代金回収リスクを回避するためには、ディスクレが発生しないように正確な書類の作成に細心の注意を払い、正確な書類を銀行に提出し早期に代金を回収することが大切です。

軽微なディスクレと重大なディスクレの違い

　ディスクレには「軽微なディスクレ」と「重大なディスクレ」があります。

　たとえば、信用状の文言とInvoice、Packing Listなどの書類上に記載された文言の不一致や誰が見てもミスタイプとしてわかるような差異は軽微なディスクレと判断され、通常は買取銀行の判断で処理します。

　しかし、船積遅延、つまり信用状に明記された船積期限日（Latest Shipment）の日付を大幅に過ぎた船積みや、信用状金額超過（Overdrawing）、つまり信用状に明記された金額を大幅に上回る金額の書類呈示などの場合は、買取銀行は発行銀行の承諾を得ることになります。

●ディスクレの対処方法とメリット／デメリット

方法	メリット	デメリット
書類の訂正・差し替え	書類の訂正や差し替えにより書類上のディスクレが解消される。一番確実な方法	輸出者以外が作成した書類の訂正には時間を要する
L/G付き買い取り	輸出者が保証状（L/G）差し入れることにより簡単に処理できる	ディスクレが解消されるわけではないので、銀行は輸出者の能力を考慮して買い取りをするかを決定する
ケーブルネゴ	発行銀行に電信でディスクレの承諾か拒否かの確認をするので短時間で回答を得ることができる	ケーブルネゴは1回限りの発行銀行の了承であり、同じ信用状の後続の買い取りには適用できない
取り立て	ディスクレの重大な場合に利用する	取り立ては買い取りではないので代金の回収には時間がかかる

●書類の訂正・書類の差し替え

　輸出者は銀行に提出した書類に関して、銀行からディスクレを指摘された際は、できる限り書類を早急に訂正します。書類を訂正するのに時間的な余裕がある場合、訂正箇所をすぐに直すことができる場合などは、書類を差し替えて銀行に提出することが大切です。

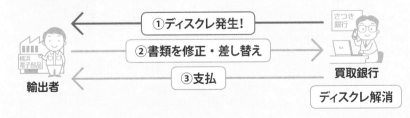

●L/G付き買い取り

　ディスクレの内容が些細なときや、輸入者がディスクレの内容を充分に理解しているとき、または時間的な余裕がないときは、輸出者がL/G（Letter of Guarantee：保証状）を作成し、買取銀行に提出して買い取りを依頼することになります。保証状は「内容の不一致に関しては、輸出者がすべて責任を負う」ことを確認する念書です。保証状を提出して買い取りを依頼することを「L/G付き買い取り」と呼びます。

　保証状を提出された買取銀行は信用状の条件と為替手形や船積書類の内容が不一致のまま、輸入地の発行銀行に書類などを送付します。万が一、為替手形が不渡りになった場合には、輸出者が不渡手形を買い戻すことになります。

　輸出者として大切なことは、このようなことを充分に承知したうえで「L/G付き買い取り」を依頼することです。

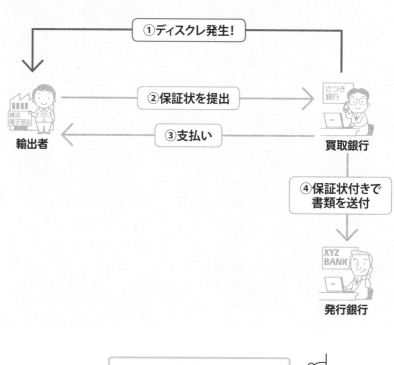

ディスクレが発生しても慌てずに
最適な対処を取ればよいのだ。

●ケーブルネゴによる買い取り

　ディスクレの内容が重大と思われる場合の処理方法として、ケーブルネゴ（Cable Negotiation）による方法があります。これは買取銀行が信用状の発行銀行にその重大なディスクレの内容を伝えて、買い取りをしてもよいかどうかを問い合わせる方法です。信用状の発行銀行の承諾を得ることができれば、買取銀行は買い取りを行います。

　輸出者が提出した書類などを修正する時間的な余裕がないときなどは、買取銀行にケーブルネゴによる処理を書面で依頼します。この方法では、輸出者は銀行に輸出関係照会手数料などを支払うことになります。

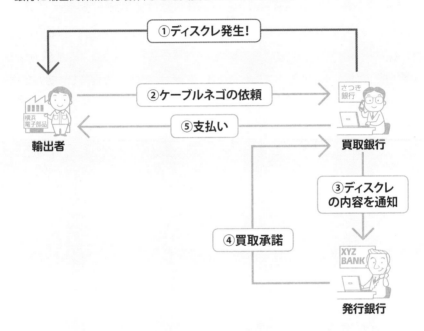

●取り立て（Approval）

　ディスクレの内容が重大で、他に対応の仕方がない場合、銀行は買い取りではなく、取り立て扱いで発行銀行に対して書類を受理するように依頼します。この場合、発行銀行の早期の回答を得るために、5銀行営業日ルールの適用を受けられる信用状統一規則にもとづく取り立てをすることになります。

SECTION **10**

信用状と輸入者
～信用状の発行

関連する人・物

銀行　輸入者

信用状は輸入者が銀行に
信用状の発行を依頼する。

信用状の発行を依頼するには「信用状発行依頼書」を提出する

　輸入者は輸出者と結んだ契約において、決済条件を信用状で契約した場合は、自社の取引銀行に対して信用状の発行を依頼します。繰り返しになりますが、信用状は発行銀行が輸入者に代わって輸出者に対して代金の支払いを保証した書類です。

　銀行にとっては信用状を発行することは与信行為になるため、信用状を発行するときには慎重に検討が行われます。

　輸入者は必要書類を準備し、取引銀行に対して輸出者あての信用状の発行を依頼します。輸入者は「Application for Opening L/C」（信用状発行依頼書、300ページ参照）に必要事項を正確に記入します。さらに、銀行取引約定書、商業信用状約定書に必要事項を記入したうえで、取引銀行に提出します。

輸入者の状態だけでなく、カントリーリスクなども検討される

　銀行は信用状の発行に際して、輸入者の信用状況を把握し、さらに次のような事項をしっかりと確認します。

- 輸出者の信用状態および輸出地のカントリーリスク
- 輸入商品の販売先の信用状況や代金の回収条件
- 輸入商品の魅力や価値
- 船荷証券到着前貨物引取保証状（Bank Letter of Guarantee：Bank L/G）の要否
- 貨物海上保険の付保状況の確認

　貿易条件がFOBやCFRの場合は輸入者が貨物海上保険を付保することになっています。しかし、付保されていない場合は銀行がリスクを負うことになるため、貨物海上保険の確認は重要となります。

● 信用状の発行依頼

信用状発行
依頼書

Application for Opening L/C

銀行取引
約定書

商業信用
状約定書

輸入者

書類をそろえて申し込む

取引銀行

七井銀行

信用状発行依頼書は輸出者との
契約にもとづいて作成するのだ。

● 信用状条件の変更手続き

　輸入者は輸出者から信用状の変更を依頼された場合は、発行銀行に必要な手続きを行います。この際、信用状は取消不能であるため、信用状の条件変更には、発行銀行、受益者（輸出者）の同意が必要です。

　発行銀行は信用状の条件変更を行った場合は、通知銀行経由で輸出者にその内容を通知します。なお、この通知は変更通知（Amendment）と言われ、輸出者が荷為替手形を取り組む際に、この変更通知書を信用状原本に添付して買取銀行に提出する必要があります。

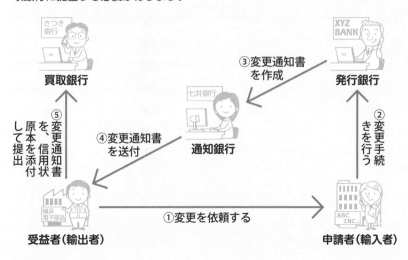

さつき銀行

買取銀行

③変更通知書
を作成

XYZ BANK

発行銀行

七井銀行

⑤変更通知書を、信用状原本を添付して提出

④変更通知書
を送付

通知銀行

②変更手続きを行う

横浜電子部品

受益者（輸出者）

①変更を依頼する

ABC INC.

申請者（輸入者）

SECTION **11**

関連する人・物

銀行

今は電信送金が
よく利用されているのだ。

送金による決済

信用状以外にも決済によく利用される電信送金

　信用状による決済のほかにも決済方法がいくつかありますが、一番よく利用されているのが、送金（Remittance）による決済です。送金には電信送金（Telegraphic Transfer）、普通送金（Mail Transfer）、送金小切手（Demand Draft）の3つがあります。特に電信送金は、貿易取引における決済方法として、時差がなく決済が実施されるので盛んに利用されています。利用者の間では電信送金（Telegraphic Transfer）を略してT/Tと呼んでいます。

　また、送金された代金の受け取り方法としては、送金銀行から依頼を受けた支払銀行が受取人に送金が到着していることを通知したうえで支払う「通知払い」、支払銀行が受取人の指定口座に入金する「口座払い」、支払銀行が受取人からの請求により支払う「請求払い」の3種類があります。

送金のタイミングにより輸出者に有利／輸入者に有利がある

　送金による支払いのタイミングには、前払送金と後払送金の2種類があります。

　前払送金（Advance Payment）は、輸入者が貨物代金を船積みの前に支払います。輸出者にとっては代金の回収リスクがなく有利です。本支店間の取引や、輸出者の資金力が弱い場合に利用されます。

　後払送金（Deferred Payment）は、代金の支払いを商品の受け取り後、一定期間猶予したのちに支払う方法で、輸入者にとって有利な方法といえます。

210

●送金の種類と流れ

電信送金（T/T：Telegraphic Transfer）

送金銀行（仕向銀行）が海外の支払銀行（被仕向銀行）に対して、受取人に所定の金額を支払うように、スイフトなどの電信で支払指図をする送金方法です。電信送金は普通送金や送金小切手に比べて早くて安全な方法です。

普通送金（M/T：Mail Transfer）

送金銀行（仕向銀行）から支払銀行（被仕向銀行）に対して、支払の指図が郵便で行われる方法です。電信送金に比べて事務処理も大変であり、ほとんど利用されていません。郵便送金とも呼びます。

送金小切手（D/D：Demand Draft）

銀行が送金小切手を振り出して送金依頼人に交付する方法です。送金依頼人は交付された小切手を受取人へ郵送します。それを受け取った受取人は小切手を支払銀行に呈示して支払いを受けます。

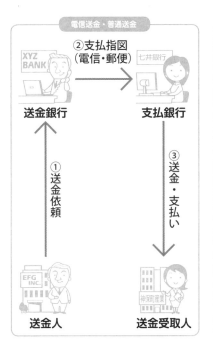

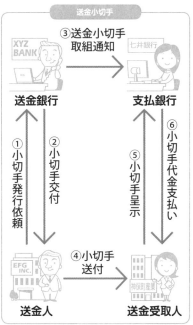

その他の決済方法〜
D/P・D/A・ネッティング

信用状を使わない
決済の方法もあるのだ。

銀行が輸入者の支払いと船積書類を交換するD/P決済

　送金や信用状以外に利用される決済方法としては、D/P、D/A、ネッティングがあります。D/P（Documents against Payment、手形支払時書類渡し条件）とD/A（Documents against Acceptance、手形引受時書類渡し条件）は、いずれも信用状を介さない決済条件です。

　「D/P決済」は輸入者が銀行に手形代金を支払った時点で、輸入貨物の受け取りに必要な船積書類を受け取る決済方法です。輸入者が代金を支払わない限り、銀行は輸入者に船積書類を渡さないため、輸出者は代金を確実に回収できます。

　「D/A決済」は輸出者が振り出した期限付き手形の支払いを輸入者が引き受けた時点で、輸入者が船積書類を受け取る決済方法です。輸入者の支払いが手形期日まで延びることになるため、輸出者による輸入者に対する支払い猶予を意味します。

　D/PとD/Aにおける手形の買い取りは、信用状による決済方法のように、信用状発行銀行の支払いの保証がなく、輸出代金の回収は買い手側の支払いによります。つまり、買取銀行にとってはリスクの大きな決済方法と言えます。そこで、銀行側は、輸出手形保険の付保を条件に買い取りを行います。また、買い取りに不安があるような場合は、取り立て扱いとすることになります。取り立て扱いは、取立統一規則に基づいて行われます。

輸入者の債権債務の差額のみをやり取りするネッティング

　ネッティングとは、輸出入取引を互いに継続して行う企業間で、一定期間の取り引きを集計し、受取金と支払金の債権債務を帳簿上で相殺し、差額を送金する方法です。2社間で行う相殺決済を「バイラテラルネッティング」、3社以上の間で行う相殺決済を「マルチネッティング」と言います。ネッティングの活用は、輸出者・輸入者双方の為替リスクを少なくし、送金手数料を軽減する効果があります。

● D/P決済の流れ

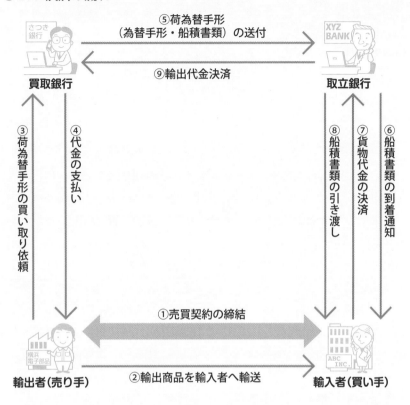

⑤荷為替手形
（為替手形・船積書類）の送付

⑨輸出代金決済

買取銀行　　　　　　　　　　　　取立銀行

③荷為替手形の買い取り依頼
④代金の支払い

⑧船積書類の引き渡し
⑦貨物代金の決済
⑥船積書類の到着通知

①売買契約の締結

②輸出商品を輸入者へ輸送

輸出者（売り手）　　　　　　　　　輸入者（買い手）

輸出者にとってはD/Pによる決済のほうが、
D/Aによる決済よりも安全なのだ。

●取立統一規則

　国際間の信用状に基づかない荷為替手形の取り立てについて、国際商業会議所が制定した規則です。法律や商習慣が国により異なることから生じる、代金の取り立ての事務や手続きに関して問題が発生しないように、また、外国為替取引が円滑に行われるようにするためのものです。

SECTION **13** 外国為替相場

関連する人・物

銀行

貿易では二国間の通貨の
やり取りは欠かせないのだ。

二国間の通貨の取り引きにおける交換比率を表す外国為替相場

二国間での貿易取引は輸出者と輸入者がそれぞれ異なる通貨を使用しているため、決済には必ず通貨の交換が発生します。この通貨の交換比率が為替相場です。

たとえば、日本企業が海外の企業と輸出入ビジネスの契約を締結しました。その際に取り扱う通貨を米ドルとした場合、この交換比率が必要となります。交換比率は通常、たとえば、「1米ドル＝115円」と表示します。このように外国通貨1単位を自国通貨でいくらかと表します。この表現方法を「外国通貨建て」と呼びます。

外国為替相場には、いくつかの種類があります。「売り相場」と「買い相場」、「対顧客相場」と「銀行間相場」、さらに「直物相場（Spot Rate）と「先物相場（Forward Rate）」です。それぞれの相場によって交換比率は異なってきます。

貿易取引では常に外国為替相場を意識した業務が必要となる

貿易取引の締結時に、輸出者は受け取る外国通貨を自国通貨に交換する比率を頭に入れながら採算を計算します。一方、輸入者は自国通貨を決済用の外国通貨に交換する比率を念頭において採算を計算します。

貿易取引の当事者である輸出入者は、絶えずこの通貨の交換比率を頭に入れながら業務を遂行することが重要なポイントで、為替変動リスクの回避策を準備しなければなりません。売買契約の締結後も外国為替相場の変動に関心を持つ必要があります。

為替相場はリスク管理の観点からも、
いつも注目しておこう。

●外国為替の位置づけ

外国為替相場とはある国の通貨と
他国の通貨との交換比率のこと。

●売り相場と買い相場

　外国為替の取り引きには、「売り相場」と「買い相場」があります。これは銀行を主体した呼び方です。たとえは、日本の輸入者が米ドル建ての輸入取引を行いました。この際、輸入者は輸出者に支払う米ドルを銀行から購入します。これは、銀行側から見ると、米ドルを売ることになるため、「売り相場」の交換比率が適用されます。

　また、日本の輸出者が米ドル建ての輸出取引を行いました。輸出者は受け取った米ドルを銀行に売って、円貨を受け取ることになります。つまり銀行側から見ると、米ドルを買うので、「買い相場」の交換比率が適用されます。

売り相場	買い相場
日本の輸入者が米ドル建て輸入取引を行い、輸出者に支払う米ドルを購入する場合。	日本の輸出者が米ドル建て輸出取引を行い、受け取った米ドルを銀行に売って円貨を受け取る場合
銀行から見て、 米ドルを売るので	銀行から見て、 米ドルを買うので
売り相場	買い相場

● 「対顧客相場と銀行間相場」：「直物相場と先物相場」

　銀行が顧客との間で通貨を売買するときの相場を「対顧客相場」と呼び、銀行同士が通貨を売買するときの相場を「銀行間相場」と呼びます。また、為替相場を通貨の受け渡し時期で区別してみると、「直物相場（Spot Rate）」と「先物相場（Forward Rate）」に分けることができます。

　「銀行間の直物相場」は、売買締結日の2営業日後に通貨の受け渡しをするときの相場です。また、「対顧客の直物相場」は、売買当日中に通貨の受け渡しをするときの相場です。

　先物相場のほうに目を向けてみると、「銀行間の先物相場」は、売買締結日から3営業日以降の将来の特定日、または特定期間内に通貨の受け渡しをするときの相場です。「対顧客の先物相場」は、売買締結日の翌営業日以降に通貨の受け渡しをするときの相場となります。

	対顧客市場	銀行間市場
直物取引	当日中の受け渡し	売買締結日から2営業日後の受け渡し
先物取引	売買締結日の翌営業日以降の受け渡し	売買締結日から3営業日以降の受け渡し

東京外国為替市場

　東京外国為替市場では銀行や為替ブローカーが外国為替取引を行ってます。銀行間の直物相場は刻々変動しています。

　一方、日本の銀行は、顧客企業に対して、その日一日適用するレートを固定しています。米ドルとユーロの相場を毎日10時ごろに公示仲値を公表します。これは銀行と顧客との取引に適用される為替レートの基準値となります。

●対顧客直物相場（輸入為替／輸出為替）

輸入為替のときの対顧客直物相場には、次のようなものがあります。

電信売り相場（TTSレート）：Telegraphic Transfer Selling Rate

輸入者が電信送金を行うために銀行から外貨を購入する際に適用されるレート。仲値（TTM）に銀行手数料（1円）を加えたもの。

一覧払輸入手形売り相場（ACCレート）：Acceptance Rate

輸入者が信用状付き一覧払い条件の手形決済のために、輸入地の銀行と決済する際のレート。メール期間に相当する金利（メール金利）をTTSに加えたもの。

現金売り相場（CASH売りレート）：Cash Selling Rate

銀行が外貨現金を売る際のレート。現金の輸送や保管の費用をTTSに加えたもの。

輸出為替のときの対顧客直物相場には、次のようなものがあります。

電信買い相場（TTBレート）：Telegraphic Transfer Buying Rate

輸出者あてに電信送金されてきた外貨を日本円に換える際の交換レート。仲値（TTM）から銀行手数料（1円）を引いたもの。

信用状付き一覧払輸出手形買い相場（ASBレート）：At Sight Buying Rate

輸出地の銀行が信用状付き一覧払条件の手形を買い取る際に適用されるレート。メール期間に相当する金利（メール金利）をTTBレートから差し引いたもの。

現金買い相場（CASH買いレート）：Cash Buying Rate

銀行が外貨現金を買い取る際のレート。現金の輸送や保管の費用をTTBから差し引いたもの。

期限付き手形買い相場：Usance Bill Buying Rate

輸出地の銀行が期限付き手形を買い取る際に適用されるレート。ASBレートに期日分までの金利分を差し引いたもの。

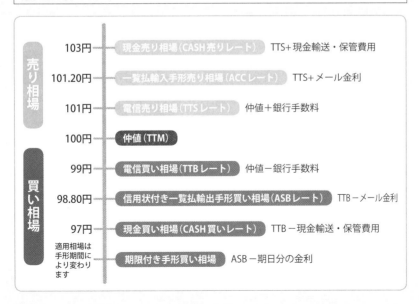

MEMO　仲値（TTM:Telegraphic Transfer Middle Rate）とは、金融機関が外国為替取引をする際の基準となるレート。金融機関が毎朝9時55分の為替レートを参考に決定。

為替変動リスクの回避

関連する人・物

銀行

為替リスクを減らす
方法もあるのだ。

為替変動リスクをヘッジしよう

外貨建ての貿易取引では為替の変動リスクが発生します。輸出者または輸入者は「為替変動リスク」を回避して、経営の安定を図らなくてはなりません。そこで、いくつかのリスクヘッジの方法を理解することが求められます。

・ 円建て契約

円建ての契約ができれば為替リスクがなくなるので安心です。しかし、円建て契約をするということは、海外の取引相手が為替リスクを負うことになります。できるだけ円建て契約を締結できるように交渉しますが、相手のいることなので難しい側面があります。

・ 為替予約の利用

為替予約をすることにより、将来に受け渡しをする円貨の額が確定します。そのことにより、当初に予定していた利益を確保することができます。為替予約をすることで、相場が変動した際に不測の損害を回避できることになるのです。

ただし、為替予約を行うと取り消しや修正が認められません。予約した期日に予約した金額の売買を実行しなければならなくなります。為替予約は電話で取引銀行に通知するのが一般的ですが、必ず事後に為替予約票を取引銀行に提出します。

・ 通貨オプション

将来の特定日あるいは特定期間内に外貨を売る権利、あるいは買う権利を購入する取引です。為替予約との違いは、特定日や特定期間が来たときに、輸出者や輸入者がその時点で直物為替相場と比較して、オプションを行使するのが有利かどうかを判断し、不利と判断した場合は放棄できることになります。

●その他のリスク回避策

マリー（Marry）

同じ通貨の債権と債務を個別に決済しないで、双方を組み合わせて相殺することで為替リスクを回避する方法です。外貨の受け取りと支払いのある企業でよく利用されています。

リーズ・アンド・ラグス（Leads and Lags）

将来の為替相場の予測に基づいて、外貨の受け払いの時期を早めたり、遅らせたりする操作のことです。将来ドル安が予想される際は、ドル建て輸出は代金の回収時期を早める（リーズ）、一方、ドル高が予想される場合は遅らせる（ラグス）する方法です。多国籍企業などの同一企業グループ間の取引によく利用されます。

●為替予約票

輸出者または輸入者は為替予約を行った後に、必ず為替予約票を取引銀行に提出します。為替予約票の様式は銀行により異なりますが、記載内容は決まっています。

  為替予約票の記載事項
  ・日付
  ・売り手と買い手
  ・売却または購入する外国通貨の種類と金額
  ・使用する相場の種類と交換レート
  ・受け渡し日

為替予約票は「銀行」と為替予約を行う「輸出者または輸入者」との両者がサインをして、それぞれが1部ずつ保管します。

銀行に相談して自社にとって
最も適した回避策を活用しよう。

SECTION **15** # コルレス契約・スイフト

関連する人・物

銀行

スイフトのおかげで世界中の銀行と安全・確実は送金ができるのだ。

外国にある銀行と外国為替取引に関する契約を締結するコレルス契約

決済手続きを行うにあたって、知っておくべきこととして、コルレス契約とスイフトがあります。

外国為替の取り引きは異なる国の間で、銀行を介して決済や資金の移動を行います。業務を行う銀行は自行の海外支店を相手に外国為替の取り引きを進めればよいのですが、すべての銀行が海外に支店などを開設しているわけではありません。そこで、外国にある銀行と外国為替取引に関する契約を締結し業務を行います。この契約を「コルレス契約」といいます。また、契約した相手の銀行を「コルレス銀行」または「コルレス先」と呼びます。

コルレス先のなかで、決済のための預金勘定を設けている先を「デポジトリーコルレス」、設けてない先を「ノン・デポジトリー・コルレス」といいます。

世界中のほとんどの銀行に送金が可能なスイフト

スイフト（SWIFT:Society for Worldwide Interbank Financial Telecommunication）とは、1973年にベルギーに設立された非営利組織の団体、またはその団体が提供するシステムのことを指します。

スイフトはコンピューターを使用した通信手段で、顧客送金、外国為替取引に基づく金融機関同士の資金付け替え、信用状取引に係る通信手段として世界中の金融機関で広く利用されています。国際的なネットワークを使って安全、確実に金融取引に関するメッセージ通信を金融機関に提供しています。

スイフトで使われている世界の銀行や支店を特定する8～11桁のコードがBIC（Bank Identifier Code）です。世界中のほとんどの銀行がこのコードを所有しており、受取人が保有する銀行のBICがわかれば確実に送金が可能となります。

●コルレス先とノンコルレス先

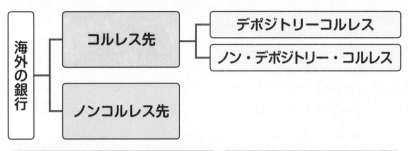

海外の銀行	コルレス先	デポジトリーコルレス
		ノン・デポジトリー・コルレス
	ノンコルレス先	

デポジトリーコルレス Depository Correspondent	外国為替取引に伴う外貨資金の決済のために、決済勘定を設けたコルレス銀行
ノン・デポジトリー・コルレス Non-Depository Correspondent	コルレス契約はあるが、決済勘定を設けてない銀行

●コルレス契約

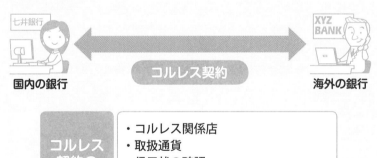

国内の銀行 ⟷ コルレス契約 ⟷ 海外の銀行

コルレス契約の内容	・コルレス関係店 ・取扱通貨 ・信用状の確認 ・手形の引き受け ・手数料など

各国通貨を常備していた　あのころ……

60代　元外資系船会社海外駐在員

　外資系船社の海外駐在員は、現地の日本の顧客（荷主）を担当することが主な役割だ。日本と同じ島国のイギリスの駐在時代と違い、オランダのロッテルダムに駐在していたころは、ベネルックス3国をはじめドイツ、フランスなどヨーロッパ大陸の顧客をカバーしていた。朝ベルギーの顧客担当者に電話をしてランチのアポを取ったり、日帰りでドイツのデュッセルドルフの顧客を訪問することも頻繁にあった。移動手段はイタリアやスイスなどの遠方であれば飛行機だったが、電車はあまり使わずほとんどはカンパニーカーを使った。

　オランダに駐在していた1980年代は、今思えばとても懐かしい時代だった。EUの通貨は、Euroではなくオランダはギルダー（guilder）、ドイツはマルク（mark）、フランスとベルギーはフラン（French franc、Belgian franc）だった。

　ホテルなどの支払いは、クレジットカードやユーロチェックまたは各紙幣でしていた。イタリアの通貨であるリラ（lira）は、貨幣価値の関係で他の通貨と比べて換算レートの単位が高いため、ディナーなどの料金がすぐに何十万リラになってしまった。

　お金に関して厄介なのは各地でトイレに入る時。ほとんどが有料トイレなのでコインが必要となることから、ギルダーの他にもマルクやフランなどのコインも持って移動しなければならなかった。オランダの自宅には、常時5〜6個の箱を置き、数ヶ国のお金を備えていた。それぞれ日本円に換算して、今、自分がいくらのお金を持っているかを計算することもしばしばあった。現在は、ヨーロッパに行くとほとんどの国でユーロが使えることから便利だと思う反面、数ヶ国のお金を管理していた時代を懐かしんでいる自分がいる。

10

貨物海上保険と貿易保険

SECTION 01

貨物海上保険

関連する人・物

保険会社

保険手配はくれぐれも
ミスのないようにするのだ。

輸入者・輸出者の双方に求められる保険に関する知識

貿易取引においては保険（Insurance）がとても重要な役割を担います。貿易取引に関わる輸出者と輸入者は特に保険に関する知識が必要になります。

保険に関わる当事者は、保険会社と保険契約を締結し、保険料を支払う義務を負う「保険契約者」（Applicant）、貨物（商品）が危険により滅失または損害を受けた場合に経済的な損失を被る「被保険者」(Insured)、保険契約を引き受ける「保険者」(Insurer/Assurer) となります。我が国では保険会社が保険者になります。

保険契約は申込者が保険会社に申し込みを行い、保険会社によって承諾されたときに成立する諾成契約です。通常、保険会社の所定の海上保険申込書に必要事項を記入して申し込み手続きを行います。

貨物海上保険は貨物の海上・航空・陸上輸送時の損失を補填する

貨物海上保険は国際間に輸送される貨物（商品）を対象に海上、航空、陸上輸送中のさまざまな危険から生じる滅失や損傷による損害を補償する保険です。貨物海上保険は保険証券に国際的な流通性を持たせるために、英文証券を使用します。保険金の支払い、保険金額などの決定は英国の法律および慣習に準拠します。

貨物海上保険は輸出者と輸入者の両当事者の合意があって、初めて契約が成立します。輸送中の危険を輸出者または輸入者のどちらかが負担するか、またどちら側が保険手配をしなければならないかは、一般的にICCが定めるインコタームズによります。たとえば、CIF条件で信用状取引の場合は、輸出者が信用状に明記された保険条件に従い、貨物海上保険の手続きを行います。輸出者は海上保険申込書、送り状（Invoice）、信用状のコピーなどを保険会社に提出し、保険証券（Insurance Policy）の発行を依頼します。輸出者は保険会社から発行された保険証券を確認し、船積書類のひとつとして銀行に提出します。

MEMO　諾成契約とは当事者同士の合意だけで成立する契約のこと。

●保険にかかわる当事者

保険契約者

保険契約を結び、保険料を支払う →

被保険者

← 損失額の補填を受け取る

保険会社

保険契約者 （Applicant）	保険会社と保険契約を締結し、保険料を支払う義務を負う者
被保険者 （Insured）	貨物（商品）が危険により滅失または損害を受けた場合に、経済的な損失を被る者
保険者 （Insurer/Assurer）	保険契約を引き受けるもの。我が国では保険会社が保険者になる

●インコタームズから見た保険の負担者

条件	FOB	CFR	CIF	CIP
貨物海上保険の手配	輸入者	輸入者	輸出者	輸出者

MEMO 保険証券（Insurance Policy）は264ページ参照、信用状と保険証券は286ページ参照。

SECTION 02

貨物海上保険の種類

関連する人・物

保険会社

保険の種類によって
填補の範囲が違うのだ。

損害を補填する範囲によって選択する保険は異なる

どのような種類の貨物海上保険を掛けるかは、貨物の種類や輸送手段を考慮して慎重に選択します。どこまでの損害をカバーするかという填補の範囲により、複数種類の保険があります。それぞれの保険の内容や特色をよく理解しましょう。

主な貨物海上保険の種類は下記のとおりです（詳しい解説は228ページ参照）。

①全危険担保（A/R：All Risks）

②単独海損担保・分損担保（WA：With Average）

③単独海損不担保（FPA：Free form Particular Average）

④全損のみ担保（TLO：Total Loss Only）

⑤共同海損（GA：General Average）

損害の状況は大きく全損と分損に分かれる

船舶による海上輸送では、「本船の沈没、座礁、火災、海水の浸入、荷崩れ、盗難などの危険」が考えられます。船舶は積荷などの貨物海上保険の目的物が損害を受けた場合、被った損害の程度により全損（Total Loss）と分損（Partial Loss）に分けることができます。さらに、全損は絶対全損（Absolute Total Loss）と推定全損（Constructive Total Loss）に分けることができ、分損は単独海損と共同海損に分けることができます。

どの種類の保険で、どこまでの損害がカバーされるかは、ICC（協会貨物約款）の基本条件で決められています。

●貨物海上保険

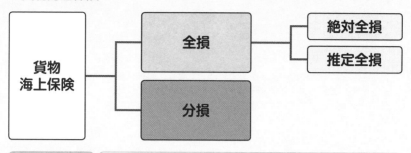

絶対全損	**Absolute Total Loss** 保険の目的物の全部が滅失した損害。保険金の全額が支払われる
推定全損	**Constructive Total Loss** 保険の目的物が事実上、滅失に近い損害を被った場合をいう
分損	**Partial Loss** 貨物の一部に生じた損害を言う。海損（Average）ともいう

絶対全損は、現実全損（Actual Total Loss）とも呼ばれるのだ。

ICC（協会貨物約款）

　ICC（Institute Cargo Clauses、協会貨物約款）とは、保険契約の内容となる約款です。普通約款と特別約款から構成され、ロンドン保険業者協会が制定した協会貨物約款が最も普及しています。現在では1963年に作成されたICC（1963）、1982年に作成されたICC（1982）、2009年に作成されたICC（2009）が使用されています。

　2009年制定された協会貨物約款ICC（2009）には、ICC（A）、ICC（B）、ICC（C）の3種類があります。

貨物海上保険の種類

全危険担保
（A/R：All Risks）

填補される範囲が一番広い条件です。戦争危険（War Risk）と同盟罷業危険（S.R.C.C.）を除くすべての危険に対して填補されます。つまり、貨物固有の瑕疵、航海の遅延、被保険者の不法行為、戦争危険、ストライキなどの危険は免責されますが、その他のすべての危険は填補されます。新ICC（A）に相当します。

単独海損担保・分損担保
（WA：With Average）

全損・共同海損・分損のすべての損害に対して填補される条件です。「単独海損不担保」や「全損のみ担保」に比べて保険会社の填補の範囲が広いため、その分の保険料も高くなります。新ICC（B）に相当します。

単独海損不担保
（FPA：Free from Particular Average）

全損および共同海損の場合に填補される条件です。単独海損は特定のものを除き填補されません。分損不担保ともいわれます。新ICC（C）に相当します。

全損のみ担保
（TLO：Total Loss Only）

貨物が全滅または全滅が推定される場合に填補される条件です。填補される範囲が最も狭い保険です。

共同海損
（GA：General Average）

航海中の本船が沈没などの危険が迫った時に、それを回避する目的で積載貨物の一部を投棄することがあります。この投棄によって危険を回避し、利益を受けた者が、共同でその損害を負担する保険です。

共同海損は上記の4つの保険とは少し異なるのだ。

MEMO　共同海損とは共同海損行為が行われた結果、航海中に生じた損害や費用を船主・用船者・荷主などの関係者で分担し合う制度。共同海損の原則や精算方法はヨーク・アントワープ規則で規定される。

● ICC（協会貨物約款）の概要

危険の具体例	基本条件		
	ICC（A）	ICC（B）	ICC（C）
火災・爆発	○	○	○
船舶または艀の沈没・座礁	○	○	○
陸上輸送用具の転覆・脱線	○	○	○
輸送用具の衝突	○	○	○
本船または艀への積み込み・荷卸し中の落下による梱包1個ごとの全損	○	○	×
海・湖・河川の水の輸送用具・保管場所への浸入	○	○	×
地震・噴火・雷	○	○	×
雨・雪などによる濡れ	○	×	×
破損・まがり・へこみ・擦損・かぎ損	○	×	×
盗難・抜荷・不着	○	×	×
外的な要因を伴う漏出・不足	○	×	×
共同海損・救助料・投荷	○	○	○
波ざらい	○	○	×

CHAPTER 10

貨物海上保険と貿易保険

● 共同海損が成立するための要件

> **共同の危険が現実に発生していること**

> **共同の安全のために行われた合理的な行為であること**

> **通常の航海では発生しない犠牲であること**

● 共同海損宣言状（General Average Declaration）

　共同海損宣言状とは、共同海損が発生した場合、船会社が関係する荷主に対して行う通知。この通知には事故の概要、損害を共同海損で処理すること、共同海損精算人を選任したことなどが記載されている。

MEMO ヨーク・アントワープ規則（Y.A.ルール）とは、共同海損に関する国際統一規則。1887年に制定され、その後、改定、修正が行われ、2004年改定が最新。しかし、現在は「1994年の規則」が広く使用されている。

SECTION **03**

関連する人・物

保険会社

予定保険と確定保険

予定保険は輸出入取引では
よく利用されるのだ。

予定保険は「貨物に保険がかかってない」状態を防ぐ

　貨物海上保険は、輸送危険が生じた時点で保険の契約が成立していなければなりません。保険会社は保険の申し込み前に発生した事故に対してはカバーしてくれません。そのため、保険を付保する者は、船積みの予定が決まった時点で保険会社に対して「予定保険」を申し込み、船積みが完了した時点で予定保険を「確定保険」に切り替える手続きを行います。このような手続きを踏むことにより「一時的にでも貨物に保険がかかっていない」状態を防ぐことができます。

　予定保険は保険契約時に必要な事項が未確定のままでも申し込むことができるため、保険契約者は輸送における危険が発生する前に掴んでいる、船積みに関する情報や貨物情報などの必要情報を保険会社に伝え「予定保険」を締結します。予定保険を締結した時点で貨物海上保険の契約が成立したとみなされます。そして、保険契約に必要な事項がすべてわかった時点で、保険会社にその内容を伝えて「確定保険」に切り替えます。

　CIF条件やCIP条件の場合は、輸出者がこのような手続きを行います。

予定保険の契約から確定保険への切り替えの流れと書類

　保険契約者は船積みの予定に基づいて、予定保険申込書に必要事項を記入し保険会社に提出します。そして、予定保険証券（Provisional Policy）を入手します。次に、船積みが完了すると、保険会社に対して確定保険の申し込みを行い、保険料を支払います。一方、保険会社は保険を引き受けたことを証明する保険証券（Insurance Policy）または保険承認状（Insurance Certificate）を保険契約者に発行します。

●保険契約の重要項目

保険の目的
(Subject Matter of Insurance)

貨物海上保険での保険の目的物は通常、貨物の事を指します。保険証券上では、「Goods and Merchandises」と表現しています。

保険金額
(Insured Amount)

保険契約者が付保した金額です。万が一の事故の際に保険会社から保険金として支払われる最高限度の金額です。保険金額は売買契約で特に定めのない限り、インコタームズおよび、信用状統一規則ではCIF価格または、CIP価格に輸入者の希望利益10%を加算した金額と定められています。

保険料
(Insurance Premium)

保険会社の危険負担に対する対価として、保険契約者が保険会社に支払う金額。

保険料率
(Rate of Insurance Premium)

保険金額に対するパーセントで示された数字です。通常、「100円に対して何銭」と表示します。積載船舶の規格、航路、貨物の性質、荷姿、保険条件などによって保険料率は算出されます。

希望利益
(Imaginary Profit)

貨物が無事に目的地に到着し、輸入者がその貨物を売ることにより、当然取得できたであろう利益のことです。通常、CIF価格、CIP価格の10%とされています。

> 貨物海上保険は1つの船積みごとに保険を掛ける
> 「個別保険」が原則だけど、長期にわたって継続的に
> 船積みされる貨物には付保の漏れを防ぐために
> 「包括予定保険契約」を保険会社と締結することもあるのだ。

貨物海上保険の保険期間

輸送途中でも保険が終了して
しまうことがあるので注意。

基本は輸出者の倉庫から輸入者の倉庫までの輸送の損害をカバー

貨物海上保険は一般的に「貨物が船積地にある輸出者の倉庫や工場において、輸送手段への積込みのため最初に動かされたときからはじまり、通常の輸送過程を経て、仕向地の倉庫において、荷卸しが完了したとき」までの、すべての輸送区間が補償の対象となります。ただし、注意しなければならない点は、次のような場合では、輸送の途中であっても保険は終了します。つまりタイムリミットがあるのです。

- 本船から荷卸しされて60日経過したとき
- 航空機輸送の場合は、航空機から荷卸しされて30日経過したとき

特約の保険期間は基本の契約とはカバー範囲が異なる

危険の種類には、海上危険、戦争危険、同盟罷業危険の3つがあります。

上記のうち、「戦争危険」(War Risk) と「同盟罷業危険」(S.R.C.C) は貨物海上保険の対象外となるため、通常は戦争危険と同盟罷業危険を特約として締結することになります。この2つを特約した場合の保険期間には通常と違いがあるので注意が必要です。

同盟罷業危険の保険期間は、通常の貨物海上保険と同じですが、戦争危険に関するものは原則として海上輸送中または航空輸送中のみが保険期間となります。貨物が本船または航空機に積み込まれたときからはじまり、最終の仕向港または仕向地において本船、または航空機からに荷卸しされたときまでとなります。

MEMO 「戦争危険」とは、戦争によって船舶や積み荷に損害を受ける危険のこと。「同盟罷業危険」(S.R.C.C.) とは Strike、Riot、Civil Commotions（ストライキ、暴動など）で船舶や積み荷に損害を受ける危険のこと。

●保険の期間①～輸出、CIF条件

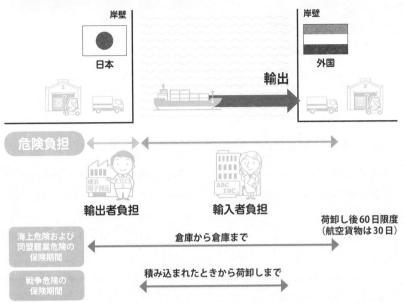

●保険の期間②～輸入、FOB条件・CFR条件

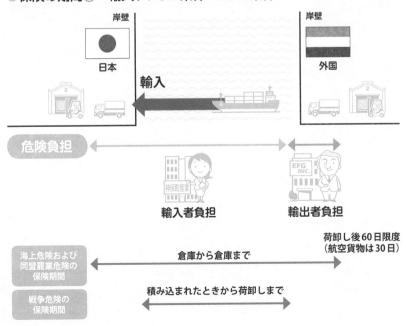

SECTION **05** 保険求償の手続き

関連する人・物

保険会社

事前に保険求償手続きを
理解しておくことが大切なのだ。

保険求償の手続きを行う者は貿易条件により異なる

輸送中の事故で商品が損傷を受けた場合、被保険者は保険会社へ保険求償（保険金の請求）の手続きを行います。保険求償の手続きを行う者は、貿易条件により異なります。

インコタームズに規定されている「E」「F」「C」グループの条件では「輸入者」が行います。一方、「D」グループの条件では「輸出者」が行うことになります。

保険求償をするときの注意点

保険求償をするにあたっては、次の点に注意します。

①事故通知

到着した貨物に損傷を発見した場合、保険求償する者は、まず保険会社または、保険証券に記載されている代理店に事故通知を速やかに行わなくてはなりません。

②リマークの取り付け

貨物の輸送において、それぞれの段階で、受け渡しを証明する書類があります。たとえば「Devanning Report」や「Cargo Boat Note」などの書類に貨物の異常を確認した場合は、リマーク（Remark、事故摘要）を取り付けておくことが必要です。

③クレーム通知

貨物の輸送に責任のある輸送業者、たとえば、船会社、航空会社、NVOCCなどの運送人へクレーム通知を出し、その回答書を入手するようにします。

④損害拡大の防止

貨物の損害がさらに拡大する恐れのある場合は、必要な処理を行います。たとえば、水洗いや乾燥を施し、ダメージが拡大しないようにします。

MEMO Devanning Report とは、コンテナから貨物を取り出した際に貨物の数量や貨物状態を記録した報告書。貨物に過不足や損傷が見つかったときはリマークとして記載される。

234

● 保険求償に必要な書類

保険証券（Insurance Policy）、または保険承認状
（Certificate of Insurance）の原本

インボイス（Invoice）

パッキングリスト（Packing List）

船荷証券（Bill of Lading）

運送業者あてのクレーム通知書（Claim Notice）

運送業者からの回答書

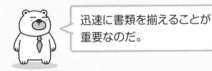
迅速に書類を揃えることが
重要なのだ。

● 貨物海上保険でカバーできないもの

貨物海上保険
ではカバー
できないもの

貨物固有の欠点

梱包の不十分による損害

被保険者による故意による損害

運送の遅延による損害

貨物海上保険でカバー
されない部分もあるのだ。

MEMO　Cargo Boat Note とは、在来型貨物船の本船から荷卸しされた貨物を確認した報告書。検査機関により貨物の状態や個数の過不足がチェックされ、貨物に異常があるときは摘要欄にその旨が記載される。

貿易保険

非常危険と信用危険をカバーする
日本独自の保険なのだ。

貨物海上保険でカバーされない部分を保証する日本独自の保険

貿易保険とは、企業が行う輸出入取引、海外投資などの対外取引において、信用危険や非常危険などのリスクの発生により、我が国の企業が被る損失をカバーする保険です。株式会社日本貿易保険（NEXI：Nippon Export and Investment Insurance）が貿易保険の引き受けを行っています。

貿易保険でカバーされる非常危険（Country Risk、Political Risk）とは、取引の当事者の責任ではない、不可抗力的なリスクのことです。また、信用危険（Commercial Risk、Credit Risk）とは、海外の取引相手の責任に帰せられるリスクのことです。

NEXIが信用危険や非常危険による損害を引き受けることにより、企業は安心して海外との取引を進めることができます。貿易保険は日本企業の海外での活動や輸出入取引を側面から支援している存在なのです。

貿易保険を利用するには取引先の与信が必要になる

貿易保険を利用するためには、取引相手である海外のバイヤーがNEXIの海外商社名簿に登録されている必要があります（海外商社名簿に登録がない場合は、NEXIのWebサービスから登録手続きが可能）。

さらに、NEXIは海外の取引先の信用危険を引き受けるために、独自の与信審査をしています。この審査結果は、アルファベット2文字を組み合わせた、海外商社格付（バイヤー格付け）として海外商社名簿に登録されています。バイヤー格付けにより信用危険に対する引き受けの範囲は変わってきます。たとえば下記のようになります。

- 輸出不能リスクの引き受け：格付けが「Gグループ」「EEからEC」の企業など
- 代金回収不能リスクの引き受け：格付けが「Gグループ」「EEからEF」の企業など

MEMO　海外商社名簿とはNEXIが行った与信審査の結果を元に、取引先バイヤーの国名、バイヤーの名称、バイヤーの住所、国とバイヤーごとに割り当てた番号（バイヤーコード）、格付けを記載したリスト。

●非常危険と信用危険

非常危険

- 為替取引制限・禁止
- 輸入制限・禁止
- 支払国に起因する外貨送金の遅延
- 国連または仕向国以外の国の経済制裁
- 自然災害、その他、契約当事者の責ではない事態　など

信用危険

- 取引相手の3か月以上の不払い
- 取引相手の破産
- 輸出契約の船積み前の一方的なキャンセル　など

CHAPTER

10

貨物海上保険と貿易保険

●格付記号一覧表

与信管理区分のバイヤー格付けと評価基準			事故管理区分のバイヤー格付けと評価基準		
G Government		政府機関等	**R** Remarks		債務不履行
	S	Security	外貨管理当局 等	G グループ S グループ E グループ	・損失発生通知の内容が「債務不履行」として報告された者 ・相当の支払遅延のある者 ・2年以内に不渡手形を発行した者
	A	Authority	一般政府機関 等		
	E	Enterprise	政府系企業、国立銀行等		
E Enterprise		民間企業			
	E	Excellent	優良企業	**B** Bankruptcy	破産、保険金支払い等
	A	Ace	信用状態良好 等	G グループ S グループ E グループ	・損失発生通知の内容が「破産」として報告された者 ・保険金を支払った者 ・破産、その他これに準ずる状態にある者
	M	Massive	信用責任残高大		
	F	Fair	保険引受に一定制限		
	C	Cautious	信用状態等に不安		
S Security		商業銀行等			
	A	Ace	優良商業銀行 等		
	C	Cautious	信用状態不安		
P Provisional		格付け未確定			
	N	Newly established	創設期の者		
	U	Uncertain	信用状態不明		
	T	Temporary	信用調査不可能等		

(株式会社日本貿易保険のWebページを参考に作成)

●株式会社日本貿易保険

名称：株式会社日本貿易保険
　　　（Nippon Export and Investment Insurance）
住所：本店 〒101-8359
　　　東京都千代田区西神田3-8-1
　　　千代田ファースト東館5階
ホームページ：https://www.nexi.go.jp
設立年月日：2017年4月
設立根拠法：貿易保険法

SECTION 07

貿易保険の種類と
輸出手形保険

関連する人・物

保険会社

貿易保険にも
いろいろあるのだ。

代表的な貿易保険の種類

　貿易保険にはいくつかの種類があります。それぞれの内容を理解し、適した貿易保険を選択することが大切です。代表的な貿易保険には次のようなものがあります。

- 貿易一般保険（個別）

　輸出契約・仲介貿易契約などを対象とする、一般的な保険です。

- 輸出手形保険

　銀行を被保険者として、D/A取引・D/P取引において、代金の回収リスクをカバーする保険です。

- 貿易一般保険（企業総合）

　企業ごとに包括保険特約を締結して、特約で決めた取引すべてをカバーする保険です。

- 海外投資保険

　海外で行った投資について外国政府による収用、戦争、テロ、天災に伴う損害などをカバーする保険です。

　上記以外にも、「中小企業・農林水産業輸出代金保険」「限度額設定型貿易保険」「簡易通知型包括保険」などがあります。

D/A取引やD/P取引の代金の回収不能をカバーする輸出手形保険

　輸出手形保険とは、D/A取引やD/P取引の代金の回収不能をカバーする保険です。次のような特色があります。

- 荷為替手形の決済に伴う手形買取後のリスクをカバーする
- 手形の買取銀行が被保険者となる
- 日本からの輸出取引のみを対象とした保険

●輸出手形保険の流れ

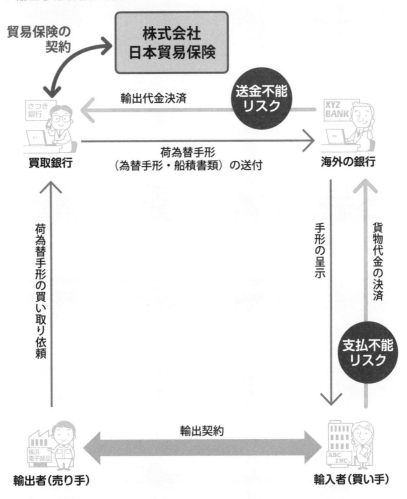

貿易保険の契約

株式会社 日本貿易保険

輸出代金決済

送金不能リスク

荷為替手形（為替手形・船積書類）の送付

XYZ BANK

買取銀行 　　　　　　　　　　　　　　 海外の銀行

さつき銀行

荷為替手形の買い取り依頼

手形の呈示

貨物代金の決済

支払不能リスク

輸出契約

横浜電子部品

ABC INC.

輸出者（売り手） 　　　　　　　　　　　 **輸入者（買い手）**

輸出者から手形を買い取った、「買取銀行」が「被保険者」となり、（株）日本貿易保険と保険契約を締結します。非常危険、信用危険とも船積み後、代金の回収不能等が起きた場合、手形金額の95％が付保されます。

◎注意しなければならない点
　①船積日の翌日から3週間以内に、荷為替手形の買い取りが行われていること
　②手形の買取銀行は、買取日から銀行の5営業日以内に、日本貿易保険に対して、買取通知を行わなくてはならない

その昔、電話ではひと苦労しました

60代　元外資系船会社海外駐在員

　1992年にロンドンに赴任した当時、カンパニーカーには取り外しのできないカーテレフォンが設置されていた。それから数年経つと、（いまだガラケーだったが）携帯電話が普及し始め、車内には携帯電話を取り付けるアダプター、相手の声を聴くためのスピーカー、自分の声を拾うマイクロフォンが備え付けられるようになった。

　便利な反面、大変なことが多かった。ハンズフリーで話せるため、車を運転しながら通話ができるが、安全面を考え、また会話に集中するためには、車を停めて電話を掛けることにしていた。

　しかし、運転中に電話が掛かり、相手が英語で話しかけてきた時が一苦労だった。走り慣れた道を走っている時はさほどでもなかったが、見知らぬエリアを走行中に英語で会話をしなければならない時は、相手の英語の聞き取り、英語での受け応えして、車の運転、（いまだカーナビが普及する前の）道の確認など、同時進行で行うことは、とても神経を使うことだったのだ。

　会話が簡単に進みそうになかった場合は、一旦電話を切ることにして、停車して掛け直すことにしていた。いつも第一声は、「何の話だったっけ?」としか言えなかった。

CHAPTER

11

貿易書類の
作り方と見方

SECTION 01

貿易実務には貿易書類の知識が必要

関連する人・物

輸出者　輸入者

貿易実務者は貿易書類の知識と
スキルが求められるのだ。

貿易実務で使う書類の種類をしっかり把握しておく

　毎日の貿易実務の仕事を進める者にとって、貿易書類に関する知識は当然に求められる必須のスキルです。輸出入取引の業務に携わるなか、英文で記載された貿易書類を理解し、短時間に正確に作成できることが重要になります。

　まずは、輸出入取引に登場する貿易書類に、どのようなものがあるのかを把握します。貿易取引を担う企業や公的機関によって、扱う書類が異なります。どのような書類が登場するのかを理解しましょう。右ページに一覧表を掲載しました。

書類の流れと作成者、提出先と発行元を理解する

　次に、書類の流れ（Documents Flow）を把握しましょう。つまり、「書類の作成者と提出先・発行先」をしっかりと理解することです。書類の流れを理解することにより、業務内容をより正確に確認することができます。貿易実務担当者としては確実に理解しなければならないポイントです。

多くの種類の書類を
扱わなくてはならないのだ。

●主な貿易書類の一覧

表中の◎は書類の作成者を示す

書類名	輸出者	海貨業者	船会社	NVOCC	航空会社	混載業者	銀行	保険会社	輸入者	解説ページ
Sales Contract（契約書）	◎									P.248
Invoice（I/V：送り状）	◎									P.250
Packing List（P/L: 包装明細書）	◎									P.252
Shipping Instructions（船積依頼書）	◎									P.254
Bill of Lading（B/L: 船荷証券）			◎							P.256
House Bill of Lading				◎						P.260
Sea Waybill（貨物受取証）			◎	◎						P.262
Insurance Policy（I/P: 保険証券）								◎		P.264
Bill of Exchange（B/E: 為替手形）	◎									P.266
Dock Receipt（D/R: ドックレシート）		◎								P.268
Surrender B/L			◎	◎						P.270
Letter of Credit（L/C: 信用状）							◎			P.272
Shipping Advice（船積通知）	◎									P.288
B/L 訂正用の L/G	◎									P.290
ケーブルネゴ依頼書	◎									P.292
Arrival Notice（A/N: 貨物到着案内）			◎							P.294
Delivery Order（D/O: 荷渡指図書）			◎							P.296
Bank L/G（船荷証券到着前貨物引取保証状）									◎	P.298
Application for Opening L/C（信用状発行依頼書）									◎	P.300
Air Waybill（航空貨物運送状）					◎					P.302
House Air Waybill						◎				P.302

CHAPTER
11
貿易書類の作り方と見方

243

SECTION **02**

関連する人・物

輸出者 　　　輸入者

書類の関連性がわかると
役割が理解しやすいのだ。

貿易書類のポイント

ビジネスストーリーに沿った書類で書類の関係性を理解する

　輸出取引でも、輸入取引でもさまざまな書類が登場します。ひとつひとつの書類を理解することはもちろん大切ですが、それぞれの書類の関係性を理解することも重要です。そのためには、ひとつのビジネスストーリーで統一された内容の貿易書類でなくてはなりません。そうすることにより、それぞれの書類がお互いに関係し、記載内容に統一性があることがわかります。さらにそれぞれの書類の内容をしっかりとチェックすることにより、貿易取引の流れの中での書類の役割を理解することができるのです。

　次のセクションから掲載している書類は、輸出、輸入ともひとつのビジネスストーリーに合わせたものを作成してあります。ビジネスストーリーを理解したうえで、それぞれの書類の記載内容を確認しましょう。そして、このように、ひとつの物語に合致した書類を正確に作成できるスキルを身につけましょう。

いざというときのためにシステムに頼らず作れるようにする

　ほとんどの企業では、社内システムを利用したコンピューターにより書類の作成が行われています。これもひとつのスキルですが、何かのトラブルにより、コンピューターなどが使用できない不測の事態が起こることもあります。このようなときに、エクセルやワードを利用して作成できるスキルも必要になります。

専用のツールを使わずに書類作成が
できるスキルを身につけよう。

244

●同じストーリーで作成された書類の関連性

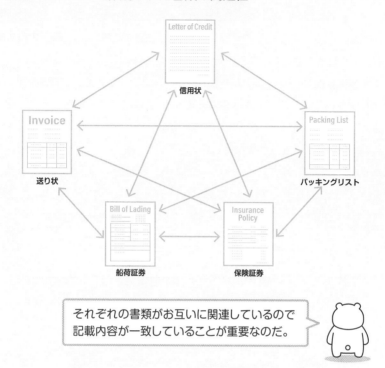

それぞれの書類がお互いに関連しているので
記載内容が一致していることが重要なのだ。

●書類の作成をマスターするには

◎エクセルでフォーマットを作成する

エクセルにそれぞれの書類フォーマットを作成して、必要箇所に入力
する練習をしましょう。

◎書類を手書きする

インボイスやパッキングリストなどのブランク用紙（なにも記載内容
のないもの）に手書きで書く練習も効果的です。記入箇所を確認した
うえで、文字を書き込むことでよりスキルが付きます。

●輸出のストーリー

　横浜に本社を置く、「木村貿易アカデミー株式会社（KIMURA BOUEKI ACADEMY CO., LTD）」が、アメリカのLOS ANGELESにある「PACIFIC TRADING /LOGISTICS,INC.」と輸出契約を締結しました。

　輸出商品は業務用の「高級ステレオ パワーアンプと部品」です。

　木村貿易アカデミーは決済条件を信用状、貿易条件をCIFとし、コンテナ船のFCL形態で輸出することになりました。

　これに基づく貿易書類を掲載します。上記の輸出ストーリーに基づき、それぞれの書類が作成されています。記載内容を確認し、正確に作成できるスキルを身につけましょう。

輸出者：

輸出者：
　木村貿易アカデミー株式会社
　KIMURA BOUEKI ACADEMY CO., LTD.
所在地：日本、横浜

商品：高級ステレオ パワーアンプと部品
決済条件：信用状
貿易条件：CIF
輸送方法：コンテナ船

輸入者

輸入者：
　PACIFIC TRADING/LOGISTICS,INC.
所在地：アメリカ、LOS ANGELES

●輸入のストーリー

横浜に本社を置く木村貿易アカデミー株式会社（KIMURA BOUEKI ACADEMY CO., LTD）が、台湾のKAOHSIUNGにある「ASIA TRADING CO., LTD.」との輸入契約を締結しました。

輸入商品は音響スピーカーです。

木村貿易アカデミーは決済条件を信用状、貿易条件をCIFとし、コンテナ船のLCL形態で輸入することになりました。

これに基づく貿易書類を掲載します。上記の輸入ストーリーに基づき、それぞれの貿易書類が作成されています。記載内容の確認を行い、受け取った書類を正確に理解し、次の業務をスムーズに進めましょう。

輸出者：
ASIA TRADING CO., LTD.
所在地：台湾、KAOHSIUNG

輸出者

商品：音響スピーカー
決済条件：信用状
貿易条件：CIF
輸送方法：コンテナ船

輸入者：
木村貿易アカデミー株式会社
KIMURA BOUEKI ACADEMY CO., LTD.
所在地：日本、横浜

輸入者

SECTION 03 Sales Contract（契約書）

作成する人	受け取る人
輸出者	輸入者

売り手が作成する
契約書なのだ。

輸出者が作成する取引に関する契約書

　Sales Contractは、売り手（輸出者）側が作成する契約書です。売り手（輸出者）は、買い手（輸入者）との契約内容に従い、Sales Contractを作成します。なお、契約書は売り手側が作成するものをSale Note、Sale Confirmationとも呼びます。

◆書類の書き方◆
①**Contract No.**：契約書番号
②**Date**：書類の作成日
③**Buyer**：買い手の社名と住所
④**Trade Terms**：貿易条件
⑤**Payment Terms**：決済条件
⑥**Time of Shipments**：船積期日
⑦**Packing**：梱包形態
⑧**Insurance**：保険の手配をどちらでするか
⑨**Partial Shipment**：分割船積みを認めるか、禁止するか
⑩**Shipments**：船積みは、どこからどこまで
⑪**Products**：商品名やモデル番号
⑫**Quantity**：商品ごとの数量や単位
⑬**Unit Price**：商品ごとの価格
⑭**Amount**：商品ごとの合計金額
⑮**Buyer**：買い手のサイン
⑯**Seller**：売り手のサイン

作成時のポイント / 入手時のポイント

　契約書は重要な書類です。貿易取引では、通常、英文で作成します。作成内容にミスがないか、充分に確認します。自社にとって、取引金額が大きな契約書の作成のときは、専門家である英文契約書専門の弁護士に相談することも大切です。
　また、買い手（輸入者）は送られてきた契約書の内容をしっかりと確認します。

● Sales Contract（契約書）の記載例

②書類の作成日

Sales Contract
original

①契約書番号 — Contract No.KBA－0607　　Date　　Feruary 6, 20XX

Buyer
PACIFIC TRADING/LOGISTICS INC.
123 NORTH SPRING STREET,LOS ANGELES,CA 90012 USA

③買い手の社名と住所

④貿易条件 — Trade Terms　CIF　LOS ANGELES　　Payment Terms　　　L/C — ⑤決済条件

⑥船積期日 — Time of Shipment
NOT LATER THAN JUNE 15, 20XX　　Packing　　by CARTON BOX — ⑦梱包形態

⑧保険 — Insurance　　by SELLER　　　Partial Shipment　　PERMIT — ⑨分割船積

⑩船積み — From　　JAPAN　　　To　　LOS ANGELES

Products　　　　　　　　　　　Quantity | Unit Price | Amount
HIGH-GRADE STEREO POWER AMPLIFIER

	Quantity	Unit Price	Amount
MODLE: AN-331	400pcs	US$400.00	US$160,000.00
MODLE: AN-118	300pcs	US$700.00	US$210,000.00
MODLE: AN-130	100pcs	US$1,120.00	US$112,000.00
AUDIO PARTS			
MODLE: SX－390	500pcs	US$8.00	US$4,000.00

Other Terms and Conditions

⑫商品の数量　　⑬商品の単価　　⑭金額

⑪商品の明細

Special Terms of Conditions

We as Seller are pleased to confirm this day our safe to you as Buyer,subject to
all of the TERMS AND CONDITIONS ON THE FACE AND REVERESE SIDE HEREOF.
If you find herein anything not in order, please let us know immediately. Otherwise,
these terms and conditions shall be considered as expressly accepted by you,
and constitute the entire agreement between the parties hereto.

(Buyer)　　　　　　　　　　　(Seller)

⑮買い手のサイン　　　　　　　　　　　　　　　　　　　⑯売り手のサイン

by　　　　　　　　　　by

Please sign and return immediately the duplicate to us.

CHAPTER
11

貿易書類の作り方と見方

買い手側が作成する契約書は、Purchase Contract、
Purchase Note、Purchase Order とも呼ぶのだ

Invoice（I/V:送り状）

作成する人
輸出者

受け取る人
海貨業者 通関業者 混載業者 輸入者 銀行

請求書も兼ねる
書類なのだ。

輸出者が作成する輸出する商品の明細書

Invoice（I/V）は、輸出者が作成する書類で、輸出する商品の明細書です。輸出者が輸入者に要求する代金の請求書の役割もあります。金額、通貨、単価、貿易条件、決済条件などを必ず記載します。

◆書類の書き方◆

① **輸出者**：輸出者の社名、住所、電話番号、FAX番号等
② **INVOICE NO.**：Invoice番号（作成者が任意に決める管理番号）。重複しないようにすることが大切
③ **DATE**：Invoiceの作成日
④ **SOLD TO**：商品の売り先（輸入者の社名・住所等を正確に記入）
⑤ **SHIPPED PER**：貨物（商品）を積載する予定の本船名
⑥ **SAIL ON**：本船の出港日
⑦ **SHIPPED FROM**：船積港（本船が出港する港名）
⑧ **TO**：荷揚港（本船が到着する港）
⑨ **TRADE TERMS**：契約した貿易条件
⑩ **PAYMENT TERMS**：契約した決済条件
⑪ **Description of Goods**：商品の明細を詳しく記入（信用状の場合は、信用状に指示された文言を記入）
⑫ **Quantity**：商品の数量
⑬ **Unit Price**：商品ごとの価格
⑭ **Amount**：金額（単価と数量を掛け合わせたもの）
⑮ **TOTAL**：輸出する合計の数量と合計金額を正確に記入
⑯ **輸出者名とサイン**：輸出者の社名の記載とサイン

作成時のポイント／入手時のポイント

①金額（通貨表示、単価、合計金額等）が正確であることが第一です。
②Payment Terms（決済条件）、Trade Terms（貿易条件）を必ず正確に記入します。
③信用状取引の場合は、信用状の指示に従いInvoiceを作成します。

● Invoice（I/V: 送り状）の記載例

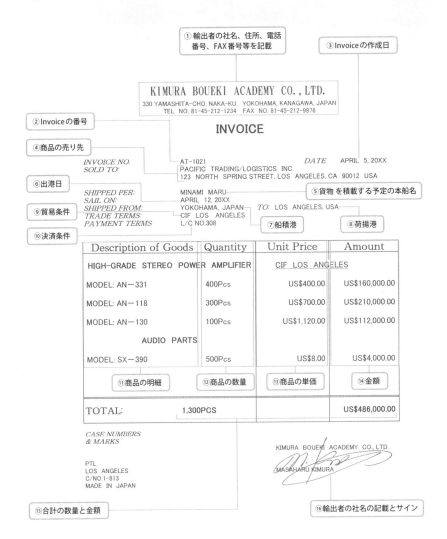

① 輸出者の社名、住所、電話番号、FAX番号等を記載

③ Invoiceの作成日

② Invoiceの番号

④ 商品の売り先

⑥ 出港日

⑨ 貿易条件

⑩ 決済条件

⑤ 貨物を積載する予定の本船名

⑦ 船積港

⑧ 荷揚港

KIMURA BOUEKI ACADEMY CO., LTD.
330 YAMASHITA-CHO, NAKA-KU, YOKOHAMA, KANAGAWA, JAPAN
TEL NO. 81-45-212-1234　FAX NO. 81-45-212-9876

INVOICE

INVOICE NO.　　　AT-1021　　　　　*DATE*　　APRIL 5, 20XX
SOLD TO:　　PACIFIC TRADING/LOGISTICS INC.
123 NORTH SPRING STREET, LOS ANGELES, CA 90012 USA

SHIPPED PER:　MINAMI MARU
SAIL ON:　　APRIL 12, 20XX
SHIPPED FROM:　YOKOHAMA, JAPAN　　*TO:* LOS ANGELES, USA
TRADE TERMS:　CIF LOS ANGELES
PAYMENT TERMS:　L/C NO.308

Description of Goods	Quantity	Unit Price	Amount
HIGH-GRADE STEREO POWER AMPLIFIER		CIF LOS ANGELES	
MODEL: AN－331	400Pcs	US$400.00	US$160,000.00
MODEL: AN－118	300Pcs	US$700.00	US$210,000.00
MODEL: AN－130	100Pcs	US$1,120.00	US$112,000.00
AUDIO PARTS			
MODEL: SX－390	500Pcs	US$8.00	US$4,000.00
TOTAL:	1,300PCS		US$486,000.00

⑪ 商品の明細

⑫ 商品の数量

⑬ 商品の単価

⑭ 金額

CASE NUMBERS
& MARKS

PTL
LOS ANGELES
C/NO.1-813
MADE IN JAPAN

KIMURA BOUEKI ACADEMY CO., LTD.

MASAHARU KIMURA

⑮ 合計の数量と金額

⑯ 輸出者の社名の記載とサイン

CHAPTER
11
貿易書類の作り方と見方

「Total」の記載が最も重要。
間違わないように注意。

SECTION 05

Packing List
（P/L：包装明細書）

作成する人

輸出者

受け取る人

海貨業者　通関業者　混載業者　銀行　輸入者

荷物に関する情報を
まとめた書類なのだ。

輸出者が作成する商品の荷姿や商品の数量を示す書類

Packing List（P/L）は輸出する貨物がどのような状態になっているかを詳しく説明した書類です。外装の荷姿・個数・ケースナンバーなどの貨物に関する情報を記入したものです。

◆書類の書き方◆
①**輸出者**：輸出者の社名、住所、電話番号、FAX番号等
②**INVOICE NO.**：Invoice番号（作成者が任意に決める管理番号）を記入します。
　重複しないようにすることが大切。通常、P/LにはInvoice番号を記入。
③**DATE**：P/Lの作成日
④**SOLD TO**：商品の売り先（輸入者の社名・住所等を正確に記入）
⑤**SHIPPED PER**：貨物（商品）を積載する予定の本船名
⑥**SAIL ON**：本船の出港日
⑦**SHIPPED FROM**：船積港（本船が出港する港名）
⑧**TO**：荷揚港（本船が到着する港）
⑨**Description of Goods**：商品の明細を詳しく記入
⑩**Case number**：ケースナンバー
⑪**Quantity**：商品の数量
⑫**Net Weight**：正味重量
⑬**TOTAL**：輸出する貨物の合計数量と商品の合計数量
⑭**CASE & NUMBERS & MARK**：荷印
⑮**輸出者名とサイン**：輸出者の社名の記載とサイン

作成時のポイント / 入手時のポイント

ケースナンバーごとの商品明細、商品数の記入には細心の注意が必要です。

ひとつの外装の荷姿の中に、商品がいくつ入っているか、つまり入数の表現も大切になります。他と入数が異なる場合や、端数の表現にも注意しましょう。

● Packing List（P/L：包装明細書）の記載例

①輸出者の社名、住所、電話番号、FAX 番号等を記載

③P/L の作成日

②Invoice の番号

④商品の売り先

⑤貨物を積載する予定の本船名

KIMURA BOUEKI ACADEMY CO., LTD.

330 YAMASHITA-CHO, NAKA-KU, YOKOHAMA, KANAGAWA, JAPAN
TEL NO. 81-45-212-1234   FAX NO. 81-45-212-9876

PACKING LIST

DATE: APRIL 5, 20XX

INVOICE NO.:   AT-1021
SOLD TO: PACIFIC TRADING/LOGISTICS INC.
123 NORTH SPRING STREET, LOS ANGELES, CA 90012 USA

⑥出港日

SHIPPED PER: MINAMI MARU
SAIL ON: APRIL 12, 20XX
SHIPPED FROM: YOKOHAMA, JAPAN   *TO:*   LOS ANGELES, USA

⑦船積港

⑧荷揚港

CHAPTER **11**
貿易書類の作り方と見方

Description of Goods	Quantity		Net Weight
HIGH-GRADE STEREO POWER AMPLIFIER			
MODEL:AN-331 C/NO.1-400	400 CARTONS	(400PCS)	8.5kgs
MODEL:AN-118 C/NO.401-700	300 CARTONS	(300PCS)	10.0kgs
MODEL:AN-130 C/NO.701-800	100 CARTONS	(100PCS)	12.5kgs
AUDIO PARTS			
C/NO.801-812	12 CARTONS	(480PCS) 〈@40PCS/CT〉	3.2kgs
C/NO.813	1 CARTON	(20PCS)	3.2kgs

⑨商品の明細

⑩ケースナンバー

⑪商品の数量

⑫正味重量

TOTAL: 813CARTONS   (1,300PCS)

⑬貨物の合計数量と商品の合計数量

CASE NUMBERS & MARKS

KIMURA BOUEKI ACADEMY CO., LTD.

MASAHARU KIMURA

⑭荷印

PTL
LOS ANGELES
C/NO.1-813
MADE IN JAPAN

⑮輸出者の社名の記載とサイン

ケースナンバーごとに
商品明細を正確に記入するのキモ。

SECTION 06

Shipping Instructions（船積依頼書）

作成する人

輸出者

受け取る人

海貨業者　通関業者　混載業者

通関や船積みに関する
依頼・指示書なのだ。

輸出者が作成する通関や船積みなどをフォワーダーに依頼する書類

輸出者が作成し、通関業者・海貨業者に通関手続き、船積み手続きを依頼や指示する書類です。通関業者などはこの書類の指示内容に従います。

◆書類の書き方◆

①**SHIPPER**：輸出者の社名、住所を記載

②**CONSIGNEE**：船荷証券（B/L）の荷受人欄に表示されるべき文言

③**NOTIFY**：B/Lの着荷通知先欄に表示されるべき文言

④**VESSEL**：本船名

⑤**VOY NO.**：航海番号

⑥**CARRIER**：船会社の名前

⑦**PLACE OF RECEIPT**：荷受地（船会社が荷送人から貨物を受け取る場所）

⑧**PORT OF LOADING**：本船の船積港

⑨**PORT OF DISCHARGE**：荷揚港（本船が到着する港）

⑩**PLACE OF DELIVERY**：荷渡地（船会社が荷受人に貨物を引き渡す場所）

⑪**DESCRIPTION OF GOODS**：商品の明細を詳しく記入（信用状取引の場合は、信用状に指示された文言を記入）

⑫**MARKS & NO.**：荷印

⑬**NO. OF P' KGS**：貨物の個数

作成時のポイント / 入手時のポイント

輸出者は記載内容に充分に注意しなくてはなりません。万一、記入した指示内容が間違っていると、この書類に従って行われる通関手続きや船積み手続きに支障をきたすことになります。

● Shipping Instructions（船積依頼書）の記載例

③B/Lの着荷通知先欄に
表示されるべき文言

このサンプルはコンテナ船に船積みを依頼する場合のもの

①輸出者の社名、住所

SHIPPING   INSTRUCTIONS

1.DATE: APRIL 5, 20XX

1.御得意先(請求先)	1.御得意先ご担当者	1.TEL NO. 045-212-1234
	1.営業担当者	1.手仕舞コード ( )
2.SHIPPER ( ) 2.CONTRACT NO. ( ) KIMURA BOUEKI ACADEMY CO., LTD. 330 YAMASHITA-CHO, NAKA-KU, YOKOHAMA、KANAGAWA JAPAN	1.INVOICE NO. & (FOR VALUE) AT-1021	
2.CONSIGNEE ( )	1.通関貨物搬入場所 ( )	1.貨物搬入(予定)日 荷主
TO ORDER	1.工場VANNING場所 ( )	1.VANNING日

②B/Lの荷受人欄に表示されるべき文言

| | 1.CFS貨物持込先(VANNING PLACE) | | (   ) |

| X | コンテナ船 | CFS-CFS | X | CY-CY | | CY-DOOR |
| | 在来船 | CFS-CY | | CY-CFS | | CFS-DOOR |

2.NOTIFY ( )	3.CONTAINER SIZE・タイプ・本数 20'- DRY 1 40'- ETC:
PACIFIC TRADING/LOGISTICS INC. 123 NORTH SPRING STREET, LOS ANGELES, CA 90012 USA	3.BL DATE 3.B/L発行地 3.B/L揚者 ( ) DEPARTURER YOKOHAMA NINUSHI
	3.BL ORIGINAL 3.B/L COPY 3.メジャーリスト 3.VAN証明 3 枚 5 枚

⑤航海番号

| 3.VESSEL (   ) | 3.VOY NO. | 3.入港日 | 3.出港日 | 3.締切日(CY.CFS.S/O) |

④本船名   MINAMI MARU   19 E   20XX/4/12   20XX/4/12   20XX/4/09

| 3.CARRIER (   ) | 3.NVOCC (   ) | 3.BOOKING NO. |

⑥船会社   JAPAN SHIPPING LINE   YHLA-331   ⑧船積港

| 3.PLACE OF RECEIPT (   ) PORT of LOADING   (   ) 3.PORT OF DISCHARGE (   ) |

⑦荷受地   YOKOHAMA CY   YOKOHAMA, JAPAN   LOS ANGELES, USA   ⑨荷揚港

| 3.PLACE OF DELIVERY (   ) | 3.FINAL DESTINATION   (   ) |

⑩荷渡地   LOS ANGELES CY

3.FRIGHT	PREPAID	X	P.AS.ARRANGE	BASE RATE:			メーカー梱包	
	COLLECT		c. AS.ARRANGE	フレート支払地		保険付保		C NO.
4.MARKS & NO.	5.NO.OF P'KGS	5.DESCRIPTION OF GOODS	5.GROSS WEIGHT & M'MENT

⑪商品の明細   HIGH-GRADE STERO POWER AMPLIFIER
                & AUDIO PARTS

PTL
LOS ANGELES   813 CARTONS   ⑬貨物の個数
C/NO.1-813
MADE IN JAPAN   L/C NO.308

⑫荷印   FREIGHT PREPAID

| 1.RE-MARKS | |

間違いがあると非常に困る
書類なので作成は慎重に。

Bill of Lading （B/L：船荷証券）

作成する人　船会社

受け取る人　輸出者

B/Lは貿易取引で
最も重要な書類なのだ。

船会社が作成する貨物受取証・運送契約書の役割を持つ書類

　船会社が輸出者に対して発行するもので、貨物受取証、運送契約書の役割があります。さらに大切なことは船荷証券（B/L）の所持人が貨物の引き渡しを請求できる権利を持っていることです。また、B/Lは有価証券でもあるため、万が一、紛失した場合は、再発行に大変複雑な手続きが必要になります。

◆書類の書き方◆
① **Shipper**：荷送人（輸出者）の社名と住所
② **Consignee**：荷受人。「TO ORDER」などの指図文言を記入する場合と、輸入者の名前を記入する場合がある。信用状取引の場合は信用状の指示に従う
③ **Notify Party**：通常は輸入者の社名と住所。本船の到着を知らせるArrival Noticeの送付先となる
④ **Place of Receipt**：荷受地（船会社が荷送人から貨物を受け取る場所）
⑤ **Port of Loading**：船積港（本船が出港する港）
⑥ **Port of Discharge**：荷揚港（本船が到着する港）
⑦ **Place of Delivery**：荷渡地（船会社が荷受人に貨物を引き渡す場所）
⑧ **Container No. Seal No.**：コンテナの番号とシール番号
⑨ **Marks &Nos.**：貨物のケースマークとケース番号
⑩ **Gross Weight**：貨物の総重量
⑪ **Measurement**：貨物の総容積
⑫ **FREIGHT & CHAGRES**：海上運賃と諸チャージ
⑬ **Number of Original B(s)/L**：B/Lの正本の発行通数
⑭ **Place of B(s)/L Issue**：B/Lの発行場所と日付
⑮ **収入印紙**：有価証券であるB/Lには印紙を貼付する

作成時のポイント / 入手時のポイント

　輸出者は船会社からB/Lを入手したら、B/Lの枚数の確認やサインの有無などの記載内容を慎重にチェックします。特に信用状取引の場合は、信用状の指示に従った内容になっていなければなりません。

● Bill of Lading（B/L：船荷証券）の記載例

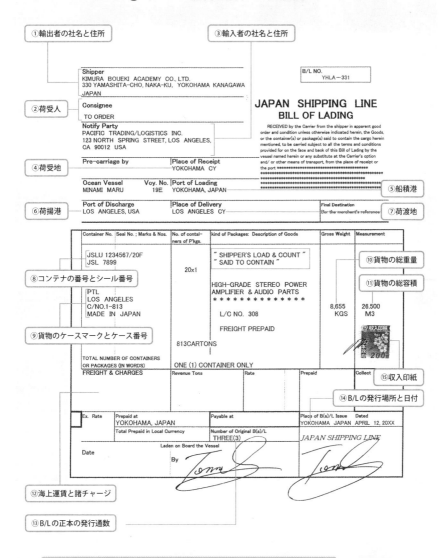

①輸出者の社名と住所

③輸入者の社名と住所

②荷受人

④荷受地

⑥荷揚港

⑧コンテナの番号とシール番号

⑨貨物のケースマークとケース番号

⑫海上運賃と諸チャージ

⑬B/Lの正本の発行通数

⑤船積港

⑦荷渡地

⑩貨物の総重量

⑪貨物の総容積

⑮収入印紙

⑭B/Lの発行場所と日付

Shipper
KIMURA BOUEKI ACADEMY CO., LTD.
330 YAMASHITA-CHO, NAKA-KU, YOKOHAMA KANAGAWA
JAPAN

B/L NO.
　　YHLA－331

Consignee
TO ORDER

JAPAN SHIPPING LINE
BILL OF LADING

Notify Party
PACIFIC TRADING/LOGISTICS INC.
123 NORTH SPRING STREET, LOS ANGELES,
CA 90012 USA

RECEIVED by the Carrier from the shipper in apparent good order and condition unless otherwise indicated herein, the Goods, or the container(s) or package(s) said to contain the cargo herein mentioned, to be carried subject to all the terms and conditions provided for on the face and back of this Bill of Lading by the vessel named herein or any substitute at the Carrier's option and/ or other means of transport, from the place of receipt or the port ∗∗

Pre-carriage by	Place of Receipt YOKOHAMA CY	
Ocean Vessel MINAMI MARU	Voy. No. 19E	Port of Loading YOKOHAMA, JAPAN
Port of Discharge LOS ANGELES, USA	Place of Delivery LOS ANGELES CY	Final Destination (for the merchant's reference)

Container No. Seal No. ; Marks & Nos.	No. of containers of P'kgs.	kind of Packages: Description of Goods	Gross Weight	Measurement
JSLU 1234567/20F JSL 7899	20x1	" SHIPPER'S LOAD & COUNT " " SAID TO CONTAIN "		
PTL LOS ANGELES C/NO.1-813 MADE IN JAPAN		HIGH-GRADE STEREO POWER AMPLIFIER & AUDIO PARTS ∗ ∗ ∗ ∗ ∗ ∗ ∗ ∗ ∗ ∗ ∗ ∗ L/C NO. 308 FREIGHT PREPAID	8,655 KGS	26.500 M3
	813CARTONS			
TOTAL NUMBER OF CONTAINERS OR PACKAGES (IN WORDS)	ONE (1) CONTAINER ONLY			

FREIGHT & CHARGES	Revenue Tons	Rate	Prepaid	Collect

Ex. Rate	Prepaid at YOKOHAMA, JAPAN		Payable at	Place of B/L Issue YOKOHAMA JAPAN	Dated APRIL 12, 20XX
	Total Prepaid in Local Currency		Number of Original B(s)/L THREE(3)	JAPAN SHIPPING LINE	
Date	Laden on Board the Vessel		By		

"shipper's load & count" "said to contain" という文言は "unknown clause" といって、「荷主側でコンテナに貨物を詰め込み、シールをしたので船会社はコンテナ内の貨物には、責任を持ちません」という意味。FCLの場合に記載されるのだ。

MEMO　船会社は、B/Lの作成時にNACCSを活用したり、Dock Receiptを利用したりして作成することが多くある。正確に作成することが求められる。

Bill of Ladingの裏書き（船荷証券）

作成する人	受け取る人
輸出者	買取銀行

輸出者は荷受人欄が
「TO ORDER」の場合、
裏書きをして銀行に提出する。

船荷証券の裏に署名をすることにより貨物の引き渡し請求権を移転

　輸出者は指図式船荷証券（Order B/L）を銀行に提出する際、信用状の指示に従い、裏書きをします。裏書きをすることにより、貨物の引き渡し請求権を移転できることになります。

　　◆書類の書き方◆
　　①**輸出者名**：輸出者の社名を記入
　　②**サイン**：責任者がサインをする
　　③**名前**：サインをした責任者の名前

指図式船荷証券（Order Bill of Lading）の裏書き

　指図式船荷証券（Order Bill of Lading）の裏書きには注意しましょう。信用状に"MADE OUT TO ORDER AND BLANK ENDORSED"と指示があります。この場合は、B/LのConsignee欄（257ページの②）に"TO ORDER"と記載されたB/Lを船会社などから入手し、輸出者は銀行に提出する前にBLANK EDORSEMENT（白地裏書）を行うことになります。

　"BLANK ENDORSEMENT"とは、B/Lの裏面に社名と責任者の名前を記入し、署名する方法です。

作成時のポイント / 入手時のポイント

　輸出者は船会社からB/Lを入手したら、B/Lの枚数の確認や収入印紙の有無などの記載内容を慎重にチェックします。特に信用状取引の場合は、信用状の指示に従った内容になっていなければなりません。

● Bill of Lading（船荷証券）裏書きの記載例

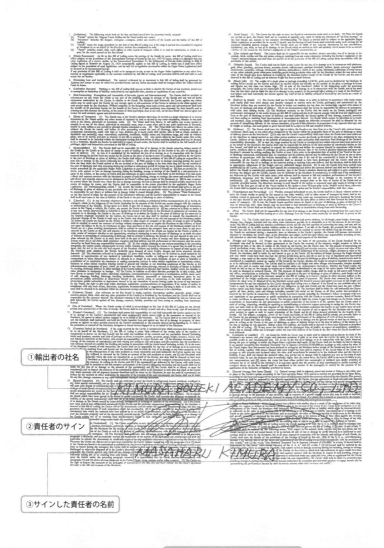

①輸出者の社名

②責任者のサイン

③サインした責任者の名前

裏書きは普通は
書類の下側に行うのだ。

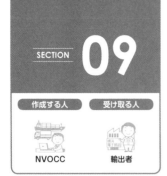

House Bill of Lading

作成する人	受け取る人
NVOCC	輸出者

NVOCCから輸出者に
渡される書類なのだ。

▌ NVOCCから発行されるB/L

　NVOCCが海上輸送を依頼された、それぞれの輸出者に対して発行する船荷証券（B/L）です。右ページの記載例のHouse Bill of Ladingは、100カートンの商品をLCL形態でNVOCCに海上輸送を依頼した場合に発行されたものです。

　◆書類の書き方◆
　①**NVOCCの社名**：House B/Lを発行するNVOCCの社名
　②**B/L NO**：House B/Lのナンバーを記入
　③**連絡先**：NVOCCの現地の代理店
　④**Signature**：責任者のサイン

▌ 作成時のポイント / 入手時のポイント

　NVOCCはそれぞれの荷主（輸出者）に対して、要求された通りの内容でHouse B/Lを作成します。荷主（輸出者）は、海上輸送を依頼したNVOCCからHouse B/Lを入手します。輸出者は内容を慎重に確認することが大切です。
　一方、船会社はNVOCCに対してMaster B/Lを発行します。NVOCCは自らが輸出者になったMaster B/Lを船会社から入手する形になります。Master B/Lの記載内容の確認も大切です。

B/LとHouse B/Lは有価証券。つまり貨物と同じ
価値があり、書類自体が財産的な価値を持つのだ。

● House Bill of Lading の記載例

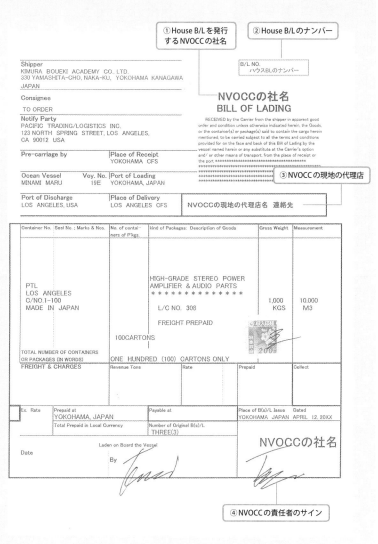

①House B/Lを発行するNVOCCの社名

②House B/Lのナンバー

③NVOCCの現地の代理店

④NVOCCの責任者のサイン

House B/LはNVOCCが発行するB/Lであり、船会社が発行するB/Lと記載内容はほぼ同じだ。

CHAPTER

11

貿易書類の作り方と見方

261

Sea Waybill
（貨物受取証）

作成する人　受け取る人

船会社　NVOCC　輸出者

最近よく利用される
ようになった書類なのだ。

様式は船荷証券に似ているが有価証券ではない貨物の受取証

Sea Waybillは単なる貨物の受取証です。運送の契約を表した証券ですが、船荷証券（B/L）とは異なり、有価証券ではありません。Sea Waybillの書式はB/Lと同じですが、非有価証券であることを示す「NON－NEGOTIABLE」（流通性がない）の文言が記載されています。

Sea Waybillが使われるメリットには、下記のようなものがあります。

①輸入地では、貨物の受取時にSea Waybillの提出がなくても、貨物を引き取ることができる

②Sea Waybillを紛失しても、再発行を受けずに保証荷渡しにより、貨物を受け取ることができる

③貨物到着後すぐに輸入者は貨物の引き取りが可能となり、保管料が節約できる

④B/Lの紛失リスクがなく、事務処理も軽減される

◆書類の書き方◆
①**WAYBILL**：「WAYBILL」の表記あり
②**NON－NEGOTIABLE**：「NON－NEGOTIABLE」の表記あり
③**WAYBILL　NO.**：ウエイビルナンバー
④**For delivery of the Goods please apply to**：現地の連絡先
⑤**Number of Original Waybill(s)**：ウエイビルの発行枚数

作成時のポイント／入手時のポイント

作成に当たっては、B/Lを作成するのと変わりがありません。ただし、Sea Waybillは、通常、発行枚数が1枚であり、収入印紙の貼付がありません。

● Sea Waybill の記載例

① 「WAYBILL」の表記 　③ウエイビルナンバー

WAYBILL NO.
123456

WAYBILL

NON－NEGOTIABLE

RECEIVED by the Carrier the Goods stated below in apparent
good order and condition unless otherwise noted,···········
···
IN WITNESS whereof,the undersigned,ha
Waybill (s)stated below,all of this tenor a
　This Waybill is not construed as a Bill of
similar document of title referred to in the International Carriage
of Goods　by Sea Act of Japan,1957 as amended in 1992 or any
other foreign ····
···
23 February,1968 or the amendments by
Brussels on 21 December .1979
(Terms of this Waybill continued on the back hereof)

② 「NON－NEGOTIABLE」
の表記

④NVOCCの現地の連絡先

Shipper
KIMURA BOUEKI ACADEMY CO., LTD.
330 YAMASHITA-CHO, NAKA-KU, YOKOHAMA KANAGAWA
JAPAN

Consignee
TO ORDER

Notify Party
PACIFIC TRADING/LOGISTICS INC.
123 NORTH SPRING STREET, LOS ANGELES,
CA 90012 USA

Pre-carriage by	Place of Receipt YOKOHAMA CY	
Ocean Vessel MINAMI MARU	Voy. No. 19E	Port of Loading YOKOHAMA, JAPAN
Port of Discharge LOS ANGELES, USA	Place of Delivery LOS ANGELES CY	

For delivery of the Goods please apply to:

Container No. Seal No. ; Marks & Nos.	No. of contai-ners of P'kgs.	kind of Packages: Description of Goods	Gross Weight	Measurement
JSLU 1234567/20F JSL 7899 PTL LOS ANGELES C/NO.1-813 MADE IN JAPAN TOTAL NUMBER OF CONTAINERS OR PACKAGES (IN WORDS)	20x1 813CARTONS ONE (1) CONTAINER ONLY	" SHIPPER'S LOAD & COUNT " " SAID TO CONTAIN " HIGH-GRADE STEREO POWER AMPLIFIER & AUDIO PARTS * * * * * * * * * * * * * * L/C NO. 308 FREIGHT PREPAID	8,655 KGS	26.500 M3

FREIGHT & CHARGES	Revenue Tons	Rate	Prepaid	Collect

Ex. Rate	Prepaid at YOKOHAMA, JAPAN	Payable at	Place of B(s)/L Issue Dated YOKOHAMA JAPAN APRIL 12, 20XX
	Total Prepaid in Local Currency	Number of Original Waybill(s) One(1)	*signature as the carrier*
Date	Laden on Board the Vessel By		

⑤ウエイビルの発行枚数

書類の様式は、
B/Lとよく似ているのだ。

Insurance Policy （I/P：保険証券）

作成する人　受け取る人

保険会社　輸出者

その名の通り保険に
関する書類なのだ。

保険会社が発行する保険条件や保険金額を記載した書類

　Insurance Policy（I/P）は、保険会社が作成し、CIF条件の場合は申請者である輸出者に対して発行する書類です。表面に保険条件や保険金額などの必要事項が記載されています。I/Pは船荷証券（B/L）とは異なり有価証券ではなく、単に保険契約の成立を証明したものです。

　◆書類の書き方◆
　① **Messrs.**：被保険者名（CIFの場合は輸出者名を記載）
　② **Invoice No.**：Invoice番号
　③ **Amount Insured**：保険金額（通常はCIF価格の110％の金額）
　④ **Conditions**：保険の種類（今回は「All RISKS」と記載されている）
　⑤ **Ship or Vessel called the**：貨物（商品）を積載する本船名
　⑥ **Sailing on or about**：本船の出港日
　⑦ **Goods and Merchandises**：保険の目的（商品名を記載する）
　⑧ **Place and date signed in**：I/Pの発行地と発行日
　⑨ **Numbers of Policies issued**：I/Pの発行部数（通常は2部）

作成時のポイント / 入手時のポイント

　輸出者はI/Pを入手した際、Amount Insured（保険金額）を必ず確認しましょう。通常はCIF金額の110％になっています。信用状で要求されている場合は、記載内容を充分に確認し、他の書類とともに銀行に提出します。

● Insurance Policy（I/P: 保険証券）の記載例

①被保険者名

②Invoice 番号

JAPAN FIRE & MARINE INSURANCE COMPANY, LIMITED

Assured KIMURA BOUEKI ACADEMY CO., LTD.   Invoice No. AT-1021

Messrs.

Policy No.   Amount Insured   US$534,600.00 — ③保険金額
          261   926   408

Claim, if any, Payable at   Conditions 〔Risks Covered〕

by   ALL RISKS —————————— ④保険の種類

Local Vessel or Conveyance   From 〔interior port or place loading〕

————————————————————— ⑤貨物を積載する本船名

Ship or Vessel called the   at and from   Sailing on or about

MINAMI MARU   YOKOHAMA   APRIL   12, 20XX ——————— ⑥出港日

Arrived at/ transhipped at   thence to

LOS   ANGELES

Goods and Merchandises

HIGH-GRADE   STEREO   POWER   AMPLIFIER   &   AUDIO   PARTS

Including risks of war,

Strikes, Riots and Civil Commotions

⑦保険の目的（商品名）

All Risks... · · · · · · · · · · ·

W.A.... · · · · · · · · · · · · ·

F.P.A. · · · · · · · · · · · · · ·

T.P.N.D. · · · · · · · · · · · · · ·

In case of interest hereby Insured being packed into containers （except open

top&/or flat rack Container and the like）, shipped under deck&/or on deck.   · · · · · · · · · · · · ·

Marks and Numbers as per Invoice No. specified above   Valued at the same as Amount Insured.

Place and Date signed in   Numbers of Policies issued

TOKYO, JAPAN   APRIL   9,   20XX   TWO （2）

Warranted Free · · · · · · · · · ·   The descriptions to be ·

· · · · · · · · · · · · · · · · ·   ·

· · · · · · · · · · · · in this policy.   ·

For   JAPAN FIRE & MARINE INSURANCE COMPANY, LIMITED

⑧I/Pの発行地と発行日

⑨I/Pの発行部数

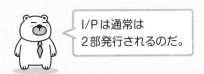

I/Pは通常は
2部発行されるのだ。

Bill of Exchange
（B/E:為替手形）

作成する人　受け取る人

輸出者　　　買取銀行

代金回収時に船荷証券と
一緒に銀行に提出する書類。

輸出者が作成する代金回収のために買取銀行に提出する書類

　Bill of Exchange（B/E）は輸出者が代金の回収のために作成する書類です。船荷証券（B/L）とともに銀行に提出します。信用状取引の場合は、信用状の指示に従い作成します。

◆書類の書き方◆

① **NO.**：手形番号（通常はInvoice番号を記入）
② **For**：手形金額を数字と記号で記載
③ **Date**：手形の作成日
④ **At**：支払期日。信用状に「at sight」（一覧払い）と指示されている場合は、「At」と「sight」の間が空いているので「XXXX」と表示
⑤ **pay to**：買取銀行名
⑥ **the sum of**：手形金額を文字で記入。金額を英語で表示し、しめくくりに「ONLY」と必ず記入する。
⑦ **to account of**：輸入者名
⑧ **Drawn under**：信用状の発行銀行名
⑨ **L/C NO**：信用状番号
⑩ **Date**：信用状の発行日
⑪ **TO**：名宛人（信用状の指示に従い正確に記入）
⑫ **振出人**：輸出者名の記入と責任者のサイン

作成時のポイント / 入手時のポイント

　輸出者は同一のものを2通（第一券と第二券）を作成します。為替手形はミスタイプが許されないので慎重に作成することが重要です。また、第一券には収入印紙を貼付します。

● Bill of Exchange（B/E：為替手形）の記載例

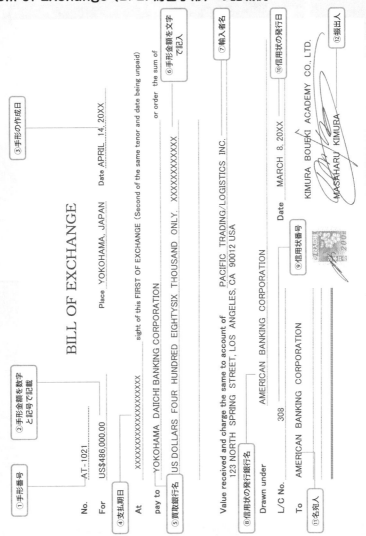

③手形の作成日

⑥手形金額を文字で記入

⑦輸入者名

⑩信用状の発行日

KIMURA BOUEKI ACADEMY CO., LTD.

⑫振出人

②手形金額を数字と記号で記載

BILL OF EXCHANGE

Place YOKOHAMA, JAPAN　　Date APRIL 14, 20XX

①手形番号

No. _____ AT - 1021

For _____ US$486,000.00

④支払期日

At _____ XXXXXXXXXXXXXXXXXXX _____ sight of this FIRST OF EXCHANGE (Second of the same tenor and date being unpaid)
or order　the sum of

pay to _____ YOKOHAMA DAIICHI BANKING CORPORATION

⑤買取銀行名

US DOLLARS FOUR HUNDRED EIGHTYSIX THOUSAND ONLY. XXXXXXXXXXXX

Value received and charge the same to account of _____ PACIFIC TRADING/LOGISTICS INC.
123 NORTH SPRING STREET, LOS ANGELES, CA 90012 USA

Drawn under _____ AMERICAN BANKING CORPORATION

⑧信用状の発行銀行名

L/C No. _____ 308 _____ Date _____ MARCH 8, 20XX

⑨信用状番号

To _____ AMERICAN BANKING CORPORATION

⑪名宛人

MASAHARU KIMURA

CHAPTER
11

貿易書類の作り方と見方

支払期日が一覧払（呈示された日を支払日とする）のとき、B/Eでは「at」と「sight」の間が空いているので、「xxxxx」と記入し「at sight」（一覧払）の意味を持たせている。

267

Dock Receipt
(D/R: ドックレシート)

船荷証券の元となる
大切な書類なのだ。

海貨業者が作成し船会社に提出する輸出貨物の情報を記載した書類

Dock Receipt（D/R）は、コンテナ船に船積みする際に海貨業者が作成する書類です。輸出貨物に関する情報を詳細に記載したもので、D/Rは船荷証券（B/L）の元となる大切な書類です。

◆書類の書き方◆

①**Shipper**：荷送人（輸出者）の社名と住所
②**Consignee**：荷受人。「TO ORDER」などの指図文言を記入する場合と、輸入者の名前を記入する場合がある。信用状取引では、信用状の指示に従う
③**Notify Party**：通常は輸入者の社名と住所。本船の到着を知らせるArrival Noticeの送付先となる
④**Place of Receipt**：荷受地（船会社が荷送人から貨物を受け取る場所）
⑤**Port of Loading**：船積港（本船が出港する港）
⑥**Port of Discharge**：荷揚港（本船が到着する港）
⑦**Place of Delivery**：荷渡地（船会社が荷受人に貨物を引き渡す場所）
⑧**Container No. Seal No.**：コンテナの番号とシール番号
⑨**Marks &Nos.**：貨物のケースマークとケース番号
⑩**Gross Weight**：貨物の総重量
⑪**Measurement**：貨物の総容積
⑫**FREIGHT & CHARGES**：海上運賃と諸チャージ
⑬**Number of Original B(s)/L**：B/Lの正本の発行通数
⑭**Place of B(s)/L Issue**：B/Lの発行場所

作成時のポイント / 入手時のポイント

海貨業者はD/Rを作成し、FCLの場合は、Container Load Plan（CLP）とともにCYのオペレーターに提出します。LCLの場合はCFSのオペレーターに提出します。

● Dock Receipt（D/R：ドックレシート）の記載例

①荷送人（輸出者）の社名と住所

Shipper KIMURA BOUEKI ACADEMY CO., LTD. 330 YAMASITA-CHO, NAKA-KU, YOKOHAMA, KANAGAWA, JAPAN	Booking No. YHLA-331	D/R No.
	Contract Shipper No.	

②荷受人

Consignee

　　TO　ORDER

JAPAN SHIPPING LINE

③輸入者の
社名と住所

Notify Party
PACIFIC TRADING/LOGISTICS INC.
123 NORTH SPRING STREET, LOS ANGELES,
CA 90012 USA

DOCK RECEIPT

④荷受地

Pre-carriage by | Place of Receipt
　　　　　　　　 YOKOHAMA CY

Ocean Vessel MINAMI MARU	Voy. No. 19E	Port of Loading YOKOHAMA, JAPAN	⑤船積港

⑥荷揚港

Port of Discharge LOS ANGELES, USA	Place of Delivery LOS ANGELES CY	Final Destination (for the merchant's referer	⑦荷渡地

⑧コンテナの番号とシール番号

Container No. Seal No. ; Marks & Nos.	No. of contai- ners of P'kgs.	Kind of Packages: Description of Goods	Gross Weight	Measurement
		SHIPPER'S LOAD & COUNT　　SAID TO CONTAIN		
JSLU 1234567/20F JSL 7899	20x1	HIGH-GRADE STEREO POWER AMPLIFIER & AUDIO PARTS		
PTL LOS ANGELES C/NO.1-813 MADE IN JAPAN		L/C NO. 308 FREIGHT PREPAID	8,655 KGS	26.500 M3
	813 CARTONS			

⑩貨物の総重量

⑪貨物の総容積

⑨貨物のケースマークとケース番号

TOTAL NUMBER OF CONTAINERS OR PACKAGES (IN WORDS)	ONE(1) CONTAINER ONLY			
FREIGHT & CHARGES	Revenue Tons	Rate	Prepaid	Collect

⑬B/Lの正本の発行通数

Ex. Rate	Prepaid at YOKOHAMA,JAPAN		Payable at	Place of B(s)/L Issue　Dated YOKOHAMA,JAPAN
@	Total Prepaid in Local Currency		Number of Original B(s)/L THREE(3)	
	Laden on Board the Vessel			
Date		By		

⑭B/Lの発行場所

Export Declaration No.	Service Type on Receiving			Service Type on Delivery			Reefer–Temperature Repuired
	x	□	□	x	□	□	
	Type of Goods	Ordinary	Reefer	Dangerous	Auto		
		Liquid	Live Animal	Bulk	Mail		

⑫海上運賃と諸チャージ

CHAPTER

11

貿易書類の作り方と見方

D/Rの記入を間違えると
B/Lが正確に作成できなくなるのだ。

269

Surrender B/L

便利なので、最近よく
利用される書類。

輸入地での貨物の受け取りを円滑にするための書類

　Surrender B/Lは、輸入地での貨物の引き渡しをスムーズに行うために、輸出者と輸出地の船会社・NVOCCの間で手続きする書類です。輸出地の船会社は、船荷証券（B/L）上に「SURRENDER」などの文言を記載したものを輸出者に発行し、そこに輸出者のサインをもらって回収します。

　Surrender B/Lは、輸入地での貨物の引き取りが便利になるためよく利用されますが、輸出者と輸入者の関係が重要になります。一般的には、資本関係のある会社間の取引や、輸入者の信用力が高く、代金回収に不安がない場合に利用されます。

　Surrender B/Lの使用を検討する場合は、利用する船会社などと一度、相談することが大切です。

　◆書類の書き方◆
　①B/Lのボディー欄に「SURRENDER」などの文言を記入する。それ以外の
　　記載事項は通常のB/Lと同じ

作成時のポイント／入手時のポイント

　輸出者は船会社・NVOCCから発行されたB/Lの内容を確認し、B/Lの裏面に署名します。つまり、裏書きしたB/L3通を船会社に提出します。船会社からみるとB/Lを回収したことになるので、「元地回収」とも言います。

● Surrender B/L の記載例

Shipper					B/L NO.
KIMURA BOUEKI ACADEMY CO., LTD. 330 YAMASHITA-CHO, NAKA-KU, YOKOHAMA KANAGAWA JAPAN					YHLA-331

JAPAN SHIPPING LINE
BILL OF LADING

RECEIVED by the Carrier from the shipper in apparent good order and condition unless otherwise indicated herein, the Goods, or the container(s) or package(s) said to contain the cargo herein mentioned, to be carried subject to all the terms and conditions provided for on the face and back of this Bill of Lading by the vessel named herein or any substitute at the Carrier's option and/ or other means of transport, from the place of receipt or the port ·····················

Consignee				
TO ORDER				

Notify Party				
PACIFIC TRADING/LOGISTICS INC. 123 NORTH SPRING STREET, LOS ANGELES, CA 90012 USA				

Pre-carriage by	Place of Receipt
	YOKOHAMA CY

Ocean Vessel	Voy. No.	Port of Loading
MINAMI MARU	19E	YOKOHAMA, JAPAN

Port of Discharge	Place of Delivery	Final Destination (for the merchant's reference only)
LOS ANGELES, USA	LOS ANGELES CY	

Container No. Seal No. ; Marks & Nos.	No. of contai-ners of P'kgs.	Kind of Packages: Description of Goods	Gross Weight	Measurement
JSLU 1234567/20F JSL 7899	20x1	" SHIPPER'S LOAD & COUNT " " SAID TO CONTAIN "		
PTL LOS ANGELES C/NO.1-813 MADE IN JAPAN		HIGH-GRADE STEREO POWER AMPLIFIER & AUDIO PARTS * * * * * * * * * * * * * L/C NO. 308 FREIGHT PREPAID	8,655 KGS	26.500 M3
		813CARTONS		収入印紙 200
TOTAL NUMBER OF CONTAINERS OR PACKAGES (IN WORDS)		ONE (1) CONTA...		
FREIGHT & CHARGES		Reve...		Collect

SURRENDER

Ex. Rate	Prepaid at	...ble at	Place of B(s)/L Issue	Dated
	YOKOHAMA, JAPAN		YOKOHAMA JAPAN	APRIL 12, 20XX
	Total Prepaid in Local Currency	Number of Original B(s)/L THREE(3)	*JAPAN SHIPPING LINE*	

Date	Laden on Board the Vessel
	By

①B/Lのボディー欄に
「SURRENDER」等の文言を記入

> 輸出者はSurrender B/Lを入手してから船会社や
> NVOCCに返却する前に記載内容を確認する。

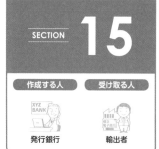

SECTION 15

Letter of Credit
(L/C：信用状)

作成する人　発行銀行

受け取る人　輸出者

信用状取引を行うときの
最も重要な書類なのだ。

発行銀行が輸入者の依頼で作成し、輸出者に送る書類

　輸出者は通知銀行から信用状（L/C：Letter of Credit）を受け取ると、信用状を読み進め、信用状の内容を確認します。信用状の内容に従い船積み手続きの準備を始めます。船積みが完了すると、輸出者は信用状の指示に従い信用状に要求されている書類を完璧に準備、作成して、買取銀行に提出することになります。

作成時のポイント / 入手時のポイント

　信用状の作成は、信用状の発行銀行が行います。輸入者の指示に従って正確に作成し、輸出者（受益者）に送られてくるので、輸出者は下記のポイントを確認します。

①記載内容が契約内容と一致しているか

　信用状の内容が契約内容と一致しているかを確認します。契約内容と信用状の記載内容が異なる場合は、直ちに輸入者に対して、信用状の訂正依頼・アメンド（Amendment）を依頼します（209ページ参照）。

②信用状に明記されている日付を確認する

　信用状には、大切な日付（DATE）が必ず3つあります。信用状の発行日（Date of Issue）、有効期限（Expiry）、船積期限日（Latest Shipment）です。輸出者は船積み手続きの準備を行うにあたって無理のない日程になっているかを確認します。

③求められている書類を確認する

　信用状に記載されている必要書類と、記載するべき内容を確認します。一般的に必要とされる書類は、Invoice（送り状）、Packing List（包装明細書）、Bill of Exchange（為替手形）、Bill of Lading（船荷証券）です。また、CIF条件の際はInsurance Policy（保険証券）も必要です。さらに、原産地証明書、検査証明書、領事送り状などの書類が要求される場合があるので注意します。

272

● Letter of Credit（L/C：信用状）の例

信用状　LETTER　OF　CREDIT

AMERICAN　BANKING　CORPORATION

IRREVOCABLE　DOCUMENTARY　CREDIT
DATE　MARCH　8,　20XX
IRREVOCABLE　DOCUMENTARY　CREDIT　NUMBER　：308

BENEFICIARY：
KIMURA　BOUEKI　ACADEMY　CO., LTD.
330　YAMASHITA-CHO , NAKA-KU, YOKOHAMA, KANAGAWA,
JAPAN

APPLICANT：
PACIFIC　TRADING /LOGISTICS　INC.
123　NORTH　SPRING　STREET , LOS　ANGELES , CA　90012
USA

ADVISING　BANK
AMERICAN　BANKING　CORPORATION　TOKYO　BRANCH　OFFICE

AMOUNT：
CIF　LOS　ANGELES
USD500,000.00
U.S. DOLLARS　FIVE　HUNDRED　THOUSAND　ONLY

EXPIRY：　JUNE　30, 20 X X

DEAR　SIRS,
WE　HEREBY　ESTABLISH　OUR　IRREVOCABLE　LETTER　OF　CREDIT
NUMBER　308　AVAILABLE　WITH　ANY　BANK　IN　JAPAN　BY
NEGOTIATION, AGAINST　PRESENTATION　OF　DRAFT　AT　SIGHT, FOR
100　PERCENT　OF　COMMERCIAL　INVOICE　VALUE, DRAWN　ON　US

上のサンプルは「フル・ケーブル・アドバイス」という
方法で送られてくるものなのだ（197ページ参照）。

●信用状（Letter of Credit）の文例と日本語訳

信用状　LETTER　OF　CREDIT

AMERICAN BANKING CORPORATION

IRREVOCABLE　DOCUMENTARY　CREDIT
DATE　MARCH　8, 20XX
IRREVOCABLE　DOCUMENTARY　CREDIT　NUMBER　：308

BENEFICIARY：
KIMURA BOUEKI　ACADEMY CO., LTD.
330 YAMASHITA-CHO , NAKA-KU, YOKOHAMA, KANAGAWA,
JAPAN

APPLICANT：
PACIFIC TRADING /LOGISTICS INC.
123　NORTH SPRING STREET , LOS ANGELES , CA 90012
USA

ADVISING BANK
AMERICAN BANKING CORPORATION TOKYO BRANCH OFFICE

AMOUNT：
CIF　LOS ANGELES
USD500,000.00
U.S. DOLLARS FIVE　HUNDRED　THOUSAND ONLY

EXPIRY：　JUNE 30, 20XX

DEAR　SIRS,
WE　HEREBY　ESTABLISH　OUR　IRREVOCABLE　LETTER　OF
　CREDIT　NUMBER　308　AVAILABLE WITH ANY　BANK　IN
JAPAN　BY　NEGOTIATION, AGAINST　PRESENTATION　OF
DRAFT　AT　SIGHT, FOR　100　PERCENT　OF　COMMERCIAL
INVOICE　VALUE, DRAWN　ON　US

ACCOMPANIED BY：
·COMMERCIAL　INVOICE　IN　TRIPLICATE　INDICATING
　LETTER　OF　CREDIT　NUMBER　DESCRIBING　THE
MERCHANDISE　AS：
HIGH － GRADE STEREO POWER AMPLIFIER & AUDIIO PARTS

重要な3つの日付を
確認しておこう。

アメリカン銀行
取消不能信用状
信用状発行日：20XX 年 3 月 8 日
取消不能信用状番号：308
受益者： 　木村貿易アカデミー株式会社
　　　　　　日本国神奈川県横浜市中区山下町 330
信用状発行依頼人：パシフィック商事・物流株式会社
住所： 　　　アメリカ合衆国カリフォルニア州……
通知銀行： 　アメリカン銀行東京支店
信用状金額：US ＄500,000.00　　CIF 条件
有効期限 　：20XX 年 6 月 30 日

当行は、ここに取消不能信用状番号 308 を発行します。この信用状は、
商業送り状金額全額に対して、下記の書類を添えて当行を名宛人とし、
振り出された一覧払いの手形の買い取りについては日本のどこの銀行
でも有効とします。

HIGT － GRADE STEREO POWER AMPLIFIER と AUDIO PARTS と商品
名が記載されていて、信用状番号が表示してある商業送り状 3 通

●信用状(LETTER OF CREDIT)の文例と日本語訳(続き)

-FULL SET OF CLEAN ON BOARD BILL OF LADING
 MADE OUT TO ORDER AND BLANK ENDORSED
FREIGHT PREPAID AND NOTIFY APPLICANT EVIDENCING
 SHIPMENT FROM JAPAN TO LOS ANGELES <u>NOT LATER</u>
<u>THAN JUNE 15, 20XX</u>

-PACKING LIST IN DUPLICATE

PARTIAL SHIPMENT： ALLOWED
TRANSHIPMENT： NOT ALLOWED

-MARINE INSURANCE POLICY IN DUPLICATE
ENDORSED IN BLANK FOR 110 % OF INVOICE VALUE
COVERING ALL RISKS INCLUDING WAR RISKS AND S. R.
C. C.

INSURANCE TO BE COVERED BY BENEFICIARY

DOCUMENTS MUST BE PRESENTED WITHIN 15 DAYS
AFTER
SHIPMENT BUT WITHIN VALIDITY OF THE CREDIT

ALL BANKING CHARGE OTHER THAN THOSE THE
ISSUING BANK ARE FOR THE ACCOUNT OF THE
BENEFICIARY.
THE AMOUNT OF EACH DRAFT MUST BE ENDORSED
ON THE REVERSE OF THIS DOCUMENTARY CREDIT BY
 THE NEGOTIATION BANK

THIS DOCUMENTARY CREDIT IS SUBJECT TO
THE"UNIFORM CUSTOMS AND PRACTICE FOR
DOCUMENTARY CREDITS" (2007 REVISION) INTERNATIONAL
 CHAMBER OF COMMERCE PUBLICATION NO. 600

白地裏書がされており、到着通知の通知先が信用状の発行依頼人の名称、住所が表示されており、運賃前払と書かれており、遅くとも20XX年6月15日までにLOS ANGELES港に向けて日本から船積したことが証明されている輸出者の指図式として作成された無故障積込式船荷証券原本3通

* 　　包装明細書2通
* 　　分割積は許可
* 　　積み替えは禁止

海上保険証券の白地裏書されたもの2通、ただし戦争危険、同盟罷業危険を特約した全危険担保条件のもので、保険金額は送り状金額の110%とします。
保険は受益者が負担をします。

船積書類は船積後15日以内でかつ信用状の有効期限以内に呈示されなければなりません。
信用状発行銀行以外のすべての銀行の諸費用は受益者負担となります。各手形金額は買取銀行によってこの信用状の裏面に裏書されなければなりません。

この信用状は、「信用状統一規則」（2007年改訂）、国際商業会議所パブリケーション　NO．600に準拠しています。

内容を確認するときは慎重にしっかりと。

とにかく信用状に従って
作成は慎重に。

作成する人　輸出者
受け取る人　買取銀行

SECTION **16**

信用状①〜信用状の指示に従ったInvoiceの作成

信用状条件では信用状の内容に沿ってInvoiceを作成する

　輸出者は信用状（L/C）の内容を確認し、L/Cに明記されている指示に従い、Invoice（送り状）を作成します。作成時の注意点を確認しましょう。

商品明細の表現について

　Invoiceの商品明細を記載するときは、信用状に明記されている内容を確認します。L/Cで指示する文言どおりに記入することが大切です。

　L/Cには、DESCRIBING THE MERCHANDISE AS : HIGH-GRADE STEREO POWER AMPLIFIER & AUDIO PARTSと表示されています。

信用状番号

　L/Cには、INDICATING LETTER OF CREDIT NUMBERと表示されています。Invoice上に信用状番号である「L/C NO.308」と必ず記載します。

必要枚数

　L/CにはCOMMERCIAL INVOICE IN TRIPLICATEと表示されています。輸出者は銀行に買い取り依頼をするときInvoiceを3通作成し、提出しなければなりません。

その他の注意事項

　送り状金額はL/Cの金額を超えていないか。金額の表示は正しいか。決済条件は正しいかなど充分に注意をしましょう。

L/C の 文言

-COMMERCIAL INVOICE IN TRIPLICATE
INDICATING LETTER OF CREDIT NUMBER

DESCRIBING THE MERCHANDISE AS：
HIGH － GRADE STEREO POWER AMPLIFIER &
AUDIO PARTS

KIMURA BOUEKI ACADEMY CO., LTD.

330 YAMASHITA-CHO, NAKA-KU, YOKOHAMA, KANAGAWA, JAPAN
TEL. NO. 81-45-212-1234 FAX NO. 81-45-212-9876

INVOICE

INVOICE NO.	AT-1021	*DATE* APRIL 5, 20XX
SOLD TO:	PACIFIC TRADING/LOGISTICS INC.	
	123 NORTH SPRING STREET, LOS ANGELES, CA 90012 USA	

SHIPPED PER:	MINAMI MARU	
SAIL ON:	APRIL 12, 20XX	
SHIPPED FROM:	YOKOHAMA, JAPAN	*TO:* LOS ANGELES, USA
TRADE TERMS:	CIF LOS ANGELES	
PAYMENT TERMS:	L/C NO.308	

Description of Goods	Quantity	Unit Price	Amount
HIGH-GRADE STEREO POWER AMPLIFIER		CIF LOS ANGELES	
MODEL: AN－331	400Pcs	US$400.00	US$160,000.00
MODEL: AN－118	300Pcs	US$700.00	US$210,000.00
MODEL: AN－130	100Pcs	US$1,120.00	US$112,000.00
AUDIO PARTS			
MODEL: SX－390	500Pcs	US$8.00	US$4,000.00
TOTAL:	1,300PCS		US$486,000.00

CASE NUMBERS
& MARKS

PTL
LOS ANGELES
C/NO.1-813
MADE IN JAPAN

KIMURA BOUEKI ACADEMY CO., LTD.

MASAHARU KIMURA

作成したら、最後に
もう一度内容を確認しよう。

SECTION 17

信用状②〜信用状の内容と船荷証券の確認

作成する人　受け取る人

船会社　輸出者　買取銀行

確認して、問題
なければ買取銀行へ。

信用状条件では信用状の内容と船荷証券の記載内容を確認する

輸出者は入手した船荷証券（B/L：Bill of Lading）を信用状（L/C）の内容と一致しているかを慎重に確認します。

CONSIGNEE の表示

L/CにはBILL OF LADING MADE OUT TO ORDERと表示されています。これはB/L面上のCONSIGNEE（荷受人）欄に「TO ORDER」と表記した指図式のB/Lを作成しなさいと指示されています。その指示に従い CONSIGNEE欄には「TO ORDER」と記載されていることを確認します。

NOTIFY の表示

L/CにはNOTIFY APPLICANTと表示されています。これはNOTIFY PARTY（着荷通知先）欄にL/Cの発行依頼人（APPLICANT）である「PACIFIC TRADING/LOGISTICS INC.」と記載します。住所もL/Cの文言どおりに記載されていることが大切です。

B/L DATE

L/CにはNOT LATER THAN JUNE 15, 20XXとなっています。B/Lの日付が20XX年6月15日以前になっていなければなりません。

B/L 枚数

L/CにはFULL SET OF CLEAN ON BOARD OCEAN BILL OF LADINGとなっています。B/Lの発行枚数がL/Cどおりか確認します。「FULL SET」とは通常3通です。

●信用状の指示と船荷証券の記載内容の確認

L/C の文言

FULL SET OF CLEAN ON BOARD BILL OF
LADING MADE OUT TO ORDER AND BLANK
ENDORSED FREIGHT PREPAID AND NOTIFY
APPLICANT EVIDENCING SHIPMENT
FROM JAPAN TO LOS ANGELES NOT LATER
THAN JUNE 15, 20XX

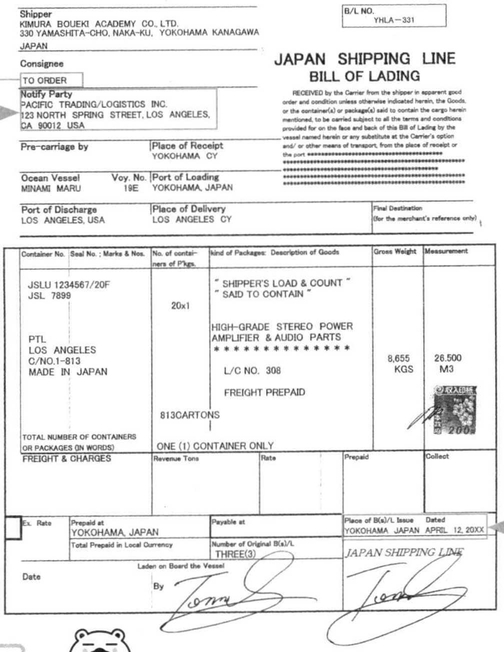

銀行提出前にサインの
有無を確認しよう。

CHAPTER 11 貿易書類の作り方と見方

281

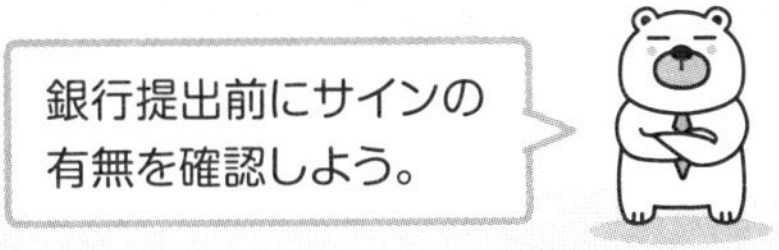

信用状③〜信用状の指示に従った船荷証券の裏書き

作成する人　受け取る人

輸出者　　買取銀行

船荷証券の種類によっては裏書きが必要になるのだ。

船荷証券が指図式船荷証券のときに必要になる裏書き

　船荷証券（B/L）にはConsignee（荷受人欄）に「To Order」あるいは「To Order of Shipper」と記載された指図式船荷証券（Order Bill of Lading）と、荷受人欄に輸入者などの特定人を記載した記名式船荷証券（Straight Bill of Lading）があります。このセクションで解説する裏書きは、B/Lが指図式船荷証券のときに行うものです。

　L/Cには「MADE OUT TO ORDER AND BLANK ENDORSED」と指示されています。この場合、輸出者はB/Lの裏面に白地裏書（Blank Endorsement）をして銀行に提出します。

　白地裏書とは、B/Lの裏面に荷送人（輸出者）の社名と責任者の名前を記入し、署名するものです。裏書きすることにより輸出者は、B/Lが持っている権利を次のB/Lの所持人に譲渡することになり、B/Lが流通性を持つことになります。

作成時のポイント / 入手時のポイント

　輸出者は、B/LのConsignee欄に記載されている表示内容を必ず確認します。L/Cに白地裏書を指示された場合は、輸出者はB/Lの裏面に正確に裏書きします。

記名式船荷証券のときは裏書きは不要。

●信用状の指示に従った船荷証券の裏書き

L/C の文言

FULL SET OF CLEAN ON BOARD BILL OF LADING MADE OUT TO ORDER AND

BLANK ENDORSED

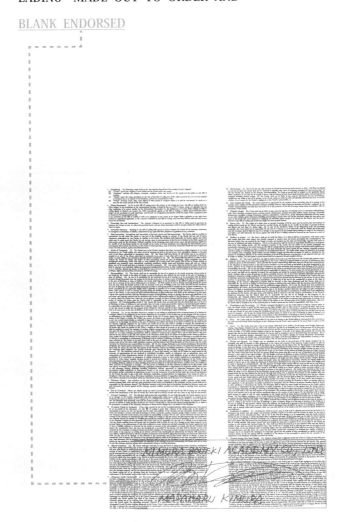

作成する人	受け取る人
輸出者	買取銀行

金額は数字だけでなく英文でも記述するのだ。

SECTION 19 信用状④～信用状の指示に従った為替手形の作成

信用状条件では信用状の内容に沿って為替手形を作成する

輸出者は信用状（L/C）の内容を確認し、L/Cに明記されている指示に従い、為替手形（B/E：Bill of Exchange）を作成します。作成時の注意事項は下記のとおりです。

手形金額

L/C上には100 PERCENT OF COMMERCIAL INVOICE VALUEと表示されています。Invoiceに記載の金額である「US＄486,000.00」と表示します。さらにB/Eの中央部にある「the sum of」の次にこの金額を英文にて記載します。金額を英文で表示するときスペルミスがないように注意しましょう。

支払期日

L/C上にはPRESENTATION OF DRAFT AT SIGHTとなっていますので、B/Eの「AT」と「SIGHT」の間に「XXX」と記入し、「AT　SIGHT」と表示します。

名宛人

L/C上ではDRAWN ON USと表示されています。この「US」とは信用状発行銀行のことです。B/Eの下部にある「TO」のところに信用状の発行銀行であるAMERICAN BANKING CORPORATIONと記入します。これは名宛人を当行にして作成するように指示しているもので、その指示に従い作成します。

振出人

この手形を振り出す人で通常は輸出者となります。為替手形の右下部に「KIMURA BOUEKI ACADEMY CO.,LTD.」と記入します。

●信用状の指示に従った為替手形の作成

L/C の 文言

・・AGAINST　PRESENTATION　OF

DRAFT　AT　SIGHT,　**FOR**　100　PERCENT　OF

COMMERCIAL　INVOICE　VALUE,

DRAWN　ON　US

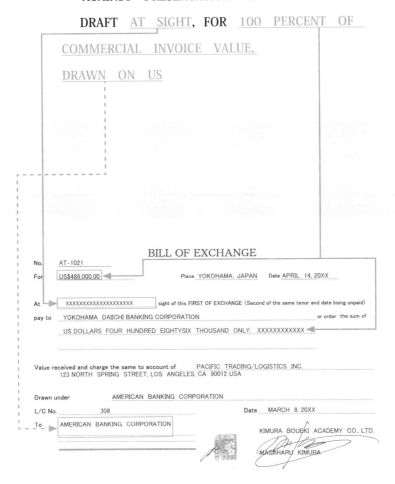

BILL OF EXCHANGE

No.　AT-1021

For　US$486,000.00　　　　　　　　Place YOKOHAMA, JAPAN　Date APRIL 14, 20XX

At　XXXXXXXXXXXXXXXXXXXX　　sight of this FIRST OF EXCHANGE (Second of the same tenor and date being unpaid)

pay to　YOKOHAMA　DAIICHI BANKING CORPORATION　　　　　　or order the sum of

US DOLLARS　FOUR　HUNDRED　EIGHTYSIX　THOUSAND　ONLY.　XXXXXXXXXXXX

Value received and charge the same to account of　　PACIFIC　TRADING/LOGISTICS　INC.
123 NORTH　SPRING　STREET, LOS　ANGELES, CA　90012 USA

Drawn under　　　AMERICAN　BANKING　CORPORATION

L/C No.　　308　　　　　　　　　　　Date　MARCH　8, 20XX

To　AMERICAN　BANKING　CORPORATION

KIMURA BOUEKI　ACADEMY　CO., LTD.

MASAHARU　KIMURA

とにかく金額を
間違わないように注意。

SECTION **20**

作成する人　受け取る人
保険会社　輸出者　買取銀行

信用状⑤〜信用状の内容と保険証券の確認

CIF条件のときは
輸出者の仕事なのだ。

信用状条件では信用状の内容と保険証券の記載内容を確認する

輸出者は入手した保険証券（I/P：Insurance Policy）を信用状（L/C）の内容と一致しているかを確認します。

必要枚数

L/Cには<u>MARINE INSURANCE POLICY IN DUPLICATE</u>と表示されています。これはI/Pを2部要求しています。

保険金額

L/Cには<u>FOR 110% OF INVOICE VALUE</u>と表示されています。これは保険金額をInvoice金額の110％にしなければなりません。保険金額は、通常、送り状金額に10％程度の希望利益（Imaginary Profit）を乗せた金額を保険金額とします。

なお、保険金額について、信用状に特別に定めがない場合は、CIF価格またはCIP価格に10％の希望利益を加えた価格を最低付保金額とします。

保険の種類

L/Cには<u>COVERING All RISKS INCLUDING WAR RISK AND S.R.C.C.</u>となっています。全危険担保の保険を掛け、さらに戦争危険（War Risk）と同盟罷業危険（Strikes, Riots and Civil Commotions: S.R.C.C.）を付保しなければなりません。

●信用状の指示と保険証券の記載内容の確認

L/C の 文言

MARINE INSURANCE POLICY IN DUPLICATE

ENDORSED IN BLANK FOR 110% OF

INVOICE VALUE COVERING ALL

RISKS INCLUDING WAR RISKS AND S. R. C. C.

JAPAN FIRE & MARINE INSURANCE COMPANY, LIMITED

Assured KIMURA BOUEKI ACADEMY CO., LTD.   Invoice No. AT-1021

Messrs.

Policy No.   Amount Insured   US$534,600.00
    261 926 408

Claim, if any, Payable at   Conditions [Risks Covered]

by   ALL RISKS

Local Vessel or Conveyance   From [interior port or place loading]

Ship or Vessel called the   at and from   Sailing on or about
MINAMI MARU   YOKOHAMA   APRIL 12, 20XX

Arrived at/ transhipped at   thence to
LOS ANGELES

Goods and Merchandises

HIGH-GRADE STEREO POWER AMPLIFIER & AUDIO PARTS

Including risks of war.
Strikes, Riots and Civil Commotions
All Risks... · · · · · · · · · · ·
W.A... · · · · · · · · · · · · ·
F.P.A. · · · · · · · · · · · · ·
T.P.N.D. · · · · · · · · · · · · ·

In case of interest hereby Insured being packed into containers (except open   · · · · · · · · · · · · · ·
top&/or flat rack Container and the like) , shipped under deck&/or on deck.   · · · · · · · · · · · · · ·

Marks and Numbers as per Invoice №. specified above   Valued at the same as Amount Insured.

Place and Date signed in   Numbers of Policies issued
TOKYO, JAPAN   APRIL 9, 20XX   TWO (2)

Warranted Free · · · · · · · · · ·   The descriptions to be · · · · · · · · · · · · · · · · · · ·
· · · · · · · · · · · · · · · · · ·   ·
· · · · · · · · · · · · · · · · · ·   ·
· · · · · · · · · · · in this policy.   ·
.   ·

For   JAPAN FIRE & MARINE INSURANCE COMPANY, LIMITED

保険証券は記載内容は少ないけど、
重要な箇所がいくつかあるのだ。

SECTION

21 Shipping Advice （船積通知）

作成する人　受け取る人

輸出者　輸入者

輸入者に「船積みしたよ」と知らせる書類なのだ。

輸出者が作成し輸入者に送る船積みの完了と出港を連絡する書類

輸出者が作成する書類で、船積みが終了し、本船の出港前後に輸入者に知らせる書類です。船積手続が無事に終了し、本船の出港を連絡します。Shipping Adviceは輸出者の義務とされています。

◆書類の書き方◆

①輸出者の社名・住所
②**Date**：船積通知の作成日
③**Messrs.**：船積通知の送り先。通常は輸入者あてに送る
④**Name of Vessel**：輸出品を積んでいる本船名
⑤**ETD**：本船の出港予定日（「ETD」は「Estimated Time of Departure」の略）
⑥**Port of Loading**：船積港（本船の出港する港）
⑦**Port of Discharge**：荷揚港（本船の到着する港）
⑧**ETA**：本船の到着予定日（「ETA」は「Estimated Time of Arrival」の略）
⑨**Number of Package**：輸出する貨物の個数など
⑩**Remarks**：別途、知らせたい情報を記入。サンプルではコンテナのサイズと本数、信用状番号などを記載

作成時のポイント / 入手時のポイント

輸出者は船積みが終了すると速やかに、輸入者に船積通知を送らなくてなりません。最近では、e-mailでShipping Adviceを送ることが多くあります。これにより、写真や書類の添付が可能となるメリットがあります。輸入者は必ず輸出者からShipping Adviceを受け取るようにしましょう。

● Shipping Advice（S/A：船積通知）の記載例

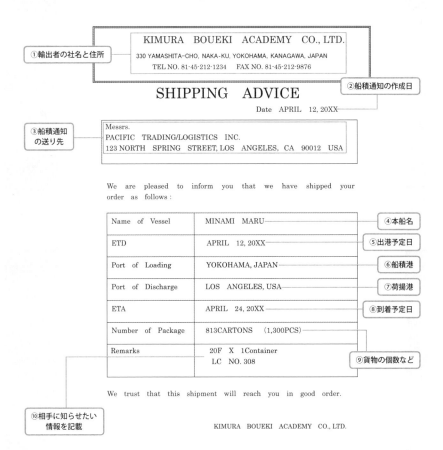

①輸出者の社名と住所

KIMURA BOUEKI ACADEMY CO., LTD.

330 YAMASHITA-CHO, NAKA-KU, YOKOHAMA, KANAGAWA, JAPAN
TEL NO. 81-45-212-1234 FAX NO. 81-45-212-9876

SHIPPING ADVICE

②船積通知の作成日

Date APRIL 12, 20XX

③船積通知の送り先

Messrs.
PACIFIC TRADING/LOGISTICS INC.
123 NORTH SPRING STREET, LOS ANGELES, CA 90012 USA

We are pleased to inform you that we have shipped your order as follows :

Name of Vessel	MINAMI MARU	④本船名
ETD	APRIL 12, 20XX	⑤出港予定日
Port of Loading	YOKOHAMA, JAPAN	⑥船積港
Port of Discharge	LOS ANGELES, USA	⑦荷揚港
ETA	APRIL 24, 20XX	⑧到着予定日
Number of Package	813CARTONS (1,300PCS)	
Remarks	20F X 1Container LC NO. 308	⑨貨物の個数など

We trust that this shipment will reach you in good order.

⑩相手に知らせたい情報を記載

KIMURA BOUEKI ACADEMY CO., LTD.

CHAPTER

11

貿易書類の作り方と見方

最近は紙ベースでなく、e-mailで送るのが主流だったりする。

Letter of Guarantee
（L/G：B/L 訂正用の保証状）

使い方によってはとても
便利な書類なのだ。

▌輸出者が船会社や NVOCC から入手した B/L の訂正を依頼する書類

　輸出者は船会社または NVOCC から発行された船荷証券（B/L）を確認し、輸出者のミスにより B/L を訂正しなければならない箇所を発見したときには B/L の訂正を依頼します。Letter of Guarantee は訂正を依頼する際に作成する書類です。

　輸出者は船会社や NVOCC に Letter of Guarantee を添えて、B/L の訂正を依頼しますが、訂正に関して問題が起きれば、「輸出者（弊社）が責任を取ります」とする内容の書類です。

　◆書類の書き方◆
①**Messrs.**：船会社名または NVOCC の社名
②**DATE**：書類の作成日
③**B/L NO.**：B/L の番号
④**ISSUED AT**：発行地と発行日
⑤**ORIGINAL MADE OUT**：訂正を依頼するミスの文言
⑥**TO BE AMENDED TO READ**：修正を依頼する文言。当初あるべき正確
　な文言
⑦**依頼者**：輸出者の社名と責任者のサイン

▌作成時のポイント / 入手時のポイント

　輸出者は訂正する箇所、訂正する文言などを正確に記載しなければなりません。また、船会社に指定の用紙がある場合は、その Letter of Guarantee を入手し、作成することになります。訂正を依頼する文言に関しては充分に注意を払いましょう。

● Letter of Guarantee（L/G：B/L 訂正用の保証状）の記載例

①船会社名またはNVOCCの社名

LETTER OF GUARANTEE

Messrs.　JAPAN　SHIPPING　LINE

DATE: APRIL 13,　20XX —— ②書類の作成日

Dear Sirs,

③B/Lの番号 —— B/L NO.　:　YHLA－331
ISSUED　AT　:　YOKOHAMA,JAPAN　ON　APRIL　12,20XX —— ④発行地と発行日

With reference to the above mentioned Bill of Lading, we would request you
to amend as follows;

⑤訂正を依頼するミスの文言

ORIGINAL MADE OUT　　　TO BE AMENDED TO READ

HIGH - GRADE STEREE
POWER　AMPLIFIEE

HIGH - GRADE STEREO
POWER　AMPLIFIER —— ⑥修正を依頼
する正しい文言

We, the undersigned, do hereby undertake to hold you free and harmless
from any claim that may arise in connection with the above mentioned
amendment and to indemnify you against all consequences of your so doing.
In addition, we fully guarantee that if you are unable to collect the charges
from the consignee these charges will be fully paid by us.

Yours faithfully

EXPORT　MANAGER
KIMURA　BOUEKI　ACADEMY CO.,LTD.

⑨輸出者の社名と
責任者のサイン

もともと訂正をお願いする書類なので、
くれぐれも間違いがないように。

<table>
<tr><td>SECTION</td><td>23</td></tr>
</table>

ケーブルネゴ依頼書

作成する人　受け取る人

輸出者　買取銀行

重大なディスクレが
発生したときに使う書類。

輸出者が買取銀行に対してケーブルネゴを依頼する書類

　提出した船積書類（B/L）のディスクレ（不一致、204ページ参照）が重大な内容の場合は、買取銀行に対して、輸出者はケーブルネゴ（Cable Negotiation）による処理を依頼します。その際に作成する書類です。

　◆書類の書き方◆
　①**作成日**：書類の作成日
　②**宛先**：買取銀行名
　③**依頼者**：輸出者の社名・住所を明記し、社印を押印
　④**手形番号**：提出した手形の番号
　⑤**手形金額**：提出した手形の金額
　⑥**信用状発行銀行名**：信用状の発行銀行名
　⑦**信用状番号**：L/C NO.
　⑧**Discrepancyの内容**：重大なディスクレの内容を詳細に記入

作成時のポイント / 入手時のポイント

　輸出者は、ディスクレの内容を充分に理解した後に、ケーブルネゴ依頼書を作成します。このケーブルネゴの手続きを依頼する際には、書類作成も含めて、買取銀行と充分に相談する必要があります。

●ケーブルネゴ依頼書の記載例

①書類の作成日

③輸出者の社名・住所を
明記し、社印を押印

ケーブルネゴ　依頼書

20XX 年 4 月 15 日

②買取銀行名 — 横浜第一銀行株式会社　御中

住所　神奈川県横浜市中区山下町 330
社名　木村貿易アカデミー株式会社
印

　平成 XX 年 4 月 14 日付の当社依頼書を以って貴行に買取りを依頼しました
下記（イ）の信用状付外国向け為替手形について下記（ロ）の理由により、買
取りの可否につき信用状発行銀行に対して、貴信にて照会してくださるようこ
こにお願いします。

　本取扱にかかわる貴行および発行銀行の電信料金等、一切の費用は当社の負
担とします。また貴行との取決めに従い、貴行からご請求があり次第、直ちに
お支払いします。

　なお、本件荷為替手形が貴行確認信用状に基づくものである場合は、買取等
につき発行銀行の承諾が得られたときであっても、本件荷為替手形の買取等に
ついては、貴行の確認銀行としての義務は免除されたものとして取り扱われて
も異議はございません。

〔記〕

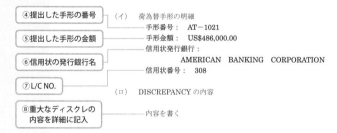

④提出した手形の番号 ——（イ）　荷為替手形の明細

—— 手形番号：　AT－1021

⑤提出した手形の金額 —— 手形金額：　US$486,000.00

—— 信用状発行銀行：

⑥信用状の発行銀行名 ——　　　　　　　AMERICAN　BANKING　CORPORATION

—— 信用状番号：　308

⑦L/C NO.

（ロ）　DISCREPANCY の内容

⑧重大なディスクレの
内容を詳細に記入 —— 内容を書く

できれば作成したくない書類。ディスクレのない
書類を作成することがなにより重要なのだ。

Arrival Notice
（A/N:貨物到着案内）

作成する人　受け取る人

船会社　　輸入者

「もうすぐ船が到着する」
というお知らせなのだ。

船会社が作成し輸入者に提出する船の到着を知らせる書類

Arrival Notice（A/N）は輸入地の船会社が作成し、荷受人である輸入者に輸入商品を積んだ本船の到着を知らせる書類です。通常、本船の入港日の2～3日前になると船会社が作成します。

◆書類の書き方◆
①**船会社名**：A/Nを発行する船会社名
②**Messrs.**：送り先。通常は輸入者の社名と住所
③**Vessel**：輸入品を積んだ本船の名前
④**Voy. No.**：航海番号（「Voy. No.」は「Voyage Number」の略）
⑤**ETA**：本船の到着予定日（「ETA」は「Estimated Time of Arrival」の略）
⑥**Port of Discharge**：荷揚港（本船の到着する港）
⑦**Port of Loading**：船積港（本船の出港する港）
⑧**Shipper**：輸出者の名前
⑨**BL NO.**：B/Lの番号
⑩**Description of Goods**：商品の明細
⑪**Freight & Charges**：諸チャージ

作成時のポイント / 入手時のポイント

輸入者はA/Nに明記されているETA（Estimated Time of Arrival：本船の到着予定日）を必ず確認しましょう。ETAを理解することにより、次の業務の準備をスムーズに進めることができます。

また、輸入者が輸入地で支払わなくてならない、海上運賃や諸チャージが記載されています。金額が大きくなる場合もあるため、輸入者は事前に準備する必要があります。

● Arrival Notice（A/N：貨物到着案内）の記載例

①書類を発行する船会社名

SUN FIVE SHIPPING CO., LTD.
YOKOHAMA BRANCH OFFICE
TEL: 045-XXXX-XXXX   FAX: 045-XXXX-XXXX

②輸入者の社名、住所

ARRIVAL NOTICE

DATE：　May 12, 20XX

Messrs.　KIMURA BOUEKI ACADEMY CO., LTD.
330   YAMASHITA-CHO, NAKA-KU, YOKOHAMA,
KANAGAWA ,JAPAN.

③本船の名前

Vessel	Voy. No.	Shipped
ASIAN STREET	57W	MAY 8, 20XX

④航海番号

⑤到着予定日

ETA
MAY 14、20XX

⑥荷揚港

Port of Discharge
YOKOHAMA,   JAPAN

⑦船積港

Port of Loading
KAOHSIUNG, TAIWAN

⑧輸出者の名前

Shipper
ASIA   TRADING CO., LTD.

⑨船荷証券の番号

BL NO.
KAYH−2017

⑩商品の明細

Description of Goods	Packages		
AUDIO SPEAKER	300 CARTONS	1500KGS	9.600M3

⑪諸チャージ

Freight & Charges

SUN FIVE SHIPPING CO., LTD.

まずはETAを確認して、
次の準備にとりかかるのだ。

Delivery Order（D/O:荷渡指図書）

船荷証券と荷渡指図書を引き換えることをD/O交換というのだ。

輸入者が船会社からもらう貨物の引き取りに必要な書類

Delivery Order（D/O）は輸入貨物の引き取りの際に必要となる書類です。通常、輸入者は船会社に対して、船荷証券（B/L）を提出し、このD/Oを入手します。

◆書類の書き方◆
① **Messrs.**：輸入者の社名と住所
② **Shipper**：輸出者の社名と住所
③ **B/L No.**：B/Lの番号
④ **Vessel Name**：本船名
⑤ **Arriving on**：本船の到着日
⑥ **Packages**：貨物の個数
⑦ **Description of Goods**：商品の明細
⑧ **Marks & Numbers**：荷印
⑨ **Weight & Measurement**：貨物の総重量と総容積
⑩ **貨物の保管場所**：輸入者が引き取りに行く貨物が蔵置されている所の名称と連絡先
⑪ **to**：D/Oの宛先。LCLの場合はCFSのオペレーター宛

作成時のポイント／入手時のポイント

輸入者は船会社からD/Oを入手したら、記載内容を確認します。特に貨物の保管場所の確認は重要です。最近では、D/O Lessの船会社も多く見うけられるので、事前に船会社に確認しておきます。

● Delivery Order（D/O: 荷渡指図書）の記載例

SUN　FIVE　SHIPPING CO., LTD.
YOKOHAMA BRANCH OFFICE
TEL: 045-XXX-XXXX　FAX:045-XXX-XXXX

DELIVERY ORDER

Please deliver the under mentioned cargo to the following person.

①輸入者の
社名と住所

Messrs.
KIMURA　BOUEKI　ACADEMY　CO., LTD.
330 YAMASHITA-CHO, NAKA-KU , YOKOHAMA,KANAGAWA, JAPAN

②輸出者の
社名と住所

Shipper
ASIA　TRADING CO., LTD.　NO.XXX，CHENGGONG　1 STRD.,
QIANJN　DIST., KAOHSIUNG CITY 801, TAIWAN.

③B/L番号

B/L No.	Port of Loading
KAYH－2017	KAOHSIUNG, TAIWAN

④本船名

Vessel Name	Voy. No.
ASIAN　STREET	57W

⑤到着日

Arriving on	Port of Discharge
MAY　14, 20XX	YOKOHAMA, JAPAN

⑥貨物の個数

Packages	Remarks
300　CARTONS	LCL－LCL

⑦商品の明細

Description of Goods	Marks & Numbers
AUDIO　SPEAKER	KBA YOKOHAMA C/NO.1-300 MADE　IN　TAIWAN

⑧荷印

Weight　　　　Measurement	貨物の保管場所
1,500　KGS　　　9.600M3	

⑨貨物の総重量
と総容積

⑩貨物の保管場所

To :　Container　Freight Station　ご担当者様

⑪宛先

貨物の引き取りには原則として荷渡指図書が必要だけど、
最近はD/O Lessと言って使わない場合もある。

SECTION 26 Bank L/G（船荷証券 到着前貨物引取保証状）

作成する人　受け取る人

輸入者　　　銀行

B/L 未着時に対処する
書類なのだ。

▌ B/L が輸入者に未着のときに銀行が連帯保証をしてくれる書類

　輸入者は輸入貨物を手に入れるにはB/Lを船会社に提出しD/Oを入手するのが一般的ですが、輸入者の手元にB/Lが届いていない場合は、B/Lの代わりに船会社に対して銀行が連帯保証をしてくれたBank L/Gを提出することになります。

　　◆書類の書き方◆
　　① **Messrs**：船会社やNVOCCの会社名
　　② **Date**：書類の作成日
　　③ **Name of Consignee**：荷受人（輸入者）の名前
　　④ **Signature**：輸入者の責任者のサイン
　　⑤ **Name of Banker**：銀行の名前
　　⑥ **Signature**：銀行の責任者のサイン
　　⑦ B/Lに関する情報

▌ 作成時のポイント / 入手時のポイント

　輸入者は船会社から入手した用紙へ必要事項を正確に記載し、取引銀行に提出することになります。B/Lが届いたら、船会社に提出しているBank L/Gを船会社から回収し、取引銀行に返すことを忘れないようにしましょう。

● Bank L/G（船荷証券到着前貨物引取保証状）の記載例

①船会社やNVOCCの
　会社名

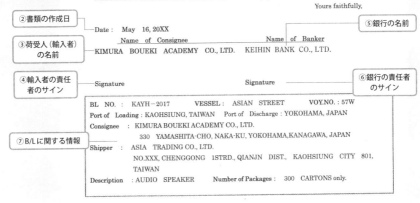

LETTER OF GUARANTEE (BANK LG)

Messrs. 船会社名
　を記入

Dear sirs、

　　In consideration of your granting delivery to　　　of the undermentioned goods without production of
BILL OF LADING due to the non-arrival or loss thereof, we hereby represent and warrant, with the
knowledge and intention that such delivery　be made in reliance thereon, that we are entitled to
delivery of the goods and no other person, firm or corporation is so entitled and that we have full power
and authority to make and issue this LETTER OF GUARANTEE

　　Further, to induce you to deliver the said goods and inconsideration thereof, we hereby .undertake
and agree as follows;

(1) To use our best efforts to locate and produce said BILL OF LADING and thereupon promptly to
　　deliver and surrender the same to you,　properly endorsed; and

(2) To pay you on demand all freight, salvage, general average and/or other charges or expenses
　　whatsoever in respect of the said goods ;and

(3) To indemnify and hold you the vessel, her owners ,charterers, operators and master and agents
　　harmless from all demands, claims, liabilities, actions and expenses, including legal expenses and
　　attorneys fees, and consequences of whatever nature which may arise out of or be connected with
　　such delivery; and

(4) Promptly on your demand, to settle directly by us any claim or to enter our general appearance in
　　any proceedings, instituted against you or any party protected by this undertaking in respect of
　　the said goods ,whether by a holder of the said BILL OF LADING or otherwise and/or provide you
　　with sufficient funds to defend the same and to meet any proved claims.

　　　　　　　　　　　　　　　　　　　　　　　　　　　　　Yours faithfully,

②書類の作成日

③荷受人（輸入者）
　の名前

④輸入者の責任
　者のサイン

Date :　May　16, 20XX

Name　of Consignee
KIMURA　BOUEKI　ACADEMY　CO., LTD.

Signature

⑤銀行の名前

⑥銀行の責任者
　のサイン

Name　of　Banker
KEIHIN　BANK　CO., LTD.

Signature

⑦B/Lに関する情報

BL　NO. :　KAYH－2017　　　VESSEL :　ASIAN　STREET　　　VOY.NO. : 57W
Port of　Loading : KAOHSIUNG, TAIWAN　Port of　Discharge : YOKOHAMA, JAPAN
Consignee　 :　KIMURA BOUEKI ACADEMY CO., LTD.
　　　　　　　330　YAMASHITA-CHO, NAKA-KU, YOKOHAMA,KANAGAWA, JAPAN
Shipper　　:　ASIA　TRADING CO., LTD.
　　　　　　　NO.XXX, CHENGGONG　1STRD., QIANJN　DIST.,　KAOHSIUNG　CITY　801,
　　　　　　　TAIWAN
Description　 : AUDIO　SPEAKER　　Number of Packages :　300　CARTONS only.

便利な書類だけど、発行に
手数料がかかってしまう。

Application for Opening L/C（信用状発行依頼書）

作成する人　受け取る人

輸入者　発行銀行（開設銀行）

信用状の発行は銀行にお願いするのだ。

▌輸入者が作成し銀行に提供する信用状の作成を依頼するための書類

Application for Opening L/Cは、輸入者（信用状の発行依頼人）が自社の取引銀行に対して、信用状（L/C）の発行（開設）を依頼する際に作成する書類です。銀行はこのApplication for Opening L/Cの記載内容をもとに信用状を発行します。

◆書類の書き方◆

① **Expiry Date**：有効期限日（通常、船積期限日の日から15日後ぐらい）
② **Applicant**：発行依頼人（L/Cの発行を依頼する人の社名と住所、輸入者）
③ **Beneficiary**：受益者（受益者の社名と住所、輸出者）
④ **Amount**：信用状金額（信用状金額を通貨表示と数字で記入）
⑤ **手形金額**：手形を振り出す金額。送り状金額の全額とする場合は100%、または "full" を記入
⑥ **Covering**：商品明細（輸入する商品の商品名など）
⑦ **Partial Shipment**：分割船積（該当する箇所にX印をつける）
⑧ **Transshipment**：積み替え（該当する箇所にX印をつける）
⑨ **Shipment**：船積に関する記載（FROMに船積港、TOに荷揚港）
⑩ **Latest Shipment**：船積期限（商品を本船に積み込む最終期限日）

▌作成時のポイント / 入手時のポイント

輸入者（信用状の発行依頼人）は、契約内容に従って、Application for Opening L/Cを作成しなければなりません。記入内容を充分に確認後、取引銀行に提出します。

● Application for Opening L/C（信用状発行依頼書）の記載例

①有効期限日

②発行依頼人

③受益者

TO

輸入信用状発行依頼書

DATE

APPLICANT'S REFERENCE NO.	CREDIT NO.	ESTABLISHED BY
		☐ CABLE(LT/ORDINARY) ☐ AIRMAIL ☐ SHORT CABLE WITH AIRMAIL

ADVISING BANK

EXPIRY DATE
JULY 31, 20XX

APPLICANT
KIMURA BOUEKI ACADEMY CO., LTD
330 YAMASHITA-CHO, NAKA-KU,
YOKOHAMA, KANAGAWA, JAPAN

BENEFICIARY
ASIA TRADING CO., LTD
NO.XXX, CHENGGONG 1STRD.,
QIANJN DIST., KAOHSIUNG
CITY 801, TAIWAN

AMOUNT
US $20,000.00

④信用状金額

Dear Sirs,
We hereby request you to issue an irrevocable documentary credit available by the beneficiary's draft
at   XXXX   sight drawn on you or your correspondent at your option for 100% of invoice
cost accompanied by the following documents marked "X".

☒ Signed commercial invoice in   Three   copies indicating this L/C NO.

⑤手形金額

☒ Full set of clean on board ocean bills of lading made out to order blank endorsed,

and marked "Freight   Prepaid   " and notify applicant.

☐ Air waybill consigned to The Bank of Yokohama, Ltd.   , marked "Freight
and notify applicant.

☒ Marine insurance policy or certificate, endosed in blank, for 110% of the invoice cost including: The
Institute War Clauses, and the Institute Cargo Clauses (A   ) and the Institute Strikes Riots and
Civil Commotions Clauses.

☒ Packing list in   Duplicate   ☐ Certificate of origin
☐

Covering

⑧積み替え

⑥商品明細

—AUDIO SPEAKER

⑨船積

Trade Terms:
CIF YOKOHAMA

PARTIAL SHIPMENT	TRANSHIPMENT	SHIPMENT	
☒ ALLOWED ☐ PROHIBITED	☐ ALLOWED ☒ PROHIBITED	FROM TAIWAN	TO YOKOHAMA

⑦分割船積

LATEST SHIPMENT
JULY 15, 20XX

THE DOCUMENTS MUST BE PRESENTED WITHIN   DAYS AFTER THE DATE OF
ISSUANCE OF THE TRANSPORT DOCUMENTS BUT WITHIN THE CREDIT VALIDITY.

⑩船積期限

ALL BANKING CHARGES OUTSIDE JAPAN ARE FOR	CONFIRMATION BY ADVISING	T.T. REIMBURSEMENT
A/C OF ☒ BENEFICIARY ☐ APPLICANT	BANK ☒ ADDING	☒ ACCEPTABLE ☐ PROHIBITED

SPECIAL CONDITIONS:

In consideration of your issuing a letter of credit substantially
conforming to the above request, we hereby agree and undertake
to hold ourselves liable to you as per provisions set forth in the
agreement on letter of credit transactions signed by us and separately
submitted to you.

KIMURA BOUEKI ACADEMY CO.,
LTD

AUTHORIZED SIGNATURE

FOR BANK USE ONLY

USANCE FACILITIES
(   ) DAYS   ☐ HONPOH LOAN   ☐ ACCEPTANCE

	FAX送印	検 印	承認・記入	責任者印

支 承 起 忍 日 (四聯)

Webページで申し込み
できる銀行もある。

SECTION 28
Air Waybill（AWB：航空貨物運送状）

<small>作成する人</small>　<small>受け取る人</small>

航空会社　混載業者　輸出者

航空貨物では欠かせ
ない書類なのだ。

航空会社や混載業者が作成する航空貨物輸送の運送状

航空貨物輸送を利用すると、航空会社または混載業者から Air Waybill（AWB：航空貨物運送状）が発行されます。AWBは、運送契約を締結したことを証明する書類であり、運送物品の受領証、運賃の請求書などの役割のある書類です。

◆書類の書き方◆
①**issued by**：運送状を発行する会社名
②**shipper's name and address**：荷送人の名称と住所
③**consignee's name and address**：荷受人の名称と住所
④**issuing carrier's name and city**：運送状の発行店の名称と都市名
⑤**airport of departure 〜**：航空輸送が開始される空港または都市名
⑥**to**：到着空港名または最初の経由地空港名をIATAの3文字コードで記入
⑦**airport of destination**：宛先地の都市名または空港名
⑧**currency**：使用通貨（IATAの通貨記号を用いて記入）
⑨**no.of pieces/rcp**：貨物の個数
⑩**chargeable weight**：運賃算定の基礎となる重量（実重量または容積重量のいずれか重いほう）
⑪**nature and quantity of goods**：貨物の明細
⑫**requested flight/date**：最初の航空会社名あるいは航空会社コード

作成時のポイント / 入手時のポイント

それぞれの記入箇所に必要情報を正確に記載することが大切です。

● Air Waybill（AWB：航空貨物運送状）の記載例

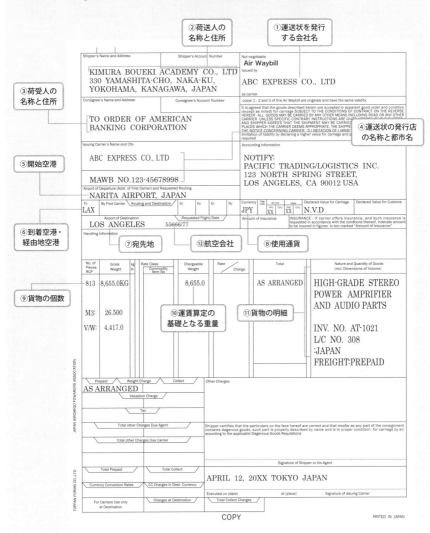

②荷送人の名称と住所
①運送状を発行する会社名

③荷受人の名称と住所

④運送状の発行店の名称と都市名

⑤開始空港

⑥到着空港・経由地空港

⑦宛先地　⑫航空会社　⑧使用通貨

⑨貨物の個数

⑩運賃算定の基礎となる重量　⑪貨物の明細

Shipper's Name and Address	Shipper's Account Number	Not negotiable **Air Waybill**
KIMURA BOUEKI ACADEMY CO., LTD 330 YAMASHITA-CHO, NAKA-KU, YOKOHAMA, KANAGAWA, JAPAN		Issued by ABC EXPRESS CO., LTD as carrier

copys 1 , 2 and 3 of this Air Waybill are originals and have the same validity.

Consignee's Name and Address	Consignee's Account Number
TO ORDER OF AMERICAN BANKING CORPORATION	

It is agreed that the goods described herein are accepted in apparent good order and condition (except as noted) for carriage SUBJECT TO THE CONDITIONS OF CONTRACT ON THE REVERSE HEREOF ALL GOODS MAY BE CARRIED BY ANY OTHER MEANS INCLUDING ROAD OR ANY OTHER CARRIER UNLESS SPECIFIC CONTRARY INSTRUCTIONS ARE GIVEN... AND SHIPPER AGREES THAT THE SHIPMENT MAY BE CARRIED... PLACES WHICH THE CARRIER DEEMS APPROPRIATE. THE SHIPPER... THE NOTICE CONCERNING CARRIER' S LIMITATION OF LIABIL... limitation of liability by declaring a higher value for carriage and p... required

Issuing Carrier's Name and City

Accounting Information

ABC EXPRESS CO., LTD

MAWB NO.123-45678998

NOTIFY: PACIFIC TRADING/LOGISTICS INC. 123 NORTH SPRING STREET, LOS ANGELES, CA 90012 USA

Airport of Departure (Addr. of First Carrier) and Requested Routing
NARITA AIRPORT, JAPAN

To	By First Carrier	Routing and Destination	to	by	to	by	Currency	Chgs Code	wt/val PPD COLL	other PPD COLL	Declared Value for Carriage	Declared Value for Customs
LAX							JPY		XX	XX	N.V.D	

Airport of Destination	Requested Flight/Date	Amount of Insurance
LOS ANGELES	55666/77	

INSURANCE - If carrier offers insurance, and such insurance is requested in accordance with the conditions thereof, indicate amount to be insured in figures in box marked "Amount of Insurance"

Handling Information

No. of Pieces RCP	Gross Weight	kg lb	Rate Class Commodity Item No	Chargeable Weight	Rate Charge	Total	Nature and Quantity of Goods (incl. Dimensions of Volume)
813	8,655.0KG			8,655.0		AS ARRANGED	HIGH-GRADE STEREO POWER AMPRIFIER AND AUDIO PARTS
	M3: 26.500						INV. NO. AT-1021
	V/W: 4,417.0						L/C NO. 308 :JAPAN FREIGHT:PREPAID

Prepaid	Weight Charge	Collect	Other Charges
AS ARRANGED			

Valuation Charge

Tax

Total other Charges Due Agent	

Shipper certifies that the particulars on the face hereof are correct and that insofar as any part of the consignment contains dagerous goods, such part is properly described by name and is in proper condition for carriage by air according to the applicable Dagerrous Goods Regulations

Total other Charges Due Carrier

Signature of Shipper or his Agent

Total Prepaid	Total Collect

APRIL 12, 20XX TOKYO JAPAN

Currency Conversion Rates	CC Charges in Dest. Currency

Executed on (date)　　　　at (place)　　　　Signature of Issuing Carrier

For Carriers Use only at Destination	Charges at Destination	Total Collect Charges

COPY

PRITED IN JAPAN

JAPAN AIRCARGO FOWARERS ASSOCIATION

TOPPAN FORMS CO.,LTD

混載業者が発行するものは「House Air Waybill」と呼ぶのだ。

貿易講師のひとりごと

60代　貿易講師

　貿易実務の講師を長いことやっています。セミナーや研修の終了時によく質問を受けます。その中で印象的だったのが、「貿易実務のプロになりたいのですが、即効性のあるトレーニングはありますか?」と言うものでした。もちろん、すぐにプロになれるわけではなく、地道なトレーニングが必要なのですが、ひとつだけアドバイスをしました。

　それは、「自分にない得意分野の知識」を持っている仲間や友人を持つことです。たとえば、今、商社に勤めているとしましょう。その場合、専門分野の異なる国際輸送や通関に携わる「フォワーダー」、決済の仕事を担当している「銀行」、あるいは「航空会社」「船会社」「保険会社」に仲間や友人がいると、いざと言う時とても心強いものです。

　実務の中で生まれた疑問や不安点を解決してくれる非常にありがたい存在になります。少しでもわからないことを気軽に質問できる関係性を築くことが大切です。貿易実務者として働くには、人脈は大きな財産なのです。

　個人の力には限りがあるものです。自分の専門分野に携わる人間関係だけではなく、広い視野を持ち、異なった経験のある多くの仲間を作っていきましょう。

CHAPTER
12

国際物流戦略を考える

　信頼できる物流を実現するため、これまで沢山の物流の仕組みが研究され、創られてきました。

　これら物流の仕組みは、時代のニーズに沿って創造されてきたことから、その時代の最適が「時と場所が違えば」、必ずしも最適とは言えないことが多くあります。また、経済的な事情や環境により、最適とわかっていてもそれが実現できない場合もあるため、常に次善の策を考えておくことも必要です。

　本章では、現実に活用されてきた物流の考え方や仕組み（物流メニュー）を紹介しますが、これらも普遍的な絶対メニューと考えるべきではありません。

　実践においては、与えられた諸条件をよく見極め、それに応じた最もふさわしい仕組みを「柔軟に考え」「創り出す」ことに努めていただきたいと思います。

サプライ・チェーン・マネージメント

❶良い物流

　企業が「物の移動」を行う目的は、貿易に代表されるように、商取引の一部として行うことのほかに、支店間での在庫の調整のような、資産の場所を移動する目的もあります。いずれの場合も物流は、以下の3要素を満たす「高品質」なものであることが求められます。

　「必要な品を」「必要な時に」「必要な量を」です。

　物流の質が低い場合は、必要な品がタイムリーに届きません。その結果、たとえば販売予定が狂い顧客に迷惑をかけたり（営業面のマイナス）、その状態が続く場合、現場として余剰在庫が発生することになります（財務面のマイナス）。

　天変地異などを加味すると、上記3要素を100%達成することは現実には不可能ですが、それでも良い物流を創る目的はその達成率をできる限り上げることであり、さらには異常が発生した場合、できるだけ早く発見できるようにすることです。

❷サプライ・チェーン（Supply Chain：SC）

　物の移動のためには、「書類作成」「梱包」「倉庫での保管」「トラック積み込み」「通関」「輸送」「システム処理」等々、無数の実務が必要です。その一連の物流実務の連鎖を「サプライ・チェーン（SC）」と呼びます。

❸サプライ・チェーン・マネージメント（SCM）

　一連の物流実務の連鎖が「サプライ・チェーン（SC）」です。物流に従事する者の仕事はSCの品質を継続的に高い水準に保つことであり、そのためにはSCの状態を常に「監視」しておく必要があります。SCの品質を監視し、異常に機敏に対応する体制（システム）を通常「サプライ・チェーン・マネージメント（SCM）」と呼びます。

❹SC最弱部分が「その実力」となる

　❷に述べた通り、SCは多くの物流実務の連鎖からなっていますが、連鎖（チェーン）の強さは1つひとつの実務に依存しており、どの実務にミスがあっても、SC

の全体は弱体化します。そして、その実力は最も弱い部分の水準となってしまいます。

●サプライチェーンの意味

「物の移動」には：多くの"物流実務"が必要

梱包 ➡ トラック輸送 ➡ 倉庫保管 ➡ 仕分け
➡ 輸出通関 ➡ 海上・航空輸送 ➡ トラック輸送
➡ ➡ ➡ 情報伝達

これら"物流実務"のつながり ＝ サプライチェーン

サプライ 🔗🔗🔗🔗🔗🔗🔗🔗🔗 デマンド

「サプライチェーンの強さは1つひとつの物流実務に依存」って？

日本から海外に商品を輸送するケースを考えてみましょう。

すべての輸出準備が完璧に行われても、万が一、仕向地での輸入通関に必要な書類の送付が遅れるミスがあったらどうなるでしょう？

仕向地での通関が遅れ、それが原因で現地の販売や生産に支障が出るかもしれません。一見、単純で簡単に見える実務であっても、たった1つの作業にミスが発生することで、輸送全体にその被害が及んでしまいます。

そして、どんなに高度なシステムを活用しようとも、ミスや事故を100%回避することはできないので、被害を最小限にするための工夫がSCM（サプライチェーンをマネージする）です。

商売条件によるSCM VMIとBMI

良い物流を創るためには、物流の実務の全体を可視化し、監視可能な状態にすることが必要です。それを「サプライ・チェーン・マネージメント（SCM）」と呼びます。

海外取引の場合、貿易条件により物流責任を負う者が決まります。また、社内間の物流の場合には、担当部門がSCMを構築することとなります。

❶売り手側が行う物流管理（VMI）── VMIの例

貿易条件として、売り手側が物流に責任を負う場合、売り手側（ベンダー）が品物を管理することとなります。これを「Vender Managed Inventory（ベンダー・マネージド・インベントリー：VMI)」と呼びます。

たとえば、「日本から米国向けの自動車部品の輸送」において、米国で自動車生産を行うA社、A社向けに部品を納品する日本にあるメーカーB社があったとします。商売の条件がA社の現地工場渡しの場合、ジャストインタイム納品を行うため、工場近郊にB社が自らの責任（VMI）でB社部品を持つケースがあげられます。

❷買い手側が行う物流管理（BMI）── BMIの例

買い手側が物流に責任を負う場合は、買い手側（バイヤー）が品物（在庫）を管理（マネージメント）することとなります。これを「Buyer Managed Inventory（バイヤー・マネージド・インベントリー：BMI)」と呼びます。

たとえば、「中国から日本向けの繊維製品の輸送」において、中国で繊維製品を製造するA社、同製品を日本に輸入し販売する会社B社があったとします。商売の条件が中国工場で買い取りの場合、日本の高い倉庫コストを削減するために、中国側にB社が自らの責任で（BMI）在庫倉庫を用意し、B社製品を持つケースがあります。

❸SCMの代行（フォワーダーの起用）

上記❶と❷のSCMを対象企業自らが行う場合もありますが、多くの企業はSCMサービスを専門とするフォワーダーにこれを委託します。SCM構築のためには倉庫・トラックなどのハード、そしてコンピューターシステムの構築、さらには要員の確保・教育などの投資が必要ですが、一方で商流の見直しなどにより物流にかか

わる諸条件・対象地域が短期間で変わることが多いため、一企業単独の物流では投資回収が困難なケースが多いことがその理由です。

●サプライチェーンの「見える化」の実現

➡ 異常の早期発見

➡ タイムリーな対応

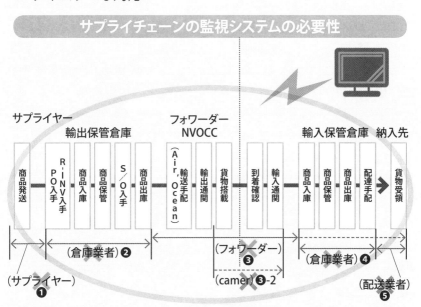

サプライチェーンの監視システムの必要性

「物流管理」って？

　「管理」という言葉は大変に固く感じられ、意味がわかりにくいのですが、要するに物流が思惑通りに進んでいるかどうかを知っておくことと、思惑から外れたことが起こったときに適切に対応することです。

　また、1つの貨物にかかわる物流は、例えば製造部品の調達にかかわる物流から工場内の物流そして製品物流、さらには最終的な販売店の物流まで、無限ともいえる範囲の広がりがあります。

　したがって、SCMは「物流全体のマネージメント」とはいうものの、1つの組織（企業）が負う管理範囲は限定的であり、結局はSCMから次のSCMに繋がっていく、エンドレスな連鎖の一部と考えます。

コンソリデーション
集める事のメリット

　コストメリットを追求する代表的手法として「集める事」（コンソリデーション）があります。物流においてもこの手法が多く採用されます。一般的には、コンソリデーションは「複数の貨物を物理的に集めること」と理解されていますが、SCMの目的からは次の2つの行為・目的に分類することができます。

　つまり「物の集約」と「情報の集約」です。コンソリデーションはコストメリットだけではなく、SCMの本来の目的である「物流実務の監視」を容易にする手法として伝統的に行われています。

❶物流におけるコンソリデーションのメリット

• 物のコンソリデーションのメリット

　いわゆるスケールメリットと「見えやすくする（見える化）」メリットがあげられます。

　　−貨物の状態を目視で確認することでタイムリーな対応ができます。

　　−集める事で取扱単価の削減ができます（例：倉庫スペース、要員数）。

　　−量の増加による輸送単価の削減ができます（例：トラック運賃、海上運賃）。

• 情報のコンソリデーション

　SCM、すなわち物流実務の「連鎖＝チェーン」の実現には、物の物理的輸送に加え「貨物情報」の関係者、とりわけ次の物流実務者への伝達が極めて重要であると言えます。

　これにより物流における最悪の状況、つまり「いつ届くのかわからない」という事態を回避し、仕向地での余剰在庫の増大を防ぐことができます。

　具体的な出荷地側からの「貨物情報」の関係者への伝達は、通常、貨物の状態、輸送予定/結果、到着予定などを「見える化情報システム」にタイムリーに入力することで行われます。

❷メリットとデメリット

　コンソリデーションは「物」と「情報」を集める事を意味しますが、集める事で前述❶にあげるようなメリットが期待できる一方、「集中」することにより天変地異・

政変等、潜在リスクへの対応に困難が生じます。したがって、コンソリデーションを行う際には、これら潜在リスクが発生した際に備えてあらかじめ対策を講じておく必要があります。

とりわけ2011年の東日本大震災などの経験を経て、日本国内のSCMの志向は、「過度な集約」から「適度な分散」へと見直されています。

●最悪脱出のための「見える化」対策

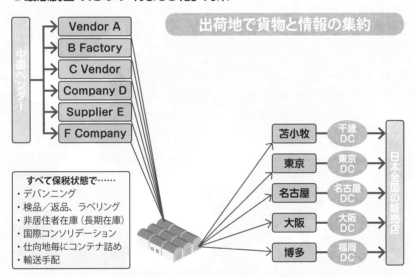

製造業における「集めることのメリット」とは？

本セクションでは物流における「集めること」：コンソリデーションのメリットとデメリットについて触れましたが、製造業においても同様のメリット、デメリットがあることが知られています。

例えば、特定の部品メーカーに部材の調達を集中していたが、同社工場で火災が発生したことにより、最終製品の製造が世界規模で遅れるようなケースは頻繁に発生しています。

一方で、長期の地震予知などにより、生産拠点を分散するメーカーも多くあり、このメリットとデメリットを巡り、生産拠点の見直しは時代の「うねり」のようにいつの世もメーカー各社の継続的な課題となっています。

SECTION 04 バイヤーズ・コンソリデーション

前セクションでは物と情報を集約する事で「コストメリット」と「監視機能」を確保し、さらには「前広な情報伝達」を可能にする、ひとつの物流手法である「コンソリデーション」を紹介しました。一般消費財業界（デパート、通販、アパレル、家具など）は、販売現場での適正在庫の維持が生命線であり、買い手側主導で多くの企業がこの手法を導入しています。

「買い手側主導のコンソリデーション＝バイヤーズ・コンソリデーション（BC）」を行うには、商品購入先（サプライヤー）や購入場所（国）が頻繁に変わることなどから、投資リスクを避けるため、このバイヤーズ・コンソリデーションの実務を物流会社（フォワーダー）に委託するケースが多く見受けられます。

たとえば、「中国やアジア諸国の多くのサプライヤーから消費財を購入し日本に輸送する場合」を見てみましょう。

❶コンソリデーションの場所・施設

主力サプライヤー近郊の港周辺の倉庫で行うケースが多くあります。これは検品、一体梱包、ラベリングなどの物流加工を行うことが多いためで、主に保税倉庫もしくはFree Trade Zone（フリー・トレード・ゾーン）機能を有する施設を利用します。

❷物に関する作業

貨物の引き取りや倉庫への持ち込みの後、仕向地国にある買い手企業の指示に従い、物流加工を施したうえで、仕向地に向けて船積みを行います。

❸情報に関する作業

サプライヤーによる貨物（商品）の生産状況の確認、貨物の引き取り、倉庫搬入時の貨物の状態、物流加工の過程、コンテナへの積み込み、貨物の船積み完了、さらには仕向地への到着予想までを買い手企業に逐一情報を伝達します。

情報の伝達は買い手企業の商売のキーワードとすることが求められます。通常は発注書ナンバー（Purchasing Order：PO）による情報の伝達がなされます。

❹情報システム導入の必要性

　バイヤーズ・コンソリデーションは出荷地が遠隔地のケースが多く、とりわけサプライヤー数と購入品目数が多岐にわたる場合には、先進的な情報システムの導入が必要です。情報システムを買い手側企業が構築し、それをフォワーダーに貸与する場合と、フォワーダーが持つ比較的汎用性があるシステムを利用する場合があります。

● Buyer's Consolidation 利用例

利用貨物例	・デパート ・通信販売 ・ホームセンター ・家具	・ワイン、飲料水 ・楽器、電気製品 ・衣料品販売会社
提供サービス	・検品、ラベル貼り、梱包変え、仕向け地別仕分け、長期保管、＋入庫情報／在庫情報／出庫情報伝達	・増値税還付用の書類発行 ・輸送に必要な書類作成

「VMI」はどんなケースがあるの？

　セクション1で売り手が行う物流管理（VMI）に触れましたが、部品サプライヤーが行っている、いわゆる「カンバン納入」はその典型といえます。

　究極のVMIは、メーカーの工場内の生産ライン横まで、必要な品を、必要な時に、必要な量の納入でしょう。

　上記を実現するためには、工場の近くにサプライヤーが手配する配送拠点も不可欠ですし、いろいろな面での負担は大きいと考えられます。

　一方で、輸送責任範囲が広がるため、その中でのメリット（コスト削減可能性）は広がり、またメーカーの同サプライヤー依存は高くなり、比較的安定した商権の確保に繋がると考えられます。

非居住者在庫①
生産、販売の国際化・多様化への対応

　生産や販売のいわゆる国際化の進展により、多くの企業が海外に商品の在庫拠点を設置していますが、「対象となる拠点（国）に法人組織を有しない」企業が、その拠点に持つ在庫を「非居住者在庫」と呼びます。多くの場合は、フォワーダーが運営する現地物流施設に拠点を置き作業を委託します。買い手側主導のバイヤーズ・コンソリデーション（BC）との組み合わせにより、購買SCMをスムースに行います。同時に比較的高額な日本国内の倉庫コストの削減を目的とするケースが多く見受けられます。

　また、現地法人を有する場合でも、現地法人の財務的負担を軽減するために、本社が主導し非居住者在庫の仕組みを活用する例も多くあります。

❶＜事例紹介１＞生産拠点の海外移転の事例：

　インドネシアや他の東南アジア数か国に生産拠点を持つ日本メーカーA社は、主に欧米向けの在庫および配送の拠点として、マレーシアに在庫拠点を設置しました。商品の在庫量は欧米での販売状況によって大幅に増減し、それによる現地法人の財務的な負担を減らすため、この在庫を日本本社の名義とすることとしました。

　同社は各生産拠点からマレーシア在庫拠点までの輸送およびマレーシアでの在庫管理を、アジア全域にネットワークを持つ日系フォワーダーに委託しました。

❷＜事例紹介２＞中国・東南アジアからの一般消費財購入の事例：

　中国数か所と東南アジア数か国から一般消費財を購入する通信販売会社B社は、従来よりバイヤーズ・コンソリデーション（BC）サービスにより、買い手側主導のSCMを行っています。

　しかし、日本での在庫保管コストの削減と荷姿変更や複数地域からの商品の一体梱包などを実施するために、釜山港周辺のFTZ（Free Trade Zone）倉庫に本社名義での在庫拠点を設置しました。

　釜山港周辺を拠点として選んだ主な理由は、コスト競争力のある倉庫など物流施設を利用することができ、日本までの輸送日数を安定的に短縮するためでもありました。

● Buyer's Consolidation＋非居住者在庫

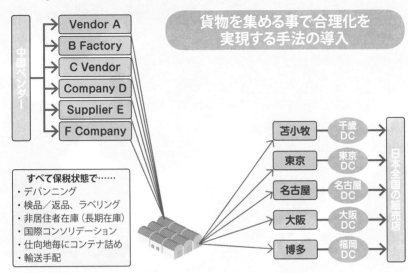

貨物を集める事で合理化を
実現する手法の導入

中国ベンダー → Vendor A, B Factory, C Vendor, Company D, Supplier E, F Company

すべて保税状態で……
・デバンニング
・検品／返品、ラベリング
・非居住者在庫（長期在庫）
・国際コンソリデーション
・仕向地毎にコンテナ詰め
・輸送手配

苫小牧 → 千歳DC
東京 → 東京DC
名古屋 → 名古屋DC
大阪 → 大阪DC
博多 → 福岡DC
→ 日本全国の販売店

「非居住者在庫」ができる国とできない国は？

　中国や多くの東南アジア諸国では「非居住者在庫」が認められていますが、国によっては規則が確立されていなかったり、いわゆるグレーな状態だったりで、その結果、左ページの①のケースのように、わざわざ別の国に移送し非居住者在庫をせざるを得ない国もあります。

　また、法的には非居住者在庫はできても、いわゆる「二重課税」のリスクから、同在庫が広まらない国や地域もあります。

　今後、同在庫にかかわる法的規制も変動していくことが予想されるため、本件については事前に最新の情報を入手し、その中で適切な手段を選ぶことが必要です。

SECTION 06　非居住者在庫②
生産、販売の国際化・多様化への対応

❶非居住者在庫のメリットとデメリットを理解しましょう

メリット

- 現地法人を持たぬ場所（国）で自社在庫を保有できること
- 現地法人の財務的負担を軽減できること
- 競争力ある物流コストを享受できること

デメリット

- 消費地までの輸送日数が長いこと（リードタイム）
- 遠隔地での要員教育が難しいこと（モラル維持）
- 消費地と自然環境が異なること（品質保持）

　「遠隔地間サプライ・チェーン」の運営に当たっては、本来のSCM目的のひとつである「見える化＝監視機能」を活かし、上記のメリットとデメリットの状況を常に認識しましょう。そして、「異常」に対し迅速に対応できるように準備する必要があります。

❷フリー・トレード・ゾーン（FTZ）の必要性

　生産や販売が国際化する中で、物流の合理化の手段として「バイヤーズ・コンソリデーション（BC）」や「非居住者在庫」を行うケースが多々あります。同時に発生する物流ニーズとして次のものがあります。①貨物（商品）の品質検査、②複数地で生産された貨物の一体梱包（たとえば・ラベリングなどの物流加工）、③ダメージ品の補修作業などです。

　BC、物流加工などの物流ニーズに対応でき、そして非居住者在庫に関わる二重課税等の法的リスクを回避するため、各拠点地（国）において法的要件を満たす施設の活用が必要になります。地域や国により呼び方は異なりますが、いわゆる「フリー・トレード・ゾーン（FTZ）施設」を利用する場合が多いと言えます。

　FTZは、1934年に創設された米国のForeign Trade Zoneから派生した概念で、中国では1984年の上海外高橋地区の「物流園区」の開設により、全国的に同概念

が広まりました。

●**海外在庫拠点策の問題点**

・**海外在庫拠点から日本までの**リードタイムが長い

・**取り扱いスキル・モラル教育の難しさ**
 （出荷ミス、貨物損傷など）

・**自然環境（温度、湿度）の違いによる**貨物への悪影響
 （**カビ、錆びなど発生**）

最大の問題点

忘れてはならない物流の基本テーマ

 ＝必要な物を、必要な時に、必要なだけ

 消費地までの短いリードタイム

CHAPTER

12

国際物流戦略を考える

日本出し/向け貨物を海外で「非居住者在庫」する主な理由は？

　左ページの❶でその理由を挙げていますが、その中で日本の物流コストが相対的に高く、より低廉なコストを求め海外で貨物を保管することが多く起こっています。確かに、国際航路の船舶の大部分が寄港する太平洋沿岸港周辺の物流コストは全般に高く、コストだけを見ると中国・韓国・東南アジアとの競争力は低いと考えられます。

　しかしながら、日本海沿岸港周辺や内陸地区の物流コストは、対外比較において必ずしも高額とはいえず、作業員や施設の質の高さを加味すると競争できる水準にあります。

　したがって、貨物の在庫など物流拠点の設置にあたっては、貨物の性状、必要な国際・国内での物流の内容、出荷地（国）や日本国内の地域ごとの特徴を知った上で、海外・日本という概念にとらわれず、柔軟で広い視点でこれを検討することが必要です。

BCP ～集めるメリットへの 警鐘と「適度な分散」へ

　物流に限らず多くの活動において「集める事」によりコストの削減と管理が容易となるため、たとえば生産、販売、海運等輸送業において集中化、大型化することが一般的です。SCMにおいても集める事（コンソリデーション）が伝統的な手法と考えられており、代表的な「集める事例」として次の項目があげられます。

❶輸送ルートの集中：

　選択するルートにおける物量が拡大するため、輸送業者との交渉と監視機能が容易となります。たとえば、多数ある米国内陸への輸送をLOS　ANGELES港経由に集中します。

❷輸送手段の集中：

　たとえば、東京から東北地方への輸送をトラックのみとします。

❸在庫拠点の集中：

　施設、機材、要員、システムなどの単価コストの低減が可能であり、さらにSCMの監視機能が容易となります。たとえば、輸出貨物の出荷拠点を太平洋沿岸港周辺倉庫に集中します。

❹過度な集中から適度な分散へ：

　しかしながら、大地震、津波、台風などの大規模自然災害や火災、テロなどの被害を経て、「過度な集中」が持つリスクをいかにして軽減するかが、現在のSCM構築に当たっての重要な課題となっています。

　リスクを回避し、SCMを安定的に維持するには（BCP）、「適度な分散」が好ましいのですが、その実現には次の点を経営ベースで改革することが必要と言えます。

ア）情報収集と戦略機能整備

　「最も適した分散は何か？」に関して、具体的な場所や委託先情報、さらに利用可能な輸送会社の質的比較などの調査を継続的に行うことが必要です。

イ）現場作業の機械化推進（文化、気候、人の差異解決）

とりわけ国際的分散を行う場合、文化・施設・機材・要員の質的差異を補い、均一で高品質を維持するためにはできる限りの機械化が必要となります。

ウ）先行投資力の確保

上記を複数地で行うためには、従来以上の先行投資力の確保が必要です。

上記を推進するに当たり最大の障害となるのは、組織の伝統的な文化と考えられます。特にBCPの推進には財務的負担増が予想されるので、経営を始めとする組織全体の改革意識の醸成が不可欠となります。

●BCP推進への課題～過度な集中から適度な分散

分散管理体制へ変革

➡変革への克服すべき条件

❶ロジスティクス・コーディネーション（物流戦略）
    ➡広範囲情報集積機能
    ➡最適物流のタイムリーなロジ立案・実効
❷物流現場作業の機械化（人間の質による影響の排除）
    ➡梱包の統一
    ➡自動搬送／読み取りタグ／自動読取装置など
❸先行投資力の確保（資本力）
    ➡❶、❷の実現への投資能力確保

「適度な分散」って？

「過度な集中」が芳しくないことはだれもが理解するのですが、それでは一体、どの程度が「適度」なのでしょうか？

なかなかすべてのケースへの答えはありませんが、最低限すべきことは少なくとも2つの輸送ルートについて常に最新情報を得ておくこと、そして危険を早期に察知できる情報網は確保しておくべきと考えます。

例えば、左ページ❶の米国内陸向けのゲートを西海岸だけではなく東海岸港も想定しておくことなどがその一例です

また、このケースでは西海岸と東海岸の港湾ストライキの可能性情報は入手できるので、最新の情報により適切なアクションを早期にとることが被害を最小限に抑えるためには必要でしょう。

INDEX

著者

木村 雅晴（きむら まさはる）

1955年生まれ。貿易学会会員、日本港湾学会会員。大学卒業後、23年間貿易会社で貿易実務に携わる。その後独立し、貿易講師として活躍中。新入社員研修、スタッフ研修などの企業研修や全国各地の公的機関主催貿易セミナーの講師を務める。
『図解仕事の流れが一目でわかる！はじめての貿易実務』（ナツメ社）、『改訂新版　よくわかる貿易の実務』（PHP研究所）その他多数。
　ウェブサイト　http://www.kimuraboueki.jp/

執筆協力者

一志 崇登（いっし むねと）　12章担当

1951年生まれ。1974年大阪商船三井船舶株式会社｛現在の（株）商船三井｝入社後、主に定期船部門と物流部門に従事。2011年商船三井キャリアサポート（株）代表取締役社長。2009年から東海大学海洋学部 非常勤講師、現在に至る。

荒谷 英兒（あらたに えいじ）　別冊担当・コラム⑨⑩

1950年東京生まれ。大学卒業後、英国系船会社に25年間勤務。14年間の海外駐在（ロンドン9年・ロッテルダム5年）を経験する。現在はその経験を活かして独自のテキストを作成し、各地で貿易英語講座を開催。

コラム作成者

吉川稔（コラム①・⑧）、砂塚美穂（コラム②）、織田大輔（コラム⑥）、
竹中俊雄（コラム⑤）、安藤朋子（コラム④）、菊田えりか（コラム⑦）、
福井絵子（コラム③）

カバー・本文デザイン　坂本 真一郎（クオルデザイン）

DTP　　　　　　　　ケイズプロダクション

［改訂版］知識ゼロでも大丈夫!!
貿易実務がぜんぶ自分でできる本 インコタームズ2020対応

2020年　6月　25日　初版第1刷発行
2024年　6月　12日　初版第5刷発行

著者　　　木村 雅晴

発行人　　片柳 秀夫

発行　　　ソシム株式会社

　　　　　https://www.socym.co.jp/

　　　　　〒101-0064　東京都千代田区神田猿楽町1-5-15 猿楽町SSビル

　　　　　TEL：(03)5217-2400（代表）

　　　　　FAX：(03)5217-2420

印刷・製本　　　株式会社暁印刷

実務で使える！

英文e-mailの書き方のキホン
&
キホンの貿易用語事典

CONTENTS

APPENDIX 1

実務で使える！英文e-mailの書き方のキホン

APPENDIX 2

キホンの貿易用語事典

矢印の方向に
引くと
離せます➡

1-1 英文 e-mail の全体構成

1 件名 :Subject

　Subject（件名）はe-mailの顔となる重要なものです。日本語のe-mailと同じように、相手に本文の内容が容易にわかるように、シンプルで注意を引くものにすることが大切です。以下に典型的なものをあげてみました。

・*Information*：情報

　　　　Information about Our New Product

　　　　Our New Product Information

・*Request*：依頼

　　　　Request for Catalogue of Karaoke Speaker

　　　　Request: Catalogue of Karaoke Speaker

・*Inquiry*：問い合わせ

　　　　Inquiry about Your Price List

・*Question*：質問

　　　　Question about B/L of the Latest Shipment

・*Introduction*：紹介・導入

　　　　Introduction of ABC Company

・*Notification*：通知・お知らせ

　　　　Notification of Trading Seminar in Tokyo

　特に1日に何十通、何百通のe-mailを受け取るような相手には、どのような内容かを即座に判断できるSubjectを付けることが肝要です。また、重要性や緊急性を強調したい場合には、件名の頭に "Important:" や "Urgent:" などを付けるようにします。

（例）
- **Important: Inquiry about Your Price List**
- **Urgent: Question about the Latest Shipment**

2 頭語 :Opening

　日本語のe-mailで、「○○様」「○○さん」から書き始めるように、英文でも本文の冒頭に相手の名前を表しますが、注意しなければならない点があります。

　たとえばPaul Brownという男性に宛てる場合は、次のように書きます。

- **Dear Mr. Paul Brown, Dear Mr. Brown,**
- **Dear Paul san, (Dear Paul-san,)**

　一般的に、最初に送るe-mailには"Dear"を付けた方が良いと思われますが、何回かやり取りをした後には省くことが普通です。また、お互いをファーストネームで呼び合える間柄であれば、"Hi Paul,"や"Hello Paul,"などと呼びかけることも可能でしょう。

　ただし、"Dear Mr. Paul"のようにファーストネームに敬称の"Mr."を付けてはいけません。同様にJane Whiteという女性に対して、"Mrs. Jane"、"Miss Jane"、"Ms. Jane"と呼びかけることは避け、フルネームやファミリーネームに敬称を付けるようにします。

　敬称の"Mr."と"Mrs."は、それぞれ"Mister"と"Mistress"の略語であるため末尾に「.」（ピリオド）を付けますが、"Miss"は略語ではないためピリオドを付けません。なお、女性に対しては、既婚・未婚を問わずに使える"Ms."を使う方が一般的になりつつありますが、"Ms."には習慣的にピリオドが付きます。

　また、"Paul san"や"Paul-san"と日本語式に「○○さん」付けの宛名が使われることも多くあります。主に日本企業、日本人とビジネスに関わったこ

とがある外国人は、この呼び方をe-mailのみならず、実際に名前を呼ぶ際によく使います。この呼び方だとファーストネームにもファミリーネームにも付けることができて便利です。

なお、不特定多数の関係者に送る場合には、「関係各位」「ご担当者様」を表す、"To whom it may concern,"をよく使います。

3 本文 :Text

日本語のe-mailの冒頭によく使われる「お世話になっております。」といった文章は英語のe-mailでは省略され、いきなり本題に入っていくことが普通です。ただ、相手によっていきなり本題に触れることが難しい場合には、次のような文章が使われることがあります。

・ **I hope everything goes well with you.**
・ **I hope this e-mail finds you well.**
・ **I hope all is well.**

次に実際に本文に入っていくパターンをあげてみます。

○ABC社営業部の山田太郎と申します。XYZ社のブラウン氏より貴社をご紹介いただきました。
I am Taro Yamada of the Sales Department at ABC.
I was referred to your company by Mr. Brown of XYZ.

"I was referred to A by B."は「BによりAを紹介された。」という意味で使われる文です。

○初めてご連絡させていただきます。JKL社海外事業部の鈴木花子と申します。

My name is Hanako Suzuki of International Operation Division at JKL. And I am writing for the first time.

....

○5月15日付のメールをありがとうございました。

I thank you for your e-mail dated May 15.

日付はアメリカ式では "May 15"、"May 15th" のように、イギリス式では "15 May"、"15th May" のように月日の順が逆になります（詳細は24ページを参照）。

....

○上記の件について以下の通り詳細をお知らせいたします。

・**In respect of the above subject, we would like to inform you of the following details:**

・**Regarding the above subject, we would like to inform you of the details as follows:**

「〜について」や「〜に関して」を意味する言葉としては、"In respect of~"、" Regarding~"、"Concerning~" などがあります。他にも "With regard to~"、" With reference to~"、"In reference to~"、"As for~" などがあり、親しい相手にはもっとシンプルに "About~"、"For~" などを使う場合もあります。

「上記の件（＝件名）に関して、以下の通り詳細をお知らせいたします。」の書き出しで始めて、次に箇条書きにして詳細を伝えることは、相手にわかりやすく説明ができて効果的です。

また、「〜することを喜んでお知らせいたします。」という文は、"We are pleased to inform you ~." や "We are happy to inform you ~." と表します

（10ページ参照）。反対にネガティヴな内容を伝える際には、"We regret to inform you ~." や "We are sorry to inform you~." などを使います。

4 結び／結辞：Closing

日本語で「今後とも何卒よろしくお願いいたします。」などに相当するものとしては、

- **Thank you for your continued support.**
- **I hope we will do good business with you.**
- **Thank you for your help.**

などがありますが、もう少し具体的に締めくくる場合には次のようなものがあります。

○ ご連絡をお待ちしております。
 I look forward to hearing from you.

....

○ 何かご質問がございましたら、ご遠慮なくご連絡ください。
 Please do not hesitate to contact us if you have any questions.
 Please feel free to contact us if you have any questions.

また、結句としては、以下のようなものがあげられます。

- **Best regards,**   - **Kind regards,**   - **Kindest regards,**
- **With regards,**   - **Warmest regards,**   - **Best wishes,**
- **Yours truly,**   - **Sincerely,**   - **Sincerely yours,**

同僚や親しい相手には次のように終えることもあります。

- **Regards,**　- **All the best,**　- **Thanks,**
- **Take care,**　- **Good luck!**　- **Bye!**

5 署名：Signature

　日本語のe-mailの署名では、最初に社名を記載し、次に部署名、（役職名）、氏名と続け、住所、電話番号、FAX番号、企業URL、e-mailアドレスの順にすることが一般的です。

　それに対して英文e-mailの署名は、まず氏名を先に記載し、部署名、（役職名）の後に社名、住所、電話番号、FAX番号、企業URL、e-mailアドレスと続けることが一般的です。

> **Taro Yamada**
> **Sales Department, Manager**
> **XXX Trading**
> **10th Floor, XYZ Building,**
> **1-1 Akasaka 1-chome, Minato-ku, Tokyo**
> **107-0052 Japan**
> **Tel:+81-3-1234-5678 Fax:+81-3-1234-5679**
> **http://www.xxx.com.   taro.yamada@xxxtrading.com**

　また、外国人にとって日本人の姓名から男性か女性かを判断することが難しいことが多いので、"Taro Yamada (Mr.)"などと表記すると親切かもしれません。

　電話番号やFAX番号は、海外各国から日本へ掛ける場合に使う番号（国、場所によって異なります）を「+」で示して、その後に日本の国番号である「81」と続けます。次の市外局番の「03」や「052」の「0」は省くため、「+81-3-1234-5678」のように表します。携帯電話の「090」や「080」なども同様に「0」を除き、「+81-90-1234-5678」と表します。

APPENDIX 1-2 貿易取引に役立つ 基本文

仕事の流れを確認して、それぞれの場面で適した英文e-mailが書けるようになりましょう。

1 自社紹介

自社紹介 ▶ 売り込み ▶ 交渉 ▶ 契約 ▶ 注文 ▶ 船積・通関 ▶ 決済 ▶ クレーム

　まずは自社の紹介をします。どのような会社なのか、ビジネスの内容、特色、取扱商品などをしっかりと説明します。

A 基本文

❶当社は50年の営業実績を持つ電機メーカーです。

We are a manufacturer of electric appliance having a 50-year business background.

「50年の営業実績」は、"50-year business background"のように表します。"50-years background"は誤りで、数を含む形容詞句は複数形にせず、単数で表します。

［例］

・徒歩5分： 　（正）five- minute walk 　（誤）five- minutes walk

・10歳の少年： （正）10-year-old boy 　（誤）10-years-old boy

❷ 当社は電気製品の輸出入業者です。

We are an importer and exporter of electrical goods.

「当社は～の製造業者です。」は"We are a manufacture of ~."のように表

現します。また「当社は～を扱っています。」は、"We deal in ～（扱っている商品）"のように表します。

❸当社は老舗の輸出業者です。

We are a long-established export company.

"long-established"のように複数の単語で構成されている形容詞句は、前述の"50-year ～ "と同様にハイフンで繋ぎます。

役立つ用語

- *Trading Company*　貿易会社
- *Manufacturer*　製造会社
- *Finance Company*　金融会社
- *Insurance Company*　保険会社
- *Wholesaler*　卸売業者

B　練習問題

　基本文を理解した後に、みなさんの仕事に役立つ英文の作成練習をしましょう。各例文の ＿＿＿＿＿＿ の部分に当てはまる適切な語句を入れて英文を完成させてください。仕事ですぐに使える文例です。

◆当社は○年の営業実績を持つ～です。

We are a ＿＿＿＿＿ ＿＿＿＿＿ having a ＿＿＿＿＿ -year business background.

［模範例］当社は20年の営業実績を持つ商社です。

　　　　We are a trading firm having a 20-year business background.

◆当社は～の～です。

We are a ＿＿＿＿＿ of ＿＿＿＿＿ ＿＿＿＿＿ .

［模範例］当社は自動車部品の製造企業です。

　　　　We are a manufacturer of auto parts.

APPENDIX
1-2

貿易取引に役立つ基本文

自社紹介

売り込み

交渉

契約

2 売り込み

自社紹介 ▶ 売り込み ▶ 交渉 ▶ 契約 ▶ 注文 ▶ 船積・通関 ▶ 決済 ▶ クレーム

　自社が扱っている商品やサービスを積極的に売り込みます。そのために商品サンプルや価格表を送ることもあります。

A 基本文

❶商品サンプルをお送りすることをお知らせいたします。

We are pleased to inform you that we will send you a sample.

　「～することをよろこんでお知らせいたします。」「～することをお知らせできることを嬉しく思います。」は、他にも "We are happy to inform you that~." や "Please be informed that~." のように表します。

・・・

❷商品サンプルを受け取ることを楽しみにしております。

We look forward to receiving the sample.

　「～することを楽しみにしております。」は、"We look forward to ~ing." や "We are looking forward to ~ing." のように表現しますが、しばしば誤って "We look forward to receive~." のように、to不定詞が使われるケースが見られます。

ポイント

　"look forward to" のtoは前置詞ですので、次に来るのは名詞（名詞句）でなければなりません。以下に例文をあげました。

・**We look forward to the sample.**

・**We look forward to receiving the sample.**

❸弊社の新製品についてご検討いただければ幸いです。

We would appreciate it if you could give some consideration to our new product.

「～していただければ幸いです。」には、"We would appreciate it if~." などが使われます。他にも以下のような文章で表すことができます。

It would be appreciated if~.   We would be grateful if~.

We would be happy if ~.   We would like you to~.

We'd like you to ~.   We would be glad to know if~.

役立つ用語

- *Specifications*　仕様書
- *Catalog*　カタログ
- *Questionnaire*　アンケート
- *Pamphlet/Brochure*　パンフレット
- *Illustrated Catalog*　図解入りカタログ
- *Sample*　サンプル

B 練習問題

◆貴社と～ことを楽しみにしております。

We look forward to [   ] [   ] [   ] with you.

［模範例］貴社と取引関係を持つことを楽しみにしております。

We look forward to having business relations with you.

◆～をしていただければ幸いです。

We would [   ] it [   ] you would [   ] [   ] [   ] .

［模範例］貴社のカタログをお送りいただければ幸いです。

We would appreciate it if you would send your catalog.

"catalog" は米語で、英語は " catalogue" と書きます。詳細は *24* ページ参照。

3 交渉

自社紹介 ▶ 売り込み ▶ **交渉** ▶ 契約 ▶ 注文 ▶ 船積・通関 ▶ 決済 ▶ クレーム

　売り手は買い手に対して、さまざまな条件を明記しオファーをします。提示する条件を正確に記載し端的に売り込みをします。

A 基本文

❶6月20日付けお引き合い、ありがとうございました。喜んで以下の通り
オファーを差し上げます。

**We thank you for your inquiry of June 20. Now we take pleasure in
sending you our offer as follows:**

　「喜んで～する」は、"take pleasure in ~ing" と表します。5ページにあるように、その後に"as follows:"や"the following ~"と続けて、具体的なオファーの内容を箇条書きで記述すれば、よりわかりやすい形にまとめることができます。

　具体的には "~ in sending you our offer as follows: " や "in sending you the following offer: " のようにします。

··

❷FOB東京、ドル建ての見積もりをお知らせください。

Please let us know your quotation on an FOB Tokyo in US dollars.

　"let me know ~" と "let us know ~" は、「～をお知らせください。」「～を教えてください。」を意味します。「弊社の新製品にご興味をお持ちかどうか、お知らせください。」も、"Could you let me know if you are interested in our new product? " のように使います。

　一方、「～をお知らせいたします。」は "I will let you know ~."、「詳細は後

ほどお知らせいたします。」は、"I will let you know the details later."と言い表せます。また、"let me have~"、"let us have ~"は、「～をください。」「～を送ってください。」などと依頼するときに使います。

役立つ用語

- *Selling Price*　売値
- *Cash Price*　現金値段
- *Current Price*　時価
- *Buying Price*　買値
- *Cost Price*　仕入値段
- *List Price*　定価表値段

B 練習問題

◆～をe-mailにてお知らせいただけますでしょうか。

Could you let us know ⬚ ⬚ ⬚ ⬚ **by e-mail?**

［模範例］貴社の支払い条件を、e-mailでお知らせいただけますでしょうか。

Could you let us know your terms of payment by e-mail?

◆できる限り早く～をください。

Please let us have your ⬚ ⬚ **as soon as possible.**

［模範例］貴社の売り申し込みをできる限り早めにください。

Please let us have your selling offer as soon as possible.

"as soon as possible" をもっと丁寧に、やわらかい表現にしたい場合には、*"at the earliest opportunity"* や *"at your earliest convenience"* を使うとよいでしょう。

4 契約

　契約を締結することは貿易取引において重要なことです。契約内容の確認は慎重に行います。

A 基本文

❶今月末までに弊社の契約書草案をお送りいたします。

We will send you our draft contract by the end of this month.

「～までに」を意味する単語は "by" があり、上記のように使います。一方で "till" や "until" は、「～ まで」を意味するもので、以下のように使われます。
（例）弊社は ABC 社と来年末まで契約を結びました。

　We made a contract with ABC company until the end of next year.

....

❷契約書を確認しました。署名ずみの契約書のうち1通を別便で送りました。

We have confirmed the contract. We have just sent you the singed duplicate by separate.

　通常、契約書は2通作成します。お互いに内容を確認し、署名をした契約書を1部ずつ保管することになります。

....

❸当社取引銀行に信用状を開設するように、依頼しました。

We requested our bankers to open an L/C.

　"a book"、"an apple" のように子音の前の不定冠詞は、aで、母音の前にはanを置くことが決まりです。しかし、それは スペルの子音、母音の区別

で決めるのではなく、あくまでも発音がベースとなります。

たとえば「ひとりの正直な男」は "an honest（発音：ánəst）man"、「名誉ある地位」が "an honorable（発音：ánərəbl）position" となるのと同様です。

"L/C" のLも文字自体は子音ですが、発音は él となり、母音で始まる単語です。そのため、"a L/C" ではなく、"an L/C" となります。

役立つ用語

- *Contract Note*　売買契約書
- *Confirmation*　確認
- *Substitute / Replacement*　代替品
- *Contract of Sale*　売買契約
- *Date of Delivery*　受け渡し日
- *Confirmation Note*　注文確認書

B 練習問題

◆〜までに〜を送ってください。

Please send us ☐ ☐ ☐ **by** ☐ ☐ ☐ .

［模範例］来週月曜日までに、貴社の注文確認書を郵便でお送りください。

Please send us your Confirmation Note by Monday next week.

◆〜は〜まで有効です。

☐ ☐ **is valid until** ☐ ☐ ☐ .

［模範例］この契約は来年の9月まで有効です。

This contract is valid until September next year.

5 注文

　買い手は売り手に対して希望する商品を注文します。商品名や数量などの注文内容を正確に伝えることが大切です。

A 基本文

❶御社の新製品を100台注文いたします。

We are pleased to place an order with you for 100 units of your new product.

前述（10ページ）の "We are pleased to ~" を用いてこのように表現します。また5ページの、"as follows:" や "the following~" を 使って次のような文章も作れます。

- *We are glad to place the following order:*
- *We would like to place an order with you as follows:*

....

❷貴社のカーオーディオに対する注文書を添付いたします。

Attached is our order sheet for your car audio.

上記は、e-mailに書類や写真を添付する際に使われる英文例です。また、"We have attached our order sheet for your car audio." も同じ意味になる文章です。

同様に郵便物に同封する場合には、以下のように言います。

- *Enclosed is our order sheet for your car audio.*

または "We enclose our order sheet for your car audio."

❸100ケース以上の注文に対して5%の割引をお願いいたします。

Please give us a discount of 5% on an order of 100 cases or more.

ポイント

　日本語で「100ケース以上」というと100ケースも対象となりますが、英語で"more than 100 cases"と言うと「100より多い数」という意味になり、100ケースは入らずに101ケース以上が対象となります。厳密に100ケース以上を意味する場合には、"100 cases or more"と表します。

　また"less than 100 cases"は「100ケースに満たない」「100ケース未満」の意味になり、100ケース以下を正確に伝えるには、"100 cases or less"と表すことが必要です。

役立つ用語

・*Trial Order*　試み注文	・*Repeat Order*　再注文
・*Official Order*　正式注文	・*Large Order*　大口注文
・*Firm Order*　確定注文	・*Urgent Order*　急ぎの注文

B 練習問題

◆～セット以上のご注文には～%の割引をいたします。

An order for [＿＿＿＿＿] **sets** [＿＿＿＿＿] [＿＿＿＿＿＿] **allows you a** [＿＿＿＿＿] **% discount.**

［模範例］*100*セット以上のご注文には*10%*の割引をいたします。

　　　　An order for 100 sets or more allows you a 10% discount.

◆～以下のご注文に対しては~%の割引になります。

We make a [＿＿＿＿＿] **% discount for an order for** [＿＿＿＿＿]

[＿＿＿＿＿] [＿＿＿＿＿] [＿＿＿＿＿].

［模範例］*20*ケース以下のご注文に対しては、*5%*の割引です。

　　　　We make a 5% discount for an order for 20 cases or less.

6 船積・通関

自社紹介 ▶ 売り込み ▶ 交渉 ▶ 契約 ▶ 注文 ▶ **船積・通関** ▶ 決済 ▶ クレーム

契約が終了すると、売り手は商品を発送するために、通関手続きや船積手続きをフォワーダーに依頼します。売り手は的確な情報を連絡することが大切です。

A 基本文

❶貴社のご注文品をクリスマスセールが始まる前に手配いたします。

We will arrange shipment of your order before your Christmas sale starts.

この文章のクリスマスセールはまだ始まっていないため未来のことになりますが、"before your Christmas sale will start" とは言わずに、"before your Christmas sale starts." と現在形になることに注意してください。

これは主節である、"We will arrange shipment of your order" に対して、時や条件を表す副詞節は未来のことでも現在形（現在完了形も用いられることがあります）で表すという英文法の鉄則があるからです。続けて例をあげてみます。

....

❷貨物が当税関で通関手続きを終え次第、貴社にお知らせいたします。

We will inform you as soon as the cargo is cleared through our customs.

この場合も通関手続きは未だ終わっていませんが、時を表す従属節ですので、現在形が使われなければなりません。

❸来週までに商品が着かない場合は、ご連絡ください。

Please let us know if the cargo is not delivered by next week.

　この文章は条件を表す従属節ですので、やはり "if the cargo will not be delivered by next week" とはせずに、現在形を使います。

役立つ用語

・ *Date of Shipment*	船積み日	・ *Shipping Space*	船腹
・ *Prompt Shipment*	直積み	・ *Short Shipment*	積み残し
・ *Shipping Documents*	船積み書類	・ *Shipping Company*	船会社

B 練習問題

◆～が～したら直ぐにご連絡ください。

Please let us know as soon as ▢▢▢▢ ▢▢▢▢
▢▢▢▢ ▢▢▢▢ .

［模範例］貨物が船積みされましたら、直ぐにご連絡ください。

Please let us know as soon as the cargo is shipped.

◆～していただいたら、～いたします。

We will ▢▢▢▢ ▢▢▢▢ ▢▢▢▢**when**
▢▢▢▢ ▢▢▢▢ ▢▢▢▢ ▢▢▢▢ .

［模範例］貨物の出荷準備ができましたら、直ぐに船積みいたします。

We will immediately arrange shipment when the cargo is ready.

7 決済

　船積みが無事終了すると次は決済です。請求書に対する問い合わせや支払いに関する情報は正確に伝えることが大切です。

A 基本文

❶下記の口座へ送金でお支払いください。

Please pay the money to the account below by remittance.

　"below"はよく間違って形容詞的に、"below account"などと使われますが、正しくは"the account below"のように副詞として使います。

ポイント

　一方"above"は形容詞としても副詞としても使うことができますが、ビジネスでは形容詞的に"the above account"（上記の口座）と言い表す方が普通のようです。

- -

❷振替手数料を弊社が負担することに異存はございません。

We have no objection to bearing the transfer fee.

　6ページにある"look forward to"の後の単語は名詞、名詞句になるのと同様に"objection to"の場合も、to不定詞のtoではなく前置詞ですので、"no objection to bear ~"ではなく、"no objection to bearing ~"となります。

❸貴社からのご送金がまだ確認できません。

Your remittance to us has not been confirmed so far.

支払いを促す催促の書き方には充分に注意が必要です。はじめは、上記のような丁寧な表現を心がけましょう。催促状を再度、出さなければならないような場合は、前回よりキツイ表現で内容をしっかりと伝えることを心がけましょう。

（例）

Your remittance against our Invoice No.123 which we mentioned to you last time has not been completed.

Please check it at your end immediately.

前回ご連絡しました請求書番号123の代金がいまだ入金されていません。大至急ご確認ください。

役立つ用語

- *Payment in advance*　前払い　・*Payment by installment*　分割払い
- *Payment in full*　全額払い　　・*Account*　勘定・口座
- *Settlement*　決済・精算　　　・*Balance*　残高

B 練習問題

◆当社は～することに異存ございません。

We have no objection to ⬚ **.**

［模範例］当社は全額払い（前払い）することに異存はございません。

We have no objection to payment in full (payment in advance).

◆御社の支払期限は～です。

Your payment is due ⬚ **.**

［模範例］御社の支払期限は今月末までです。

Your payment is due by the end of this month.

8 クレーム

自社紹介 ▶ 売り込み ▶ 交渉 ▶ 契約 ▶ 注文 ▶ 船積・通関 ▶ 決済 ▶ **クレーム**

　貿易取引では、「商品が到着しない」「品質が違う」などのトラブルが発生します。その際しっかりと内容を正確に伝えることができるクレーム対応が必要です。

A 基本文

❶商品が間に合って到着しない限り支払いできません。

We will not pay unless the goods arrive in time.

　"unless 〜 "は、「〜しない限り」「〜でない限り」「もし〜でなければ」などの意味を表わし上記の文のような使い方をします（18ページの【船積・通関】でも触れたことと同様に、unless以下の副詞節も通常現在形にします）。

　B/L（船荷証券）の face clause（表面約款）には、"unless otherwise indicated herein"=「ここ（本証券）に別段の記載がない限り」の記載がされていますので、確認してみてください。

....

❷遺憾ながら貴社商品の品質は満足いくものではありません。

We regret to inform you that the quality of your goods is not satisfactory.

　"regret to inform you that 〜 "は、「遺憾ながら〜ということをお知らせいたします。」、"regret that 〜 "は「残念ながら〜です。」となります。

　上記のregretを含む文は、"sorry to inform you that 〜 "や"sorry that 〜 "などより文語的な表現としてよく使われるものです。

❸梱包を開けて確認したところ、商品が3セット不足していました。

On opening the package, we found that the goods were short by three sets.

APPENDIX
1-2

役立つ用語

- *Inconvenience*　迷惑
- *Breakage*　破損
- *Damage*　損害
- *Shortage*　不足
- *Defective Goods*　欠陥品
- *Delayed Shipment*　船積遅延

B 練習問題

◆～しない限り～いたします。

We will ▢▢▢ **unless**

▢▢▢ .

[模範例] 貴社のサービスが良くならない限り、注文をキャンセルいたします。

We will cancel our order unless your service quality is improved.

◆残念ながら、商品が～しておりました。

We regret to know that ▢▢▢ .

[模範例] 残念ながら商品が3ケース破損しておりました。

We regret to know that three cases of the goods arrived in a damaged condition.

1-3 知っておくと便利な e-mail 作成のポイント

英文を作成するのに知っておくと役立つ項目を次に説明します。

1 日付の表記

　西暦、月、日を示す場合、イギリス式英語（以下、「英語」と表記）でも、アメリカ式英語（以下、「米語」）でも、西暦を最後に置くことは共通しています。しかし、英語では「日」「月」の順で、米語では「月」「日」の順になることが大原則になります。

　またさらに曜日を加える際には、英語・米語共に最初に置きます。たとえば 2017 年 10 月 20 日、金曜日はそれぞれ以下のように表します。

［英語式］Friday, 20 October 2017
［米語式］Friday, October 20 2017

　単に数字のみを使って "20/10, 2017" や "10/20, 2017" と表すこともできますが、"10/9, 2017" という表示は、英語式では「2017 年 9 月 10 日」で、米語式では「2017 年 10 月 9 日」を意味することになり、混乱・誤解の元となるため、ビジネス上では日付を表す時には、数字のみの表記は避けた方が無難です。

2 英語と米語のスペルの違い

　日付の表記の仕方が違うことはもちろんですが、英語と米語では単語自体のスペルが違うものが多くあります。

　以下にその代表的なものを、英語→米語の順にあげてみました。

analogue → *analog*	*analyse* → *analyze*
centre → *center*	*cancelled* → *canceled*
catalogue → *catalog*	*colour* → *color*
defence → *defense*	*offence* → *offense*
fibre → *fiber*	*honour* → *honor*
licence → *license*	*organise* → *organize*
organisation → *organization*	

　また、WordやOutlook上で単語を米語ではなく、英語で入力するとスペルミスとなり、赤い波線が出てくることがあります。これはWordやOutlookが米国のMicrosoft社のものであることで、英語で表記するとスペルミスと判断されるためのようです。

　日付の表記と同様に、メール交信している相手が英国・英語圏の人か、米国・米国圏の人かによって、スペルを決める気遣いが必要となります。

3 　金額（数字）の表記

　日本語の数字の単位は、一の桁、十の桁、百の桁、千の桁の4つが基本にあり、その上の万、億、兆とセットで使われます。

　たとえば、「678,901,234,567,890円」を上記の4つを使って表記すると、「678兆9千12億3千456万7千890円」になりますが、実際には数字を4桁ずつ区切って表した方が、読みやすいようです。

　つまり、「678, 9012,3456,7890円」と表せば、「678兆9千12億3千456万7千890円」と言いやすくなりますね。しかし3桁ずつ区切ることが世界基準になっていることを無視する訳にはいきません。

　一方で英語は、一の桁、十の桁、百の桁、の3つの単位が基本となり、その上にthousand（千）、million（百万）、billion（十億）、trillion（兆）の単位があります。

つまり、"$678,901,234,567,890" は、"678trillion 901billion 234million 567th ousand 890 dollars" と言い、英語の方が言いやすく簡単なようです。

また、dollarは、"1 dollar"、"2 dollars"のように２以上の場合は複数形にします。dollarの下の単位のcentも "1 cent"、"2 cents" と表します。

Yenは2円以上の場合でもyensとはせずに、yenの単数形のみが使われます。

4 略語

どの業界でも、それぞれ専門用語とそれに関する略語がありますが、貿易業界も例外ではなく、英語の専門用語（Terminology, Technical Term）や略語（Abbreviation）が多く見られます。

相手からのメールにわからない単語が出てきたときに、親しい相手へストレートに「〜はどういう意味ですか」と尋ねるのであれば、"What does 〜 mean?" や "What is the meaning of 〜 ?" とします。もう少し丁寧な言い方にする場合には、"Please let me know what 〜 means."、さらに丁寧するのであれば "Could you let me know what the meaning of 〜 , please?" などとします。

また、わからない略語、たとえばNVOCCが何の略語かを確認する場合には、"What does NVOCC stand for?" や "Please let me know what NVOCC stands for." とたずねましょう。

反対にこちらが答えるときは、"NVOCC stands for Non-Vessel Operating Common Carrier." のように返事をします。

そのほかにも、先方とのやり取りの中で文中の語句を簡略化して表すこともあります。これは現代のようなe-mailの時代ではなく、テレックス（telex）と言う通信手段が主流だった時代に、高額な通信費を少しでもセーブするために考えられたものです。

参考までに、典型的なものを以下にあげてみます。

ASAP = as soon as possible （できる限り早く）

FAQ = frequently asked questions （よく尋ねられる質問集）

FYI = for your information （ご参考まで）

TBC = to be confirmed （確認中）

知っておくと便利な e-mail 作成のポイント

1-4 実例文

それでは今までの復習を兼ねて実際の英文を確認しましょう。

1 日本文

ABC社海外事業部の田中一郎と申します。

DEF社のホワイト氏から貴社をご紹介いただきました。
弊社は40年の営業実績を持つ電子部品製造会社です。

弊社の商品カタログを添付いたしますので、ご検討いただければ幸いです。

商品について何かご質問がありましたら、ご遠慮なくお知らせください。

ABC株式会社
海外事業部
田中 一郎
〒100-0000
東京都港区大和町1丁目2番3号
大和ビルディング20階
電話:03-1234-5678　ファックス:03-1234-5679
E-mail:ichiro.tanaka@abc.com.jp
http://www.abc.com.jp

英文

Dear Sirs,

My name is Ichiro Tanaka of the International Operation Division at ABC. I was referred to you by Mr. White of DEF. We are a manufacturer of electronic parts having a 40-year business background.

I have attached the catalogue of our products and appreciate your kind consideration.

Please do not to hesitate to contact us if you have any questions about our products.

Best Regards,

Ichiro Tanaka
International Operation Division
ABC Co. Ltd.
20th Floor, Yamato Bldg.,
2-3, Yamatomachi 1-Chome, Minato-ku,
Tokyo 100-0000 Japan
Tel: +81-3-1234-5678 Fax: +81-3-1234-5679
E-mail:ichiro.tanaka@abc.com.jp
http://www.abc.com.jp

2 日本文

ポール・ブラウン様

*10月12日*付けの*E*メールをお送りいただき、有難うございました。

貴社の新製品には大変興味を持ちましたので、是非以下の製品の価格表をお送りください。

item no.
 * *A-123*
 * *B-234*
 * *C-345*

お早めにご対応いただけましたら、幸いです。

*GHI*株式会社
資材部チームリーダー
佐藤さくら

英文

Dear Mr. Paul Brown,

I thank you very much for your e-mail dated October 12.

I am quite interested in your products and would like to ask you to send the price list of the following items:

item no.
 ＊ A-123
 ＊ B-234
 ＊ C-345
I would appreciate it if you would accommodate this request as soon as possible.
Best Wishes,

Sakura Sato
Material Department, Team Leader
GHI Co. Ltd.

A

Absolute Total Loss
絶対全損。保険の目的物の全部が滅失する状態のことで、保険金の全額が支払われる。現実全損（Actual Total Loss）とも呼ばれる。

Ad Valorem
従価建。宝石などの高価な貨物に関して、その商品価格の一定の割合（通常、商品価格の2～3%）を運賃として規定した方法。

Agency Commission
代理店販売手数料。代理店が行った旅客や貨物の販売に対して支払われる手数料。航空貨物の場合は、貨物を航空会社に引き渡すことで、運賃と従価料金を合わせた額の5%が手数料として航空会社から代理店に支払われる。

Air Consignment Note
航空運送状。アメリカやヨーロッパではAir WaybillのことをAir Consignment Noteと呼ぶ。

Airline Logo
エアライン・ロゴ。航空会社それぞれが所有しているロゴ。航空会社は機体のデザインにエアライン・ロゴを取り入れている。

Airline Prefix
航空会社識別コード。2文字または3文字のアルファベット、および3文字の数字で航空会社を表す。

All Risks（A/R）
全危険担保。戦争危険、同盟罷業危険を除くすべての危険に対して填補される保険。填補される範囲が一番広い条件で、新ICCの（A）に相当。

Apron
エプロン。岸壁とマーシャリング・ヤードの間に位置する部分の総称。

Arbitration
仲裁。当事者が選んだ第三者の仲裁人や仲裁機関にトラブルの解決を任せる方法。仲裁人により仲裁判断がなされる。これは「裁定」と呼ばれ強制力があり、当事者はこの裁定に拘束される。

Arrival Notice
貨物到着案内。船会社が作成し、輸入者に本船の到着を知らせる書類。輸入貨物の明細や本船の入港日などが記載されている。輸入地の船会社は本船の到着予定日の数日前になると、Arrival Noticeを作成し輸入者に発行する。

Assured
被保険者。保険の目的物である貨物が被害を受けた場合に経済的な損失を被る者。

B

Backlog Cargo
積み残し貨物。搭載予定の航空便に積みきれずに残ってしまった貨物のこと。

BAF（Bunker Adjustment Factor）
燃料費調整係数。燃料価格の急激な変動に対応して調整される割増運賃のこと。燃料油の高騰に対処するもの。

Bale Cargo
ベール貨物。箱物、びん物、缶物、かご物などの包装した貨物。

Ballast
バラスト。船の重量のバランスを保つために船底に積み込まれる海水など。

Bank Identifier Code
BICコード。スイフト（swift）を利用する場合の、世界の銀行・支店を特定する8桁から11桁の番号で構成されるコード。現在は世界中の多くの銀行がこのコードを所有している。

Bank L/G
船荷証券到着前貨物引取保証状。船荷証券なしの貨物の引き取りに関して、万一、船会社に損害を与えた場合に輸入者の取引銀行がその損害を補償することを約束した保証状。輸入者の信用を補填するために銀行が連帯保証をした書類。

Base Rate
基本運賃。海上運賃の基本となる運賃。在来船の場合は品目別運賃。コンテナ船の場合はボックス・レート。さらに最低料金（Minimum Charge）も設定されている。

Belly Container
ベリー・コンテナ。旅客機、貨物機の下部貨物室に搭載されるコンテナ。Carrier's Containerとも呼ばれる。

Berth
バース。船舶を係留できる停泊場所のこと。

Berth Term

バース・ターム。貨物の積み地および揚げ地の船内荷役費用を運送人（船会社）が負担する条件。定期船の輸送は不特定多数の荷主が存在するため、それぞれの荷主が自分の手で貨物の船積みを行うことが不可能なことから、定期船の運賃条件はバース・タームが一般的。

Bill of Exchange

為替手形。為替手形は輸出者が代金を回収するときに作成する書類。手形金額、名宛人などの必要な事項を記載し、買取銀行に提出。為替手形の記載内容も信用状に指示されている通りに作成する。為替手形は2枚1組になっており、金額の訂正はできない。

Break down

ブレイク・ダウン。ULDを解体して、貨物を取り出すこと。

Build up

ビルドアップ。航空輸送する貨物をULDに積みつけること。

Bulk Carrier

バラ積み貨物船（バルク・キャリア）。石炭、とうもろこし、麦、チップ、セメントなどのバラ荷を専門に運ぶ船。バラ荷の輸送では、鉄鉱石専用船、石炭専用船、穀物専用船が使われる。バラ積みとは、貨物を包装または梱包しないまま、船の船倉に積み込む方法。

Bulk Container

バルク・コンテナ。飼料やモルトを輸送するのに適しているコンテナ。天井に積み込み用のハッチ、ドアの下部に取り出し用のハッチが装備されている。

Bulk Unitization Charges（BUC）

パレット・コンテナ単位料金。パレ

ット・コンテナに積みつけられた貨物の重量が一定の重量に到達するまでは定額で計算され、一定の重量を超えると超過料金が加算される貨物運賃。

Buyers Consolidation

バイヤーズ・コンソリデーション。複数の輸出者からの貨物（商品）を輸入者が指定したフォワーダーの海外倉庫で、その輸入者のためにFCL単位の大口貨物に仕立てて輸送するサービス。

Buyer's Sample

買い手見本。買い手が送付する見本。売り手は買い手から送られてきたBuyer's Sampleを入手することにより、買い手が求めている商品を理解することができる。

Buying Offer

買い申し込み。買い手が売り手に対して特定の価格で商品の購入を希望する申し込み。Bidともいう。

C

CAF（Currency Adjustment Factor）

通貨変動調整係数。為替レートの急激な変動に対応して調整される割増運賃。通常、CAFは運賃の総額に対して一定のパーセントを掛けたもの、あるいはコンテナ1本あたり何ドルと表示される。

Canceling Clause

解約条件。売買契約書に記載される解約に関する規定。

Cargo Boat Note

カーゴ・ボート・ノート。在来型貨物船から荷卸しされた貨物の報告書。検数人により貨物の状態や数量が確認される。貨物に異常が発見された場合は、摘要欄にその内容が記入される。

Cargo Manifest

貨物搭載目録。航空機の出発や到着のときに、General Declarationに添付された税関に提出する搭載貨物の目録。

Carrier's Pack

キャリアーズ・パック。コンテナに貨物を積み込む当事者が船会社の場合にキャリアーズ・パックと呼び、荷主側がコンテナに貨物を積み込むことをシッパーズ・パック（Shipper's Pack）と呼ぶ。

Caution Mark

指示マーク。貨物の取り扱いをする者の安全のため、輸送中・保管中の貨物の保護のためにJISで規定されたマークを貨物に刷り込んだもの。

Certificate and List of Measurement and/or Weight

重量容積証明書。貨物の大きさと重さを表した書類。貨物のディメンション（縦・横・高さ）が詳細に記載されている。検量機関が第三者の公正な立場として証明書を発行する。

Certificate of Analysis

分析証明書。化学薬品などの含有成分を専門の検査機関で検査し、その内容を証明した書類。

Certificate of Origin

原産地証明書。貿易取引される商品の国籍を証明する書類。輸入者は輸入国の通関手続きなどで商品が日本製であることを証明する書類、つまり原産地証明書が必要になる。輸出者は商工会議所により偽造防止加工を施してある所定の原産地証明書の用紙に必要事項を記入し、商工会議所に申請。商工会議所では原産地証明書に記載された内容を確認後、右下の部分に商工会議所の認印を押す。

CFS直搬

貨物を直接に船会社の指定するCFS（コンテナ・フレイト・ステーション）へ搬入し、蔵置してある状態で輸出通関手続きをする方法。

Charges for Unitized Consignments

コンテナ利用賃率。輸出者が貨物を航空会社のパレットやコンテナに自ら積載し、パレットやコンテナ単位で航空会社に引き渡し、そのままパレットやコンテナ単位の形態で輸入者に引き渡される貨物に適用する割引運賃。

Charter

チャーター、貸切運送。航空機を所有するCarrierと、航空機を利用する人との間の貸借関係。チャーター貨物便には、定期航空便を利用する「Blocked Off Charter」と臨時便を利用する「Independent Charter」がある。

Chassis

シャーシ。コンテナを載せるための台車。陸上輸送の場合は、専用のトレーラーにより輸送される。

Clean Bill of Lading

無故障船荷証券。貨物が本船に積まれるときに貨物の数量や梱包状態に欠陥や不備がなく、明らかに良好な状態で積み込まれた場合に発行される船荷証券。

Compromise

和解。当事者の話し合いにより円満に解決する方法。売買契約書や注文書をもとにして、当事者同士が冷静に判断し、友好的に問題の解決を図り、取引の継続を求める方法。

Confirmation of Order

注文確書。買い手から送付されてきた注文書の内容をチェックし、その内容に間違いがないことを確認したあとに、売り手が作成した買い手に送る注文請書。

Confirmed L/C

確認信用状。信用状発行銀行以外の銀行が、信用状にもとづく支払いを保証する信用状。信用状発行銀行そのものの信用状態の不安や、発行銀行所在国の政情不安などの理由により、発行銀行以外の信用力のある銀行に発行銀行とは別の独立した支払いの確約を求めた信用状。信用力のある銀行が確認を加えることにより、その信用状の信頼性が増すことになる。

Confirming Charge

信用状確認手数料。信用状確認銀行が信用状の発行銀行から徴収する手数料。確認銀行が発行銀行と別に債務を負担し、確認のために事務処理がかかるので、その分を請求する。

Congestion Charge

船混み割増料金。船混みが激しく停泊期間が長きにわたる港に仕向けられる貨物について、臨時的に徴収される割増料金。

Consolidated Cargo

混載貨物。利用航空運送事業者が、自己が定める運送約款にもとづいて運送を行う貨物。利用航空運送事業者（混載業者）が航空会社よりも安い運賃率で不特定多数の荷主から貨物を集荷し、自らが荷送人となり、航空会社と運送契約を結び運送を行う。

Consolidator

フォワーダー、混載業者。不特定多数の荷主と運送契約を結び、同一仕向け地向けの貨物を大口貨物に仕立て、自らがShipper（荷送人）になって航空会社と運送契約を結ぶ業者のこと。自らが運送約款を定め、運賃の設定を行う。わが国では、利用航空運送業者またはForwarderと呼ばれる。

Constructive Total Loss

推定全損。海上保険の目的物が事実上、滅失に近い損害をこうむった場合を推定全損という。

Container Freight Station （CFS）

コンテナ・フレート・ステーション。LCL貨物の受け渡しや保管を行う場所。また、コンテナへの貨物の積み込みとコンテナから貨物の取り出しを行う施設。

Container Load Plan （CLP）

コンテナ明細書。コンテナに積み込んだ貨物の明細書で、コンテナ1本ごとに作成し、コンテナ内に積み込まれた貨物の重量・容積とコンテナ自体の重量を記載。現場では貨物の重量をカーゴ・ウェイト、コンテナ自体の重量をテア・ウェイトと呼ぶ。

Container Seal

コンテナ・シール。コンテナ詰めしたときに、施封する番号のついたシール。税関検査のために一度コンテナを開封された場合は、税関により再度シールを施す。

Container Terminal

コンテナ・ターミナル。海上輸送と陸上輸送の接点となる場所。ガントリー・クレーンやエプロンなどのさまざまな設備・施設がある。

Container Vessel

コンテナ船。国際規格の海上コンテナに貨物を積み込み、コンテナをひとつの単位として、コンテナを専門に輸送する船舶。

Conventional Vessel

在来型貨物船。不特定多数の荷主

の貨物を輸送する船。貨物を船倉（Hatch）と呼ばれる貨物スペースに積み込み輸送する船。

Correspondent Bank
コルレス銀行。外国為替業務に関する契約であるコルレス契約を結んだ相手の銀行。

Counter Offer
反対申し込み。相手が示した条件に対して、条件変更やあらたに希望する条件を要求する申し込みのこと。

Courier Service
クーリエ・サービス。書類・設計図・契約書・図面など、緊急を有するものを輸送するサービス。

Customs Airport
税関空港。貨物の輸出または輸入ならびに外国貿易機の入港・出港に対応する、政令で定めた空港のこと。

Customs Invoice
税関送り状。輸入地の税関に対して、輸入貨物の特定と輸入貨物に対する適正な課税価格を決定するために作成される書類。輸入者の依頼により輸出者が作成する。

D

D/A（Documents against Acceptance）
手形引受時書類渡し条件。輸入地の銀行で輸入者が、輸出者が振り出した期限付手形の支払いを引き受けたときに、輸入者が船積書類を受け取ることができる決済方法。

Dangerous Goods Regulations
危険物輸送規則。IATAが発行している危険物のリストや危険物の梱包、取り扱いに関する詳細な規則のこと。

Demurrage
デマレージ。Free Timeが経過したあとも、コンテナや貨物の引き取りが行われずにCYやCFSに置かれたままの状態のときに、船会社が課す超過保管料金。

Devanning
デバンニング。コンテナの中にある貨物を外に取り出す作業。

Different Quality
品質相違。引き渡された商品が契約で規定した品質と相違していること。

Dimension
ディメンション。貨物の寸法のこと。通常は縦・横・高さを表現。具体的には「Length 30cm, Width 20cm, Height 20cm」のように表す。

Discrepancy
ディスクレパンシー、不一致。船積書類の内容と信用状に記載されている内容が一致しないこと。

Dishonored Draft
不渡り手形。手形に定められた期日に支払われない手形。Dishonored Billともいう。

Dolly
ドリー。航空用のコンテナを上屋から航空機まで搬送するときに利用する輸送機器のこと。

Double Hull
ダブルハル。タンカーが座礁で船体にダメージを受けても、油漏れを起こさないように船体を二重にした構造のこと。

D/O レス
輸入貨物の引き渡しに必要なD/O(Delivery Order)を必要としない手続き。最近はこのような手続

きをとる船会社が多くある。

D/P（Documents against Payment）
手形支払時書類渡し条件。輸出地の銀行から取立てで送られてきた荷為替手形を輸入地の銀行が輸入者に呈示し、輸入代金の決済と引換えに船積書類を輸入者に渡す条件。つまり輸入者が銀行に手形代金を支払うことにより船積書類を入手することができる決済方法。

Draft Survey
喫水検査。主に石炭、鉄鉱石、工業塩などの取引数量を決定するための検査。

Drayage
ドレージ。コンテナを陸上輸送すること。ヨーロッパではHaulageともいう。

Dry Container
ドライ・コンテナ。主に一般雑貨や電気製品などの完成品を専門に輸送するコンテナ。現在、一番多く利用されている。

Dunnage
ダンネージ。貨物の荷痛みや貨物の荷崩れを防ぐための緩衝材。積荷と積荷の間に入れる。

Duplicate Sample
控え見本。見本を送った者が、自社用に控えとして残しておく見本。File Sample、Keep Sampleとも呼ぶ。

Duty of Declaration
告知義務。保険契約者が保険の申し込みの際に、保険者に対して危険の程度を測定するのに必要な事項を通知する義務。

E

EBS（Emergency Bunker Surcharge）
緊急燃料費割増料金。原油の高騰にともない、今までのBAFとは別に、燃料費がかさむリスクを荷主に負担してもらうために設定した割増料金。

EPA税率。わが国と経済連携協定（EPA：Economic Partnership Agreement）を締結した国からの輸入品に提供される税率。輸出国と品目を限定した税率を設定。

Extinction
滅却。対象の貨物を焼却したり海中に投棄したりして、その形態をとどめることのないようにすること。

F

Fall Overboard
海没。貨物を積み降しする際に、貨物を海中に落とすこと。

FAQ（Fair Average Quality Terms）
平均中等品質条件。商品の品質決定のためのひとつの条件。農産物など、あらかじめ品質を決められない場合、標準的な商品の品質を取引の基準とする方法。

FCL（Full Container Load）
コンテナをひとつの単位としてとらえた輸送方法。荷主または海貨業者はコンテナの中に貨物を積み込み、コンテナをCYに搬入して本船に積む方法。

Feeder Service
フィーダー・サービス。基幹航路に就航する本船の寄港地と本船が寄港しない最寄港との間を輸送するサービス。

File Sample
控え見本。見本を送った者が、自社用に控えとして残しておく見本のこと。Duplicate Sample、Keep Sampleとも呼ぶ。

Flat Rack Container
フラット・ラック・コンテナ。ドライ・コンテナの屋根と側壁を取ったコンテナ。主に機械類や木材など長尺物や、重量物の輸送に適している。フォークリフトやクレーンを利用し、貨物をコンテナの前後左右または上部から荷役を行う。

Force Majeure Clause
不可抗力約款。売買契約における売り手と買い手との間で不可抗力に関する契約不履行の免責約款。

Free from Particular Average（FPA）
単独海損不担保。全損および共同海損の場合に填補される条件で、単独海損は特定のものを除き填補されない。分損不担保ともいわれ、新ICCの（C）に相当。

Free House Delivery
フリー・ハウス・デリバリー。到着地における輸入関税や諸手続きの費用を荷送人が負担する輸送方法。

Free Time
フリータイム。輸入貨物をCYやCFSから引き取るときに、保管料の支払いが免除される期間。

Freight All Kinds（FAK）
品目無差別運賃。コンテナに積み込まれる貨物の品目や容積、個数に関係なくコンテナ1本いくらと定められている運賃。Box Rateともいう。

Freighter
フレーター。貨物を輸送するためだけの目的で製造された航空機。フレーターの登場により、大量の貨物を航空輸送することができるようになった。

Full and Down
完全満載。満載喫水線に達するまで積みつけた状態。

G

Gantry Crane
ガントリー・クレーン。コンテナを本船に積み込むときに用いる大型クレーン。エプロン上のレールを走る。伸縮するスプレッダーにより、コンテナを吊り上げて荷役作業を行う。

Gate
ゲート。コンテナ・ターミナルの出入口。実入りのコンテナ、または空（から）のコンテナがターミナルに出入りする際に必要な関係書類の受け渡しを行う場所。ここではコンテナの重量の計測やコンテナ外部の状態の点検が行われる。荷主と船会社との輸送責任の分岐点となる場所。

General Average（GA）
共同海損。航海中の本船に沈没などの危険が迫ったときに、この危険を回避するため、本船に積んでいる貨物の一部を投棄。このことにより、危険を回避し利益を受けた者が共同でその損害を負担する条件。

General Average Declaration
共同海損宣言状。共同海損が発生した場合に船会社が関係のある荷主に対して行う通知。

General Consolidation
ジェネラル コンソリデーション。船会社やNVOCCが行っている通常の混載サービス。小口貨物（LCL貨物）を集荷して、混載作業を施しFCLの大口貨物に仕立てるサービス。

General High Cube Additional
背高コンテナ。9フィート6インチのハイ・キューブコンテナを使用した場合の割増料金。

Green Logistics
グリーン物流。貨物を輸送する場合に排出される二酸化炭素の削減を図る取り組み。

H

Hanger Container
ハンガー・コンテナ。紳士服や婦人服を吊り下げて運搬できる特殊なコンテナ。コンテナの中にハンガーラックがあり、背広などを吊ることができる。

Hatch Survey
倉口検査。船舶が目的地の港で荷揚げするときに、船倉内の貨物の状態を確認するための検査。

Heavy Lift Charge
重量貨物割増料金。定期船輸送において、1個あたりの貨物の重量が一定基準を超えた場合に徴収される追加料金。

High-cube Container
背高コンテナ。高さが9フィート6インチ（約2m90cm）あるコンテナ。

Hot Delivery Service
ホット・デリバリー・サービス。本船荷役終了後、数時間のうちに輸入貨物の引き渡しを可能とするサービス。生鮮食料品などによく利用される。

House Manifest
混載目録。混載業者が混載運送状にもとづいて作成した運送目録。

Hub
ハブ。物流中枢の拠点のこと。中継基地としての役割があり、積み替えや貨物の荷捌きが行われる。

I

Imaginary Profit
希望利益。貨物が無事に目的地に到着し、輸入者がその貨物を売ることにより、当然取得できであろう利益のこと。通常、CIF、CIPの10%とされている。

IMDG Code（International Marine Dangerous Goods Code）
国際海上危険物規程。船舶で国際輸送される危険物に対して、その容器、書類、表示方法、標識、積みつけ、積載量の制限などに関して規定する国際的な規定。

Inland Depot
インランド・デポ。港湾や空港から離れた内陸地域にあり、通関手続きができる保税地域を有している施設。インランド・デポには税関の出張所が設置される。

Insurance Certificate
保険承認状。保険証券の内容を簡略化した書類。保険会社と被保険者との間で保険契約が成立したことを証明する書類。保険金請求にあたっては、保険証券と同一の効力を有する。

Insurance Policy
保険証券。保険証券は保険会社が作成し申請者に発行する書類。保険金額、保険の条件などが記載される。保険証券の表面には、保険条件、保険金額などの必要事項が記載されている。また、裏面には約款が記載されている。この保険証券は船荷証券と異なり、有価証券ではない。

Insurance Premium
保険料。保険者の危険負担に対する対価として、保険契約者が保険者に支払う金額。保険料は保険金額に保険料率を乗じて計算します。保険料は貨物を積載する船舶の規格、航路、貨物の性質、荷姿、貨物の状態、損害率、保険条件などによって算定される。

Insured Amount
保険金額。保険契約者が付保した金額。万一事故のときに保険会社から保険金として支払われる最高限度の金額。保険金額は売買契約で特に定めのない限り、インコタームズおよび信用状統一規則でCIFまたはCIP価格に輸入者の希望利益10パーセントを加算した金額と定められている。

Inspection Certificate
検査証明書。輸出する商品の品質や数量が船積み時にどのような状態であったかを証明するもの。輸入者の依頼により準備する書類のひとつ。輸入者指定の検査機関や輸入国政府指定の検査機関において、輸出商品を検査し、検査証明書が発行される。

J

Jettison
投荷。海難などの緊急時に本船の安全をはかるため、やむなく積荷を捨てること。

L

Landed Quality Terms
揚地品質条件。商品の品質が、仕向け港で陸揚げされたときの状態と契約時の状態と合致していることを条件とする品質条件。

Letter of Credit（L/C）
信用状。輸入者の依頼により輸入地の銀行が発行する書類。開設（発行）銀行が輸入者に代わって貨物代金の支払いを保証する。輸出者は信用状の内容を正確に理解し、

信用状に要求されている書類や手続きを行う必要がある。

Lighting
瀬取り。座礁の場合、貨物の一部をはしけに積み替えて船脚を軽くすること。

Liner
定期船。定期航路を配船スケジュールにもとづいて定期的に航行する船舶。主に個品運送は定期船により運送される。

Logistics
ロジスティックス。生産段階の原材料の調達から、製品の販売までのすべての流れを一貫して管理すること。元来は軍事補給を表す軍事用語。

LOLO船（Lift on Lift off Ship）
本船への積み込みや本船からの荷卸しを、クレーンやデリックを使用してコンテナを荷役する船。

M

Marshalling Yard
マーシャリング・ヤード。コンテナ船へ積み込むコンテナを蔵置または配置してある場所。輸出の場合は本船の船積荷役がスムーズに行えるように、荷役の順番にコンテナを配置する。

Mediation
調停。当事者の双方が選任した第三者の調停人が双方の意見をもとに調停案を提示する方法。しかし、その調停案にはクレームを解決する拘束力がない。

Minimum Charge
最低料金。貨物量が少なく基本運賃の一定額に達していない場合に適用される海上運賃。通常、B/L1件あたりいくらと設定されている。

Mooring
係船。船舶を岸壁などに係留すること。

More or Less Terms
過不足容認条件。穀物や原料などバラ積みで輸送される貨物において、一定範囲内での数量の過不足を認める条件。

N

NACCS
ナックス（Nippon Automated Cargo and Port Consolidated System：輸出入・港湾関連情報処理システム）。税関などの公的機関に対して輸出入貨物や船舶・航空機の出港・入港などの各種手続きをオンラインで処理するコンピュータ・システム。ナックスは民間企業と公的機関をオンラインで結んでいるので、必要な手続きを素早く総合的に処理できる。

Negotiation Charge
買取手数料。手形取り組みのときに銀行が請求する手数料。他の銀行が発行した信用状に基づいて、振り出された手形を買い取る場合に請求。

Netting
ネッティング。本支店間の取引などでよく利用される決済方法。輸出入が相互に発生する場合、帳簿上で輸出入額を相殺して差額のみを決済する方法。バイラテラル・ネッティングとマルチラテラル・ネッティングがある。

Non Acceptance
受領拒否。貨物の受領を拒否すること。

Not Working Days
荷役不能日。天候の不良により貨物の積み下ろしが不可能な日。

O

Offer Subject to Confirmation
確認条件付申し込み。売り申し込みをするときに、買い手側が受入れても売り手側の確認を必要とするオファー。買い手の承諾があってもすぐに契約が成立するのではなく、契約の成立には最終的に売り手の確認が必要となる。

Offer Subject to Prior Sale
先売り御免条件付申し込み。複数の買い手に同時にオファーをして、早い者勝ちで成約を促すオファー。

Open Top Container
オープン・トップ・コンテナ。通常のコンテナに入りきれない大型貨物の輸送に利用されるコンテナ。コンテナの屋根の部分が開くことができるように設計されている。

Order Bill of Lading
指図式船荷証券。船荷証券の荷受人（Consignee）欄に、特定人を記入せず、指図式の表現（To orderやTo order of shipperなど）を記入したB/L。流通性がある。

Ore Carrier
鉱石専用船。鉄鉱石や銅鉱石を専門に運ぶ船。

Over Booking
オーバー・ブッキング。船会社などが、本船の積載能力以上に貨物の予約を入れてしまうこと。

Over Size Cargo
オーバー・サイズ・カーゴ。航空輸送用のコンテナやパレットに積みつけられない大きな貨物。

P

Packing List
包装明細書。輸出者が作成する貨物の明細書。貨物の梱包状態や個数、ケースマーク、ケースナンバー、

ネットウェイトなど、貨物に関する
情報を記載。

Partial Loss
分損。貨物の一部に生じた損害を
いい、海損（Average）と呼ばれ
ます。通常、単独海損と共同海損
に分けられます。

Partial Shipment
分割船積み。ひとつの契約の貨物
を複数回に分けて輸送すること。

Payment Commission
支払手数料。信用状発行銀行によ
り「手形の買取銀行」に指定され
た銀行が、輸出者への支払いを行
うときに請求する手数料。

Pen Container
ペン・コンテナ。馬・牛などの生
きている動物を輸送する専用コン
テナ。コンテナの側面に通風窓が
設置されている。

Perishable Cargo
腐敗貨物。運送中の高温や高い湿
度などにより、腐敗や変質の危険
性のある野菜や魚肉果物のこと。

Plant Quarantine
植物検疫。海外から植物に有害な
病菌・害虫・寄生植物などがわが
国に侵入し、林業や農業などに損
害を与えることを防止するために、
農産物は原則として、生鮮・加工
にかかわらず植物検疫を受けるこ
とになる。

Port Congestion Surcharge
船混み割増料金。船混みが激しく
停泊期間が長きにわたる港に仕向
けられる貨物について、臨時的に
徴収される割増料金。

Prefix Code
プリフィックス・コード。コンテナ
容器がそれぞれ持っている認識記

号。コードと番号の組み合せによ
って、コンテナが認識される。

Presentation
呈示。手形条件にしたがって、手
形の引受けまたは支払いを受ける
ために、手形に明記してある手形
の名宛人に手形を見せること。

Printed Clause
印刷約款。保険証券にあらかじめ
印刷されている基本的な約款。こ
れに不足があるときは、手書きも
しくはタイプで追加される。

Pro-Forma Invoice
見積り送り状。輸出入契約の成立
前に原価や費用の確認のために作
成される書類。信用状の発行や輸
入許可の取得のためにも必要。

Pure Car Carrier（PCC）
自動車専用船。岸壁と本船の間に
ランプウエーを渡し、専門のドラ
イバーが自動車を運転し、船内の所
定の位置に積みつける。積載した
自動車は動かないように、ベルト
で甲板上の金属に縛り付けて固定
する。

Quarantine Clause
検疫約款。食品衛生法や植物防疫
法などに基づく検疫により、発生
する損害を保険の対象から除外す
る約款。

Quick Dispatch
クイック・ディスパッチ。入港した
本船が迅速に出港できる体制を整
えること。港での停泊時間を短く
すること。沖での停泊時間を短縮
すること。

Rate of Insurance Premium
保険料率。保険金額に対するパ
ーセントで示された数字。通常、

100円について何銭と表示。保
険料率は積載船舶の規格・航路・
貨物の性質・荷姿・状態や保険条
件によって算定される。

Reefer Container
冷凍コンテナ。冷凍貨物・冷蔵貨
物を専門的に運ぶコンテナ。通常
の冷凍コンテナは＋20℃から－
25℃、または－20℃までの温度
の設定ができるようになっている。
冷凍コンテナには、冷凍機が内蔵
され、温度設定が必要な生鮮食料
品やフィルム、球根などの輸送に
利用。

Reefer Container List
冷凍コンテナ明細書。冷凍コン
テナで輸送する場合に使われる書
類で、コンテナごとに貨物の明細、
指定温度、換気口の開閉等を記載
した書類。

Remarks
リマーク。事故摘要といわれ、貨
物の外観に異常や事故があった場
合、その旨を必要書類に記載する
ことになる。

Rerouting
経路変更。Air Waybillに当初記
載されていた路線から変更された
路線。

Restricted L/C
買取銀行指定信用状。信用状に明
記されている条件にもとづく、船
積書類の買い取りを特定の銀行に
限定する信用状。

Return Commission
戻し口銭。販売代理店が輸出者か
ら払い戻してもらう販売手数料。

Revolving L/C
回転信用状。輸出者と輸入者の間
で、同一種類の貨物の取引を継続
的に行っている場合に使用される

信用状。この信用状は、信用状の最終有効期限までの間は使用した信用状金額が復活して繰り返し使用できる。

RORO船（Roll on Roll off Ship）
トラックやフォークリフトにより貨物を船内に運ぶ形式の船。本船の船主部分や船側に設けられた出入口を利用する。

Sale by Sample
見本売買。売り手または買い手が契約商品の見本（Sample）を呈示して、商品の品質を決定する条件のこと。

Sale by Specification
仕様書売買。図面や写真を添付した仕様書をもとに品質を決定する条件のこと。

Sale by Trade Mark or Brand
銘柄売買。トレードマーク（Trade Mark）やブランド（Brand）を指定し、品質を決定する条件のこと。

Sea and Air
シー・アンド・エアー。船による海上輸送と航空機による航空輸送を組み合せた複合輸送。両者の利点をうまく組み合せて目的地まで輸送する。

Sea Waybill
海上運送状。運送契約書と貨物を受け取ったことを証明する、貨物受取証を兼ねた有価証券ではない書類。

Selling Offer
売り申し込み。価格・数量・品質・納期・支払条件などを売り手が買い手に示す申し込みのこと。

Semi Container Vessel
セミコンテナ船。通常のコンテナ船にクレーンを装備して、コンテナと在来貨物の両方を積むことができる船。

Setting Temperature
設定温度。冷凍コンテナを使用する際に、貨物（商品）に対して適切に設定した温度。

Shifting Charge
荷操り費用。荷操りのためにかかった費用。

Shipped Quality Terms
船積品質条件。品質の決定については船積時点の品質を保証する条件。この場合、国際検査機関の品質検査証明書（Certificate of Quality Inspection）を添付する。

Shipping Capacity
載貨能力。船舶が貨物を積載できる能力。Cargo Capacityともいう。

Shipping Order
船積指図書。在来型貨物船の船積み手続きの際に用いる書類。船会社が本船の船長に船積みを指図した書類。船積みに必要な情報が記載されている。

Short Landing
揚げ荷不足。本船から降ろされた貨物が、船荷証券に記載されている数量よりも不足していること。

Sling Loss
スリング・ロス。荷役中に貨物がスリング（吊り具）から外れて、海中または甲板の上などに落下して破損を受けること。

Straight Bill of Lading
記名式船荷証券。船荷証券の荷受人（Consignee）欄に、輸入者などの特定人を記入した船荷証券

（B/L）。

Subject Matter of Insurance
保険の目的。損傷や滅失のおそれのある保険の対象物。具体的には貨物保険の貨物や船舶保険の船体。

Supply Chain Management（SCM）
サプライ・チェーン・マネジメント。小売りから卸し・物流・メーカーまでをネットワークで統合し、生産・販売・在庫管理などの情報をそれぞれの企業で共有すること。これにより納期の短縮・在庫削減などの効率化を図ることができる。

Surveying Business
鑑定事業。貨物の積みつけや鑑定を行う業務。主に貨物の状態・積みつけ・損害の査定・コンテナや危険品の積みつけ・確認・収納検査等を行う。この業務を行う者を鑑定人と呼ぶ。

Tank Container
タンク・コンテナ。薬品や油類を輸送するための専用タンクを備えたコンテナ。

Telegraphic Transfer（T/T）
電信送金。顧客から送金依頼を受けた銀行が、受取人に支払う旨を記載した「支払指図」を支払銀行宛に電信で送る方法。

Terminal Handling Charge（THC）
コンテナ取扱料金。コンテナヤード内でコンテナの回送や移動などの経費をカバーする目的で導入された割増料金。20フィートコンテナ、40フィートコンテナ、それぞれの金額が設定されている。

TEU（Twenty Foot Equivalent Unit）
20フィートコンテナ換算のコンテナ取扱個数のこと。20フィートコンテナを1TEUと換算して、どれくらい取り扱えるかを示す。

Third Party Logistics
サード・パーティー・ロジスティックス。荷主が物流業務のコスト削減を目的として、物流業務に関連する仕事の一部またはすべてを第三者に委託すること。これにより会社の収益力を高めることができる。3PLとも表現する。

Time Charter
定期用船。一定期間に限って船を用船すること。定期用船の場合の運賃は、本船の積載貨物の能力をもとに1日あたり、いくらというように定められている。

TON-KILO
トンキロ。貨物輸送のトン数に、輸送した距離を掛けたものを全部合計したもの。たとえば30トンの貨物を30km輸送すると900キロトンになる。

Total Loss Only（TLO）
全損のみ担保。貨物が全滅または全滅が推定される場合に填補される条件。填補の範囲が最も狭い。

Traffic Right
運輸権。他国に航空機を乗り入れて、旅客、貨物、郵便物を運送する権利。

Tramper
不定期船。荷主の要望を受けて鉄鉱石・石炭・穀物などを不定期に運行する船。

Transferable L/C
譲渡可能信用状。通常、信用状は表示された受益者以外は受益者にはなれない。しかし、信用状に譲渡可能（Transferable）と明記されていれば、受益者は第三者に信用状金額の一部または全部を譲渡することができる。輸入者は輸入契約を締結する時点で、譲渡する可能性や必要性を認めたときに、信用状の発行銀行に対して、この譲渡可能信用状の発行を依頼する。

Transit Cargo
積み替え貨物。輸出国と輸入国の間の第三国の空港で積み替えられる貨物。通過貨物、乗り換え貨物ともいう。

U

Unpacked Cargo
無包装貨物。包装が施されていない貨物。

V

Valuation Charge
従価料金。荷送人が航空会社に対して申告した商品価格に応じて課せられる運賃。申告価格が1キログラムあたり20ドルを超えると、その超過した部分に対して一定の比率で計算される料金。

Vanning
バンニング。コンテナの中に貨物を積み込む作業。

Vanning Plan
バンニング・プラン。コンテナへ貨物を積む場合、貨物の大きさ、重さ、梱包形態などを考慮して計画を立てる。

Vender Managed Inventory（VMI）
ベンダー・マネージド・インベントリー。ベンダーがバイヤーに商品を提供する際に倉庫や物流センターを効果的に活用して在庫確認を行うこと。

Volume Charge
容積料金。貨物の容積にもとづいて算出される輸送料金。

Voyage Number
航海番号。船舶が航行するときにつけられるスケジュール番号。

W

Weight Charge
重量料金。貨物の重量にもとづいて算出される輸送料金。通常、重量段階ごとに何種類かの運賃があり、重量が重くなるほど1キログラムあたりの運賃が安くなる。

Wharfage
埠頭使用料。埠頭の使用料として、埠頭の所有者が利用者から徴収する使用料金。

With Average（WA）
単独海損担保・分損担保。全損・共同海損・分損のすべての損害に対して填補される条件。新ICCの（B）に相当。

あ

アウトバンド ロジスティックス
完成品を消費者に販売するまでの物流。

揚地選択貨物
陸揚げ地が確定していない貨物。貨物を船に積むときに、貨物の陸揚げ地として2つ以上の港を指定し、本船が航海中に貨物の陸揚げ地を確定する権利を留保する貨物。

委託加工貿易
委託加工貿易には、外国から加工の依頼を受け、加工するのに必要な原材料を海外から輸入し、加工品を委託者に輸出する「順委託加工貿易」と、加工を外国にある企業に委託し、加工原材料を日本から輸出し、生産された加工品をわ

が国に輸入する「逆委託加工貿易」がある。

一部用船
用船者が船舶の積荷スペースの一部を借りることができる船のこと。

一括搬入
コンテナ船からコンテナの陸揚げをすべて終えてから、まとめて搬入届けを税関に提出する方法。

一貫パレチゼーション
貨物を輸送する場合に、出荷時から最終到着時点までの間、一貫してパレット（pallet）で輸送する方法。この方法を活用することで、人件費の削減や、貨物の破損防止などが可能。

一般貨物用運賃
IATA（International Air Transport Association：国際航空輸送協会）の運賃調整会議の決定にしたがい、各国の政府が許可した運賃。IATAに加盟する民間航空会社はこの運賃を採用する。

入出し
本船が入港した日と同じ日に出港すること。

印刷約款
保険証券にあらかじめ印刷されている基本的な約款。これに不足があるときは、手書き、もしくはタイプで追加される。

インタクト（インタクト輸送）
空港に到着したULDを解体せずに、そのまま空港外の混載業者の貨物施設まで輸送すること。貨物を空港上屋でブレイク・ダウンする時間を省略することで、混載業者は直ちにULDを自社施設に搬入することができる。貨物を自社の施設に置くことで、荷受人である輸入者に早く連絡することができる。

インテグレーター
航空輸送から末端の集配のトラック輸送までの一貫した輸送サービスを、自社で提供する運送業者。ドキュメントや小物を扱い、スピードを売り物にドア・ツー・ドアのサービスを行う。これらの企業は自社で広範囲にわたるネットワークを構築するために、航空機や集配トラック、さらに仕分けをするためのターミナルなどを保有する。

インバンド・ロジスティックス
製品を生産するために必要な材料を調達し、加工するまでの物流。

ウイング車
トラックの荷物室の側面（側壁）が大きく開くことができるトラック。このトラックを利用することにより、貨物はフォークリフトにより容易に積み込み・積み下ろしの作業が行える。

運送状裏面約款
航空運送状の裏面には、国際航空貨物運送の骨子となる契約条項が記載されている。これを裏面約款と呼ぶ。

営業倉庫
他人の貨物（商品）を保管するための倉庫。倉庫業法に基づき、国土交通大臣の許可を受ける。

か

海外企業信用調査
海外にある企業の信用調査。専門的な機関に依頼し、「企業の格付け・創立年次・従業員数・財務状態・年商・正味資産・業務内容・経営者履歴など」が記載された報告書を受け取る。

海外商社名簿
日本貿易保険が作成した、輸出契約の相手先の信用状態などを格付けした名簿。これは貿易保険法に規定する外国貿易の取引相手の与信管理のために作成される。

海外商社名簿の格付け
信用状態などの評価に関して格付けを行っている。「G格」は政府機関や国際機関。「E格」は民間企業。「S格」は商業銀行など。「P格」は信用状態不明者。「R格」は債務不履行。「B格」は破産または保険金支払い。「L格」は清算完了。

外国往来機
外国とわが国の間を往来する航空機のこと。

外国往来船
外国とわが国の間を往来する船舶のこと。

外国貨物
外国貨物は次のように規定されている。
①外国から本邦に到着した貨物で、輸入許可がされる前のもの。
②外国の船舶により公海で採捕された水産物で、輸入許可がされる前のもの。
③輸出の許可を受けた貨物。

外国産の原産地証明書
日本以外の外国で生産された商品の原産地を証明する書類。この原産地証明書を取得するには、商品が外国産であることを証明する書類の提出が必要。

改装
包装を改めること。ひとつの包装の中の貨物の一部を分割して包装することも含む。

買取手数料
手形取り組みのときに銀行が請求する手数料。他行が発行した信用状にもとづいて、振り出された手形を買い取る場合に請求する。

開発輸入

日本人の嗜好やニーズに合った商品を海外の工場で生産し、完成品を輸入する形態。

買戻請求権

輸出手形の名宛人が支払不能となり、手形が不渡りになった場合、買取銀行が輸出者（買取依頼人）に、手形の買戻しを請求することができる権利。

貨物追跡情報システム（Cargo Tracing System）

輸送中の貨物の位置を把握するためのシステム。該当するコンテナや航空貨物が今どこにあるかを把握できる。

火薬類取締法

火薬類の製造・販売・貯蔵・運搬・消費などを規制することにより、火薬類による災害を防止するための法律。火薬類を輸入しようとする者は、陸揚げ地を管轄する都道府県知事の輸入許可を受ける。

仮陸揚貨物

本来の目的とした陸揚げ地以外の場所に陸揚げした外国貨物。

カルネ通関

ATA条約に基づき、商品見本・展示会への出品物などの一時的な輸出入通関手続きを簡単に行える通関手帳がATAカルネで、この手帳を使用した通関手続き。

為替予約

将来の一定の時点で為替の受け渡しを約定すること。先物予約ともいう。

簡易関税

20万円以下の少額の輸入貨物の通関のときや旅具通関の際に適用される簡易な税率。

緩衝材

商品の落下防止や衝撃の緩和のために用いる材料。主に「ダンボール・エアキャップ・エアバック・プラスチックの発泡材」などが利用される。

関税割当制度

一定の輸入量までは無税または一次税率（低い税率）を適用し、需要者に安い輸入品を提供する。一方、それを越える輸入については二次関税（比較的高い税率）を適用し、国内生産者の保護をはかる二重税率の制度。

危険物取扱手数料

IATAの危険物規則に定められる危険物貨物の取り扱いに対して、定額でかかる料金。航空運送状を発行した代理店や航空会社の収入となる。

季節関税

輸入される時期によって適用される税率を変える関税。

記帳義務

保税地域に置かれている外国貨物や輸出しようとする貨物に関して、貨物を管理する者が帳簿に必要事項を記載しなければならない義務。

逆輸入

日本のメーカーが自社製品の価格競争力を維持するために、自社の海外工場で製品を生産しわが国に輸入すること。人件費の安いアジアや中南米の国々で生産活動が行われている。

銀行取引約定書

輸入者（信用状の発行依頼人）と銀行との取引全般に関しての基本契約書。信用状の発行など、銀行の与信行為を必要とする際には、銀行取引約定書が必要となる。輸入者は銀行取引約定書の内容を確認し、記名押印をして銀行に提出する。銀行取引約定書には、「適用範囲・手形借入金債務・利息・損害金・担保」などに関する記載がある。

携帯品

旅客や、船舶、航空機の乗務員が携帯するもの。

ケーブルネゴ依頼書

買取銀行に対してケーブルネゴによる処理を依頼する際に輸出者が作成する書類。ケーブルネゴを依頼するには輸出者は銀行に対して輸出関係照会手数料などの特別な費用を支払う。

検査場検査

税関の官署内の検査場または、特定された検査場で行われる検査。持ち込み検査とも呼ばれる。

検数業務

船舶・岸壁・倉庫などで貨物の荷役現場に立会い、貨物の数量や貨物状態・積みつけ・積み卸しなどの状況を確認し、第三者の立場で証明書を発行する。

現場検査

税関の検査場への搬入が困難な貨物に対して、対象貨物が蔵置されている場所に税関の係官が出向き行われる検査。

検量業務

船舶に積み込まれる貨物と船積書類を確認・照合し、第三者の立場で貨物の容積・重量を測定し、重量容積証明書などの証明書を発行する。発行された証明書は公正な運賃計算の基礎になる。

公海

いずれの国の排他的経済水域、領海にも含まれていない海洋。公海では、航行の自由、漁業の自由が認められている。

APPENDIX
2

キホンの貿易用語事典

航空貨物代理店

航空会社の運送約款、タリフ、規則、スケジュールにもとづき航空貨物運送に関する航空会社の業務を代行する企業。航空貨物運送状（Air Waybill）を発行し、航空会社から所定の手数料を受け取る。

港湾法

港湾の秩序、整備と適正な運営を図るとともに、航路を開発し、保全することを目的とする法律。

港湾料金

港湾を利用する対価として船や貨物にかかる料金。船舶にかかるものとして、入港料・トン税・水先料金・岸壁使用料などがあり、貨物にかかるものとしては、船内荷役料・はしけ運送料・倉庫保管料・沿岸荷役料などがある。

個別納期限延長のために提供する担保

国債、地方債、社債、その他の有価証券、土地、建物、金銭など。

コルレス手数料

支払銀行で発生する手数料。

コーロード

貨物を混載してコンテナ1本以上にまとめるために、2社またはそれ以上の業者が協力して貨物を集荷すること。

混載貨物

荷送人と混載業者との間で契約を締結し、混載業者の発行するHouse Air Waybill（HAWB）により運送される貨物。通常、空港から空港までの運送に加えて、地上での集配業務を一貫して行うサービスを提供している。

混載業

「貨物利用運送事業法」の規制を受けて行う業務。利用運送とは自分は運送手段を持たず他の実運送者の行う運送を利用して行う貨物運送のこと。

混載業者（利用航空運送事業者）

航空会社とは異なった、自社が作成した独自の運送約款、タリフを所有し、これをもとにそれぞれの荷送人（荷主）と運送約款を結び、業務を行う企業。混載業者は航空会社より安い運賃で航空貨物運送を引き受け、荷主に提供する。わが国では、利用航空運送事業者またはエア・フレイト・フォワーダーと呼ばれる。

コンテナの材質

材質としては、アルミ軽金属、鉄鋼、ファイバーグラス、強化プラスチック合板などがある。これらは長期の反復使用に耐えられる強度を備えている。

コンテナリーゼーション

異なる形の貨物を国際的に規格が定められたコンテナに積み込み、コンテナの特色を生かした荷役や輸送をすること。

梱包建て

自動車や重量機材などの運賃で、1台いくらと規定するもの。

さ

先入れ先出し

先に入庫した貨物（商品）から出庫していくこと。

暫定税率

関税暫定措置法による税率。基本税率をその経済事情や状況により、暫定的に一定期間、特定の貨物に関して修正した税率。

事前教示制度

輸入を予定している貨物・商品について、関税率などを税関に照会することにより、事前に関税率を知ることができる制度。この制度の利用で、事前に税率がわかることから、確実にコスト計算ができ、販売戦略などに役立つ。さらに輸入申告時には貨物の税番や税率が判明しているため、輸入通関をスムーズに行うことができる。

実質加工品

2つ以上の国または地域にまたがって加工または製造が行われた物品で、その実質的な変更を加えた国または地域を原産地とするもの。

シッパーズ・ユーザンス

輸出者が輸入者に対して信用を与え、輸入貨物代金の支払いを一定期間猶予する方法のこと。具体的には輸入者宛の期限付手形の取立て、輸入貨物受領後の後払送金の方法など。

指定地外検査

巨大貨物や重量貨物、また放射性物質など税関長が指定した検査場所に搬入できない貨物に対して、特別に指定された検査場所以外で行う検査。

指定地検査

輸出申告・輸入申告により、検査が必要とされた場合、税関長が指定した場所で行う検査。

自動倉庫

入出庫の作業を自動化した倉庫。スタッカー・クレーンや制御装置を活用して貨物の操作を行う。機械化・省力化・作業の効率化が図れる。

修正申告

納付した税金が少ない場合、先に納税申告した税額を増額して修正申告を行う。修正申告であらたに納める税金には延滞税がかかる。

収納検査
コンテナの中に危険物（火薬類・高圧ガス・放射性物質・引火性液体類など）を収納して輸送する場合、荷送人が船積み前にその収納方法に関して受ける検査。

収容
指定保税地域や保税蔵置場に搬入された貨物が、蔵置期間が過ぎても引き取りが行われない場合には、税関により貨物が没収される。

出港手続き
外国貿易船や外国貿易機が、開港または税関空港を出港するときに、船長や機長が税関に対して行う手続き。

準拠法
契約の成立、効力、解釈などから生じる問題のよりどころとなる法律。担当者間では、どこの国の法律にするかを決める。

商業信用状約定書
信用状の発行にあたり、信用状の発行依頼人（輸入者）と信用状発行銀行との間で取り決めを行う際の基本的な約定書。

正味の数量
貨物の包装または容器を除いた中身だけの数量。輸出入申告においては、この正味の数量を用いる。

シリカゲル
乾燥剤。真空梱包を行うときに用いる。

仕分け
商品を指示にしたがい、分類すること。

真空梱包
精密機械などをバリアで覆い、空気を抜いて真空状態にしたのち、梱包する方法。よくバリア処理と呼ばれる。バリアで真空にした状態で、中にシリカゲル（乾燥剤）を入れ、湿気を除去し、湿気による錆びを防止する。

申告納税方式
納税義務者（輸入者）の申告により納付すべき関税額、または納付すべき関税額がないことを確定する方法。

信用失態行為の禁止
通関業者または通関士に課せられている禁止行為。通関業者ならびに通関士は信用を害するような行為はしてはならない。

信用状統一規則
国際商業会議所（ICC）が制定した信用状に関する国際的な取引ルール。信用状の性格や形式、用語の解釈を統一することが目的で1933年に「荷為替手形信用状に関する統一規則および慣習」が制定された。その後、1951年、1962年、1974年、1983年、1993年、2007年に改訂。

信用リスク
海外の取引相手に責任があるリスク。取引相手の倒産、一方的な契約の破棄、取引相手の債務不履行など。

税関空港
貨物の輸出・輸入および外国航空機の入出港などのために政令で指定した空港のこと。

税関検査
税関は必要に応じて輸出入貨物の検査を行う。覚せい剤・麻薬・拳銃などの不正商品の摘発、原産地を偽ったり、誤認させたりする表示を確認する。現在はX線を利用した検査が実施され、大量の貨物を短時間で検査することが可能。

全部用船
船舶の積荷スペースすべてを同一用船者が借り切ること。バラ積み貨物など大量の同一貨物を輸送する場合に用いられる。

倉庫業法
倉庫業の適切な運営を確保し、倉庫利用者の利益を保護すること。倉庫証券（預かり証券、質入れ証券、倉荷証券）の円滑な流通を確保することを目的とする法律。

た

他所蔵置
外国貨物を保税地域以外の場所に置くこと。

ダブル・アプルーバル制度
航空運賃について、関係国政府の双方が許可しないと発効できない制度。

直接輸送
貨物を原産国から他の国を経由しないで直接わが国に輸送すること。これは特恵関税の適用を受けるための要件となる。

直送貨物
荷送人と航空会社の間で運送契約を結び、航空会社の運送状（Air Waybill：AWB）により運送される貨物。直送貨物は空港から空港までの運送になる。

通関業者に対する監督処分
通関業者が通関業法および関税に関する法令に違反したとき、税関長が行う行政処分。

通関士
通関士試験に合格し、税関長から確認を受け、通関業者の通関業務に従事する者。通関士試験は毎年1回、10月に実施される。

通関時確認制度

輸入公表に定められた該当する品目を輸入する場合、通関時に必要書類を税関に提出して確認を受ける制度。

通関士の確認

通関業者が通関士になる資格を有する者を通関士として通関業務に従事させる場合、税関長に確認届けを提出し、通関士の欠格事由に該当しないことの確認を受ける必要がある。

通関ベース

税関を通過した商品の流れを基準にして集計した貿易額。輸出はFOB、輸入はCIFで集計。

積戻し

外国貨物を一時蔵置後、外国に向けて送り出すこと。

定温倉庫

倉庫内の温度や湿度を一定に管理している倉庫。10度から20度ぐらいに設定するのが一般的。

低温物流

冷凍品や生鮮食料品などの商品（貨物）を低温で輸送すること。

定曜日サービス

必ず決まった曜日に入出港する定期サービス。

手仕舞い

Dock ReceiptやCLP、マニフェストなど船積みに関する書類の作成や発送、提出などの一連の作業のこと。作成された書類のことを現場では「手仕舞い書類」と呼ぶ。

電子納付

NACCSやマルチペイメントネットワークを活用して、税金や手数料などを納付する方法。

取り立て扱い（アプルーバル扱い）

信用状発行銀行から代金を受領してから、買取依頼人に支払う方法。ディスクレが解消できず、買取依頼人の信用にも不安がある場合に利用する。

取引統一規則

国際間の手形や小切手、信用状なしの荷為替手形に関する銀行の取り扱いを定めた規則。

な

内国貨物

内国貨物は次のように規定されている。

①本邦にある貨物で、外国貨物でないもの。つまり、輸出許可前、および輸入許可後のもの。

②本邦の船舶により、公海で採捕された水産物。

内容点検作業

輸入通関手続き前に輸入貨物の個数や状態を確認する作業。この場合は、事前に税関に対して必要な手続きを行う。

荷姿（にすがた）

梱包された貨物の形状。具体的には、ダンボール（carton）、木箱（case）、木枠（crate）、パレット（pallet）などがある。

納期限の延長

関税を納付すべき期限を一定期間延長すること。

納税義務者

関税法で関税を納める義務を課された者。通常は貨物の輸入者。

は

艀（はしけ）

港湾においてブイに係留中の本船と、倉庫との間の貨物の輸送に用いる港運船。

はしけ運送事業

国土交通省が定める海港と指定地との間を、はしけによって貨物を輸送する事業。

バージ輸送

ヨーロッパでは大陸内を流れる河川を利用してバージ（大型のはしけ）による輸送が盛んに行われる。他の輸送方法に比べてコストが安いなどのメリットがある。

バルク・ローディング・システム

それぞれの貨物を人の手によって直接、貨物室に積み込む方法。旅客機の下部貨物室へは、この方法で搭載する。

パレット梱包

パレット（Pallet）を利用する梱包形態。パレットの上に商品を置き、ラップをして固定する。フォークリフトによって荷役できる。

パレット・ローディング・システム

パレットに貨物を載せて、さらにネットをかぶせて貨物を固定し、そのままの状態で航空機の貨物室へ搭載する方法。この方法により、貨物の破損や荷崩れが防止できる。

バンプール

空（から）のコンテナの保管場所。

ブッキング

輸出者が船会社に対して、船積みの予定のある船舶のスペースやコンテナを確保すること。電話やWEBで船積みに必要な情報を伝える。船会社からはブッキングナンバーが出される。

非該当証明書

輸出をするにあたり、輸出貨物（商品）が輸出貿易管理令別表第1に該当しない旨を説明した書類。輸

出貨物（商品）のメーカーなどが、事前に経済産業省に届け出る。

非常リスク
取引の当事者の責任ではない不可抗力的なリスク。為替取引の制限や禁止、仕向国の輸入制限、戦争や革命、港湾スト、外貨送金の停止など。

ピッキング・リスト
倉庫内で貨物（商品）を集めるために、商品コードや数量などが記載されている作業伝票。

品目分類賃率
特定の品目に適用される割引率。割引品目には新聞・雑誌・書類・カタログなどがあります。一方、割増率もあり、これには貴重品・動物・遺体などがある。

不完全梱包
輸出貨物の梱包が、貨物の内容、性質を考慮せずに不十分であり、輸送中の振動や打撃などの障害に耐えられない状態。

不当廉売関税
不当廉売（ダインピング）された輸入商品に対して、同じ種類の商品を生産する国内の産業を保護するために課す割り増しの関税。

船積前輸出検査
輸入国が通関時に輸入品の品質や価格を査定するため、輸出国にある特定の検査機関での検査を義務づけている。検査体制が整っていない途上国がよく用いる制度。

別送品
海外駐在者の引越貨物や旅行のお土産など、入国者が携帯して持ち帰らずに別便で送るもの。入国の際には別送品申告を行う。

便宜置籍船
船籍の受入れにかかわる税金が極端に安い理由で、船主が船籍をパナマやリベリアなどに登録した船舶のこと。

保険約款
保険契約内容をなす約款のこと。普通約款と特別約款から成り立ちます。ロンドン保険業者協会が制定した協会貨物約款（Institute Cargo Clauses）が最も普及している。

保税運送
外国貨物を日本国内の決められた場所を相互間に輸送すること。税関長の承認が必要。

保税作業
外国貨物の加工、外国貨物を原料とする製造・外国貨物の改装・仕分けなどを行う作業のこと。

保税制度
外国から到着した貨物を関税の未納の状態で蔵置、加工・製造・展示・運送ができる制度。保税制度には「保税地域制度」と「保税運送制度」の2つがある。

保税転売
外国貨物の輸入者が、貨物を保税地域に蔵置している間に第三者に転売すること。

ま

未必利益保険
買い手が倒産した場合など、代金決済が正当に行われず、売買が実質的に成立しなかった場合に備えて売り手が手配する保険。

見本の一時持出し
保税地域にある外国貨物を見本として一時持出すこと。原則、一時持出しが可能な見本は、課税上問題がなく、少量とされている。

盟外
同盟に所属せず会社独自の運賃を設定し、定期サービスを行う輸送業者。

メガ・ガントリー・クレーン
コンテナ船の荷役に使用する最大のガントリー・クレーン。コンテナ船の大型化にともない、7,000TEU以上のコンテナに対応。リーチが50メートル以上ある。

滅却
対象の貨物を焼却や海中に投棄し、その形態をとどめることのないようにする。

や

輸出FOB保険
輸出者の工場や倉庫から輸出港で本船に積まれるまでの国内輸送、一時保管、荷役の途中で発生する危険に対しての保険。

輸出申告の撤回
輸出申告を、輸出の許可前に取り下げること。

輸出信用状通知手数料
海外の信用状発行銀行が受益者である輸出者の取引銀行を通知銀行として、信用状を通知してきた場合、通知銀行は信用状を確認し、受益者に信用状の到着を知らせる。その際に発生する手数料。

輸出手形買取手数料
1件の信用状につき輸出書類の買取依頼に対して発生する手数料。信用状発行銀行に荷為替手形と書類を送付するための郵便料金も含まれる。

輸出手形保険
銀行が輸出者からの為替手形を買い取った際に、その手形が不渡りになる不安を取り除くために付保する保険。銀行は日本貿易保険と

の契約を結ぶ。この保険では、銀行が買い取った輸出手形の信用危険と非常危険がカバーされる。保険金額は信用危険、非常危険とも手形金額の95パーセント。

用途外使用
減免税を受けた用途以外の用途に使用すること。

横もち
本船から降ろされた輸入貨物が入っているコンテナをCYから海貨業者の倉庫などに輸送すること。

予備審査制度
輸入する貨物が日本に到着する前でも、事前に輸入書類を税関に提出することにより、書類の審査を受けることができる制度。

ら

リーズ・アンド・ラグズ
将来の為替相場の予測により、外貨の受け払いの時期を早めたり、遅らせたりする操作。

留置
貨物を税関の支配下に留め置くこと。

流通加工
商品が消費者のもとに届くまでの間に行われるサービス。商品に付加価値をつける加工を施す。具体的には、ラベル貼り、袋入れ、化粧箱詰め、タグ付け、値札つけなど。

ローダー
貨物を航空機に積むための搭載機。通常、航空貨物はULDの形でこのローダーを利用して航空機へ搭

載する。

リバース・ロジスティックス
販売した製品の回収に関する物流。

わ

ワシントン条約
正式名称は「絶滅のおそれのある野生動植物の種の国際取引に関する条約」。絶滅のおそれのある野生動植物の種の保存を目的とした条約。規制の対象となる動植物のリスト「付属書I」「付属書II」「付属書III」がある。生きている動植物だけではなく、象牙や毛皮など、それを原料とする製品も対象。

参考文献
本用語事典の制作にあたっては下記の資料を参考にしました。

・「海と空の港大辞典」 日本港湾経済学会編　成山堂書店
・「国際物流用語辞典」 日本荷主協会
・「改訂版　貿易用語辞典」 石田貞夫・中村那詮　白桃書房
・「貿易為替用語辞典」 東京リサーチインターナショナル　日本経済新聞社
・税関のホームページ